Splunk를 활용한

시큐리티 모니터링

2/e

Security Monitoring utilizing Splunk

Splunk를 활용한
시큐리티
모니터링
2/e

보안 운영을 위한 SIEM 구축 및 활용

서진원 지음

i!i
에이콘

에이콘출판의 기틀을 마련하신 故 정완재 선생님 (1935-2004)

추천의 글

최근 다양한 산업 분야의 융합이 활발히 진행됨에 따라, 각 산업 분야에서 독자적으로 사용되고 활용되던 정보의 융합과 활용도 활발히 진행되고 있다. 이러한 산업 환경의 변화에 대응하기 위한 보안 기술도 발전하고 있지만, 이는 사이버 공격의 대상이 다양화되고 확대되는 결과를 가져왔다. 이러한 사이버 공격의 패러다임 변화는 대응하기 위한 보안 기술의 발전과 함께 공격 기법의 다양화, 자동화, 고도화, 융합화되는 순환적인 관계를 형성하게 됐음을 의미한다고 할 수 있다. 이러한 변화에 대응하기 위해서는 변화에 빨리 적응하고 각 산업 분야의 특성에 대한 이해를 바탕으로 그 산업 분야에서 요구하는 보안 기술을 잘 적용할 수 있는 양질의 보안 전문가security talent 양성이 우선돼야 할 것이다. 이런 관점에서 이 책은 사이버 공격 패러다임의 변화에 따른 공격 동향을 분석하고 대응하기 위한 실무를 체계적으로 설명하고 있다. 현장에서 사용하는 용어도 자세하게 설명하고 있으며 Splunk 시스템 설치부터 활용까지 경험해볼 수 있도록 상세한 설명과 실습 예제도 수록하고 있다. 오랜만에 전문가의 노하우와 섬세함이 느껴지는 책을 만났다.

곽진 / 아주대학교 사이버보안학과 교수

Splunk는 다양한 빅데이터 분석 및 SIEM 이벤트를 통한 침해사고 대응, 이상징후 탐지에 활용할 수 있는 훌륭한 시스템이다. 하지만 활용하기에 따라서 분석가에게 최상의 툴이 될 수도 있고, 정보보안 분야에 지식과 노하우가 충분하지 않다면 Splunk는 그저 비싼 대용량 저장장치와 다를 바 없어질 수도 있다.

저자는 KISA와 전 세계 최대 규모의 전자상거래 기업에 장기간 종사하면서 침해사고 대응을 위해 대규모 트래픽 및 공격 이벤트를 분석해온 국내 최고의 전문가로 명성을 날려왔다. 또 현장 경험을 살려 고려대학교 정보보호대학원에서 네트워크 보안 과목을 다년간 맡은 훌륭한 교수이기도 하다. 이 책에는 이러한 저자의 경험을 살려 보안관제, 침해사고 대응, 이상징후 탐지 분야에 활용할 수 있는 풍성한 예제가 담겨 있다. 따라서 학생들에게 교과서로도 유용하고, 실무자들에게도 Splunk의 기능을 200% 활용할 수 있는 훌륭한 지침서가 될 것으로 확신하며 이 책을 추천한다.

김휘강 / 고려대학교 정보보호대학원 교수

머신 데이터 플랫폼 Splunk는 보안 및 IT 운영을 비롯한 다양한 분야에서 전 세계 많은 고객의 사랑을 받아왔으나, 정작 한국 사용자를 위해 한국어로 발간된 Splunk 서적은 손에 꼽을 정도로 부족했던 것이 현실이다. 이러한 상황에서, 오랫동안 국내 보안 분야를 이끌어온 저자의 Splunk 활용서 발간은 너무나도 반갑고 감사한 일이다. 이 책은 보안 운영 분야에 Splunk를 적용하려는 이가 아주 쉽게 따라 해볼 수 있도록 단계적으로 잘 정리돼 있다. Splunk 자체는 물론이고, 리눅스, 윈도우 등 엔드포인트 모니터링, Zeek를 통한 네트워크 프로토콜 분석 방법까지 망라하고 있어 Splunk를 활용한 보안 운영 고도화에 실질적인 도움을 받을 수 있다. 더불어 각 실습 사이 사이의 설명에 녹아 있는 보안 분야에서의 저자의 오랜 경험과 인사이트는 새롭게 Splunk를 배우려는 보안 업무 담당자들이나, 보안을 배우려는 기존 Splunk 엔지니어들에게 더할 나위 없이 좋은 길잡이가 될 것으로 확신한다.

장경운 / Splunk Korea, Senior SE Manager

지은이 소개

서진원 공학박사(booktalk50@gmail.com)

현재 구글 클라우드에서 시큐리티 스페셜리스트 업무를 수행
하고 있다. 이전에는 eBay 글로벌 정보보호실에서 아시아태
평양 지역 정보보호 담당자로 근무했다. 그리고 한국인터넷진
흥원Korea Internet & Security Agency에서 정보보호 제품 평가, 국내 인
터넷 보안 모니터링, 국가 수준의 주요 침해사고 대응을 수행
했다. 다양한 보안 운영 상황실 및 국가정보자원관리원 정보
보호 환경 구축 프로젝트에 참여했으며, IT와 정보보호 분야
에서 많은 경험을 쌓았다. 아주대학교 사이버보안학과 겸임교
수를 역임했으며, 현재 고려대학교 정보보호대학원 겸임교수
로 활동하고 있다.

개정판 서문

처음 책을 낸 후로 벌써 4년 반이 지나갔다. IT에서 4년 반이란 시간은 정말 긴 시간이다. 그 사이 Splunk는 9.x대 버전 판올림을 했고 대시보드 스튜디오라는 새로운 기능이 추가된 지도 오래됐기 때문이다. 생각했던 것보다 너무 과분한 사랑을 받은 이 책의 개정판을 내게 됐다. 그러면서 다시금 책을 살펴봤다.

그 결과 화면 캡처 내용이 한글과 영문이 혼재돼 있다는 것을 알게 됐다. 혼선을 피하기 위해 개정판에서는 모든 화면을 Splunk 한글판으로 통일했다. 또한, 어색하거나 명확하지 않은 문장도 바로잡았다. 본문에 검색어를 예시로 많이 사용했지만 본문과 구분이 되지 않았던 것도 편집자님들의 도움으로 수정했다. 마지막으로, 초고 작성 시에는 없었던 대시보드 스튜디오 관련 내용도 새로이 추가했다.

이 개정판이 독자 여러분들의 업무에 많은 도움이 되기를 기원한다.

지은이의 말

처음 Splunk를 접하던 때가 생각난다. 당시에는 나 역시 이 프로그램을 어떻게 활용해야 하는지를 정확히 알지 못했다. 빅데이터라는 용어가 IT 분야에 막 등장하던 때라서 더욱더 그랬던 것 같다. 그러다가 현 직장에서 Splunk를 업무에 적용하기 시작하면서 놀라운 프로그램이라는 것을 아는 데는 그리 오랜 시간이 걸리지 않았다.

당시 정보보호 장비에서 생성한 로그는 모두 관계형 데이터베이스에 저장했고 원하는 내용은 SQL 검색만 할 수 있었다. 모든 로그의 필드를 사전에 구별해서 데이터베이스에 입력해야 했기 때문에 신규 장비 연동은 매우 귀찮은 작업이었다. 하지만 Splunk는 이런 고민을 단숨에 해결해줬다. SQL과 비슷한 전용 검색어는 프로그래밍 능력이 훌륭하지 않은 나도 쉽게 배울 수 있었고 인터넷의 다양한 문서는 많은 어려움을 해결하는 데 큰 도움을 줬다.

Splunk는 여러 분야에서 활용이 가능하지만 정보보호 분야에서 가장 효과적으로 사용할 수 있다고 생각한다. 빅데이터 기반의 대용량 처리, 자체 검색어를 이용한 실시간 검색과 경고, 대시보드의 통합 지원은 실시간 침해사고 대응 플랫폼에 최적이라고 생각했기 때문이다. 그때부터 나는 Splunk를 이용해서 다양한 로그를 저장하고 분석한 후에 정보보호 관점의 이상징후를 추출하는 데 많은 노력을 기울였다. 이 책은 내 경험을 기반으로 작성했고, 정보보호 담당자의 수고를 조금이라도 덜어주고자 집필하게 됐다.

매일 많은 정보보호 장비가 방대한 로그를 생성한다. 방대한 로그는 수집과 분석을 거쳐야 의미 있는 정보로 변환된다. "구슬이 서 말이라도 꿰어야 보배"라는 속담이 있다. 결국 정보보호 담당자는 흩어져 있는 로그를 수집하고 그 속에서 의미 있는 값을 정확히 추출해서 침해사고 예방 또는 대응을 수행해야 한다는 의미다.

이 책은 Splunk를 처음 사용하는 독자에게는 구체적인 활용 방법을 제시한다. 이미 사용 중인 독자에게는 더 효율적인 사용 방법을 알려주며, 특히 Splunk를 시큐리티 모니터링 관점에서 사용하는 구체적인 방법을 보여준다.

정보보호에서는 누구에게나 적용되는 절대 정답은 없다. 모두 자신만의 방법으로 문제를 해결하기 때문이다. 이 책이 제시하는 방법 역시 수많은 해결책 중 하나일 뿐 절대적인 답은 아니다. 이 책이 항상 과중한 업무를 수행하는 정보보호 담당자에게 올바른 정보를 제공하고, 업무를 조금이라도 경감시켜줄 수 있다면 무척 행복할 것이다.

감사의 글

오래 전부터 책을 쓰고 싶다는 마음이 있어서 조금씩 원고를 썼지만 어떻게 시작해야 할지 막막한 마음뿐이었습니다. 다행히도 고마운 분들의 배려와 격려로 무사히 마무리 할 수 있었습니다.

우선 처음으로 책을 저술하는 필자에게 소중한 출판 기회를 주신 에이콘출판사 권성준 사장님께 깊은 감사를 드립니다. 저술 기간 동안 책의 방향을 잡아 주시고 진행 과정을 인도해주신 조유나 편집자님과 디자인과 교정으로 책에 생명을 불어넣어 주신 에이콘 관계자 분들께도 감사의 말씀을 전합니다.

반신반의하던 저에게 강력한 권고로 책 저술을 시작할 수 있게 해주신 블루커뮤니케이 션 정희용 사장님, 저술이 힘들 때마다 힘차게 응원해주신 리눅스데이타시스템 한의섭 상무님께도 진심으로 감사의 말씀을 전하고 싶습니다. 악성코드 정보와 엔드포인트 로 그 분석에 도움을 주신 베일리테크 정경수 대표님께도 감사를 드립니다. 세 분의 도움 이 없었다면 이 책을 마무리하기 힘들었을 것입니다.

바쁘신 와중에도 책을 검토해주시고 좋은 의견을 주신 곽진 교수님, 김휘강 교수님과 Splunk 코리아 장경운 매니저님에게도 진심으로 감사의 말씀을 드립니다.

또한 책 저술을 응원해준 동료들, 선배님, 후배님들에게도 고맙다는 인사를 드립니다. 마지막으로 책을 쓰는 아빠를 응원해준 사랑하는 아들 민우와 우리 가족에게도 고마움 을 전하고 싶습니다.

목차

1 **Splunk 소개**   27

② 검색   49

③ Splunk 지식 관리   87

④ 보고서와 대시보드   113

⑤ SIEM이란? 　　　　　　　　　　　　　　　　　　　169

6 **로그 수집**   189

8 엔드포인트 로그 분석   297

9 SIEM 구축하기   315

SIEM 운영 강화

들어가며

Splunk 활용 방안을 고민하는 사용자나 Splunk를 이용해서 정보보호 업무를 수행하려는 보안 담당자를 위한 내용을 담고 있는 책으로, 총 2부 10장으로 구성됐다. 1부는 Splunk의 기본 사항을 다루고 2부에서는 Splunk를 활용한 실제 SIEM 구축 과정을 설명한다. 각 장의 내용은 다음과 같다.

1장. Splunk 소개 Splunk 소개와 정보보호 분야의 공격자 동향을 소개한다. 이에 대응하기 위한 방어 모델인 사이버 킬체인과 MITRE ATT&CK을 알아본다.

2장. 검색 Splunk 검색 및 검색 명령을 살펴본다. 매우 방대한 Splunk 검색 명령어에서 보안 장비 로그 검색에 주로 사용하는 명령어 위주로 소개한다.

3장. Splunk 지식 관리 Splunk 검색 명령어 결과에 의미를 부여하는 Splunk 지식 객체를 설명한다. 설명하는 지식 객체는 이벤트 타입Event Type, 태그, 룩업lookup, 워크플로와 검색 매크로다. 이런 지식 객체를 사용해 검색 결과 및 성능을 개선할 수 있다.

4장. 보고서와 대시보드 Splunk의 리포트와 대시보드 기능을 소개하고 각각을 생성하고 관리하는 방법을 살펴본다. 리포트는 검색어를 저장하는 방법과 동일한 효과를 가지며, 향후 재사용이 가능한 방법이다. 리포트를 사용해서 대시보드를 구축하는 다양한 방법도 설명한다.

5장. SIEM이란? SIEM Security Information & Event Management을 설명한다. 또 SIEM을 활용한 로그 수집 전략과 경고 생성 등 SIEM의 핵심 항목을 살펴보고 이를 기반으로 SIEM을 구축하는 전략을 살펴본다.

6장. 로그 수집 Splunk에서 로그 분석을 위해서 로그를 수집하는 방법과 전략을 살펴본다. 수집 대상 로그는 네트워크 계층 로그와 엔드포인트 계층인 윈도우 PC 로그 수집 방법도 알아본다.

7장. 네트워크 로그 분석 네트워크 계층 로그에서 이상징후를 추출하는 분석기법을 살펴본다. 그리고 예제로 살펴보는 네트워크 계층에서 DNS, HTTP, SSL 등 네트워크에서 사용량이 많은 프로토콜 위주로 이상징후를 탐지하는 방법을 소개한다.

8장. 엔드포인트 로그 분석 엔드포인트 계층 로그에서 이상징후를 추출하는 분석기법을 알아본다. 또한 예제 로그인 윈도우 PC에서 발생하는 이상징후를 정의하고 이를 탐지하는 방법을 살펴본다.

9장. SIEM 구축하기 Splunk에서 SIEM 앱^{app, application}을 구축한다. 앱 설계, 메뉴 구성, 패널 시각화를 소개하고 대시보드를 구축해서 SIEM을 손쉽게 사용할 수 있게 한다. Splunk 본연의 기능인 검색을 대시보드로 표현함으로써 사용자의 편의성을 높인다.

10장. SIEM 운영 강화 구축한 SIEM 앱에 경고, 드릴다운^{drill down}과 같은 사용자 편의 기능을 추가해서 사용성을 높이는 방안을 설명한다.

예제 코드 다운로드

이 책에 사용된 예제 코드와 책 내용을 따라 하는 데 필요한 설정파일은 http://www.acornpub.co.kr/book/splunk-security-siem에서 내려받을 수 있다.

질문과 정오표

이 책과 관련해 질문이 있다면 이 책의 지은이나 에이콘출판사 편집 팀(editor@acornpub.co.kr)으로 문의해주길 바란다.

정오표는 에이콘출판사의 도서정보 페이지 http://www.acornpub.co.kr/book/splunk-security-siem에서 확인할 수 있다.

1

Splunk 소개

1.1 Splunk와 정보보호

Splunk는 로그를 수집하고 사용자가 원하는 결과를 추출하는 대용량 로그 수집/분석 시스템이다. 주로 컴퓨터, 네트워크 장비 등이 생산하는 로그 데이터에 최적화돼 있다. 다만 꼭 수집 대상이 컴퓨터, 네트워크 장비만으로 한정되는 것은 아니다. 텍스트 기반의 로그라면 어떤 장비로부터 로그를 수신하고 분석할 수 있다는 것이 Splunk의 가장 큰 장점이다.

모바일 단말기의 보급이 증가하면서 이제 시간과 장소에 구애받지 않고 수시로 서비스에 접속할 수 있다. 접속할 수 있는 범위가 확대되면서 운영 환경에서 발생하는 로그 생성 역시 비약적으로 증대됐다. 이런 로그가 반드시 운영 범위에만 속하는 것은 아니다. 대형 서비스를 운영하면 크고 작은 장애가 계속 발생한다. 관리자는 장애 원인을 파악한 후에 문제의 원인을 제거하고 재발 방지 등을 위해 로그를 분석한다. 이때에도 Splunk는 장애 현상 파악, 원인 분석 등에 활용할 수 있다.

현재 Splunk를 가장 많이 활용하는 분야 중의 하나도 정보보호 분야를 들 수 있다. 보안 로그는 일반 IT 운영 서비스 로그와는 그 성격이 조금 다르다고 할 수 있다.

- 보안 목적에 따라 전혀 다른 보안 장비를 운용한다.
- 장비 유형에 따라 다른 형식과 다른 의미의 로그를 생성한다.
- 로그를 빠르고 방대하게 생성하지만 삭제하는 경우는 거의 없다.

정보보호의 대표 장비인 방화벽을 예로 들어보자. 방화벽은 네트워크 접근 통제 기능을 활용해서 인터넷과 기업망 또는 업무망, 서비스망을 물리적·논리적으로 분리하고 보안 정책을 적용해서 접근을 통제한다. 이로 인해 기업이 방화벽을 운영하면 공격자가 인터넷에서 서버에 직접 접근하는 것을 차단했고, 그 결과 보안성 확보에 많은 도움을 줬다. 하지만 방화벽은 대표적인 네트워크 차단 장비여서 보안 정책을 잘못 설정하는 등의 문제는 서비스 단절과 같은 장애도 발생할 수 있다. 하지만 기업에서 운영하는 방화벽의 제조사가 다수이고 로그 형식도 모두 달라서 일일이 제조사 관리 화면에 들어가야 한다면 상당히 비효율적이라 할 수 있다.

이렇게 보안 장비의 한 종류인 방화벽을 운영하는 데도 많은 로그가 생성되고 이를 관리하는 데 적지 않은 자원이 필요하다. 설상가상으로 다수의 정보보호 장비가 생성하는 개별 로그는 타 장비와의 연계와 상관분석 등을 전혀 고려하지 않고, 독자적인 위협 경보를 생성하면서 관리자는 이를 통제하는 데 많은 노력을 해야 한다. 네트워크 계층별 또는 장비 별로 생산하는 정보는 특정 보안 분야에서만 도움을 준다. 예를 들면 백신은 설치한 PC의 정보만을 전달하므로 보안 담당자는 일찍부터 개별 보안 장비가 생산하는 이벤트를 통합해서 분석하는 환경을 구축하려고 노력했다. ESM^Enterprise Security Management 이 첫 번째 노력의 결과물이다. ESM에서는 개별 보안 장비에서 모든 로그를 수집한 후 각 장비에 존재하는 공통 정보를 추출해서 공격자 행위 분석을 시도했다. 하지만 ESM은 급증하는 로그, 신규 장비의 추가 및 연동이 쉽지 않았으며 연동이 가능한 보안 장비가 방화벽, 침입 탐지 시스템, 백신 등의 제약이 있었다. 물론 이것은 ESM의 문제만은 아니었다. 당시에는 보안 제품의 종류도 그리 많지 않았기 때문이다.

1.2 공격 패러다임의 전환

보안 기술이 발전하고 이를 활용한 방어 기법이 강화되면서 공격자도 자신의 공격 기법을 끊임없이 발전시키고 있다. 안타깝게도 방어는 공격을 앞서갈 수 없는 것이 현실이다. 공격을 예상하고 방어 체계를 잘 구축해도 공격자는 이를 손쉽게 우회할 수 있기 때문이다.

지금까지 공격자의 경로를 예측하고, 알려진 공격 기법에 기반하는 방어체계를 운영했다면 방어 기법의 변화를 진지하게 고려해야 한다.

이제는 새로운 것이 아니지만 정보보호 분야의 가장 큰 변화는 공격자가 사용자의 계층인 개인용 컴퓨터PC, Personal Computer를 공격하는 것이다. 2000년대 중반까지 자동화 공격 도구로 홈페이지를 공격해서 개인정보를 유출하는 공격이 큰 비중을 차지했다면 최근의 공격 양상은 사뭇 다르다.

이러한 변화는 홈페이지와 같은 외부 서비스의 보안 강화가 가장 큰 원인이라고 할 수 있다. 기업 홈페이지는 전문 운영팀과 보안팀이 관리하고, 다양한 보안 장비를 운용하며 보안관제 서비스까지 추가해서 보안을 강화하고 있다.

반면, PC 보안은 홈페이지 보안과 많은 차이가 있다. 우선 PC 보안 담당자는 전문 보안팀이 아니라 실질적인 PC 사용자라는 점이다. 이는 PC 사용자 수준에 따라 보안 적용에 차이가 발생한다는 점이다. 어떤 이는 충분하고 어떤 이는 부족할 수 있는 여지가 존재한다. 가장 약한 부분을 손쉽게 공격하는 것이 공격자가 추구하는 방향이다.

정보보호는 결국 정보를 지키는 것이다. 공격자는 각종 전산자원이 저장하고 있는 정보를 원한다. 어떻게든 기업이나 기관 내부망으로 침투해서 이를 획득하고 외부로 유출하려고 한다.

공격자가 기업의 보호 대상인 정보자산을 탈취하는 방법은 인터넷에서 내부망으로 직접 침투하는 방법과 내부 자원을 점거한 후에 정보를 유출하는 간접 침투 방법이 있다.

두 기법에서 공격자가 공격을 수행하는 방법은 차이가 있다. 우선 직접 침투 방법은 인터넷으로 공격 대상에 접근할 수밖에 없다. 하지만 대부분 기업은 방화벽이나 침입 탐지

시스템IDS, Intrusion Detection System으로 인터넷에 노출된 자산을 철저하게 보호하고 있다. 인터넷에서 접속할 수 있는 경로가 매우 제한돼 있으므로 공격자가 공격을 수행하는 것이 쉽지 않다.

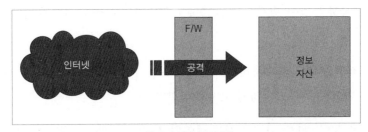

그림 1-1 직접 침투 공격

간접 침투 방법은 공격자가 내부 자원을 점거한 후에 거점을 확보하고, 이후 내부의 다른 정보자산에 접근하는 단계를 밟는다. 공격자의 주요 공격목표는 사용자의 PC이며, 이는 공격에 노출된 가장 취약한 지점이라고 할 수 있다.

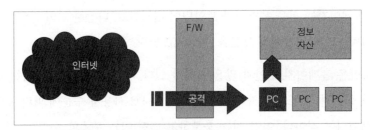

그림 1-2 간접 침투 공격

간접 침투 방법은 불특정 다수를 공격하거나 특정 회사를 공격하는 은밀한 공격 기법을 이용해서 내부에 침투한다. 대부분 공격 대상에 특화된 전용 악성코드를 사용 해서 오직 공격 대상 네트워크에서만 활동하므로 방어자가 쉽게 탐지하지 못할 수 있다. 하지만 악성코드 감염으로는 공격자의 목적은 완성되지 못했다. 최초에 점거한 내부 자원이 공격자가 원하는 정보를 보유하고 있다면 정말 좋겠지만 그런 경우는 매우 희박하기 때문이다. 결국, 공격자는 점거한 내부 자원을 거점으로 원하는 정보를 찾아서 탐색해야 한다. 그리고 실제 자원이 있는 곳으로 이동해야 한다. 이 과정을 내부망 이동lateral movement이라고 한다.

이렇게 간접 침투 공격은 공격자가 내부 자원을 점거하고, 이후 점거 자원을 공격 거점으로 삼으면서 시작한다. 이후 자원의 유출까지 모두 내부망의 자원을 이용한다. 이것은 내부 자원의 신뢰에 기반한 기존 보안 모델을 가장 크게 위협하는 원인이다. 공격자의 공격 과정을 가장 잘 보여주는 것이 미국 방위산업체인 록히드 마틴^{Lockheed Martin}에서 발표한 사이버 킬체인^{cyber kill chain}과 마이터^{MITRE} 어택^{ATT&CK} 매트릭스가 있다. 이 내용은 1장 뒤에서 다시 살펴보기로 한다.

이런 침투 방법에 대응해야 하는 보안 담당자는 어떻게 대응해야 할까? 직접 침투 방법은 인터넷에서 직접 공격해 들어오기 때문에 경계 기반의 보안 장비에서 공격 행위를 찾아볼 수 있다. 보통 방화벽, 웹 방화벽, 침입 탐지 시스템에서 이런 공격을 찾아볼 수 있다.

하지만 간접 침투 방법은 이와는 조금 다른 양상을 보인다. 공격자가 내부 자원을 점거하는 데 가장 많이 사용하는 방법은 악성코드를 전달하는 것이다. 악성코드는 악성 웹 링크를 전송하거나 이메일의 첨부파일로 전달된다. 사용자의 이메일 주소는 인터넷 검색을 이용해서 얻을 수 있으므로 기업 내부망에 이메일 보안이 충분하지 않다면 공격자는 수신자를 지정하는 스피어 피싱^{sphere phishing} 공격을 할 수도 있다.

공격자가 내부 자원을 성공적으로 점령했다면 이후 공격은 내부망 이동을 거친 후에 외부로 정보 자원 유출을 시도한다. 이 모든 공격 과정에서 공격자가 점령한 내부 자원은 끊임없이 인터넷상의 공격자와 통신한다. 공격자가 설치한 악성코드가 자동으로 모든 일을 수행하는 경우는 거의 없다. 공격자는 점령한 자원을 내부 자원에 접근하는 통로로 사용하는 것이다.

그렇다면 공격자는 어떻게 인터넷에서 기업 내부망으로 접속할 수 있을까? 사실은 공격자가 내부망으로 접속하는 것이 아니라, 점령당한 내부 자원이 인터넷에 존재하는 공격자에게 접속하는 것이다. 기업이 운영하는 방화벽의 인터넷에서 기업 내부로 향하는 인바운드^{inbound} 통신은 보안 정책을 엄격히 적용하지만, 내부 직원이 인터넷으로 향하는 통신은 상대적으로 약한 보안정책을 운용하기 때문이다.

간접 침투방식에서 공격자가 사용하는 채널은 인바운드 통신이 아니라 아웃바운드^{outbound}, 외부행 통신이다. 간접 침투 방법을 사용하는 공격자를 탐지하고 대응하는 방법은 외부행 통신을 상세하게 관찰하는 방법이 최선이라고 할 수 있다. 외부행 모니터링은 다음과 같은 장점이 있다.

- 충분한 가시성을 확보할 수 있다.
- 출발지와 사용자를 특정할 수 있다.
- 분석 대상이 불특정 다수가 아니라 특정 소수다.

인터넷에서 기업으로 향하는 인바운드 통신의 가시성을 확보하는 것은 현실적으로 불가능하다. 출발지 IP 주소만으로 얻을 수 있는 정보는 IP 할당 국가, 신뢰성이 부족한 위치 정보, 가입 통신사 정보 등이다. 이에 반해 내부망의 출발지 정보는 어떤가? 어떤 PC가 해당 IP를 사용하고 있고, 실 사용자는 누구인지를 판별할 수 있다. 네트워크 사용자의 가시성을 확보할 수 있다는 의미다. 이는 두 번째 이유로 확장된다. 사용자를 특정할수 있으면 침해사고 대응의 우선순위를 정할 수 있다. 주요 정보 접근 권한을 가진 사용자와 접근 권한이 없는 사용자에게서 각각 침해사고가 발생했다면, 초보라도 사고 대응우선순위 및 중요도를 정할 수 있을 것이다.

마지막의 불특정 다수가 아닌 특정 소수라는 의미는 이렇다. 기업 내부망에서 운영하는PC, 서버 등이 아무리 많아도 인터넷 주소보다 많지는 않다. 인터넷은 수백만, 수천만개의 서버, PC가 존재한다. 그러나 기업 내부망은 이에 비하면 수천여 대 수준으로 규모가 급격히 감소한다. 이는 인터넷과 비교해봐도 훨씬 작은 숫자라는 것을 알 수 있다.

이렇듯 최근 사이버 공격 동향은 조직의 내부 업무망을 목표로 하고 있다. 그러므로 인터넷에서 출발하는 공격 외에도 내부 업무망 역시 모니터링 대상으로 삼아야 한다. 하지만 내부행, 외부행 통신 모두를 감시하는 것은 결코 쉬운 일이 아니다. 우선 다수의 이기종 보안 장비, 네트워크 장비와 각종 서버 등에서 나오는 로그를 수집하는 것부터 관리자에게 큰 도전이다. 수집한 로그를 분석해서 공격자의 이상징후를 파악까지 해야 한다. 관리자의 고민에 대해 Splunk는 훌륭한 해결책이 될 수 있다. Splunk가 로그 수집, 분석, 모니터링에 최적화된 프로그램이기 때문이다. Splunk는 로그를 생성하는 어떤 유형의 장비에서도 로그를 수집할 수 있다. Splunk는 자체 syslog 서버를 이용해서 로그를 직접 수신할 수 있다. Syslog가 없는 윈도우 서버 같은 경우는 Splunk에서 제공하는 로그 수집 전용 프로그램인 유니버설 포워더를 무료로 사용할 수 있다. 유니버설 포워더는 윈도우 외에도 리눅스, 맥OS와 솔라리스와 AIX 유닉스까지 지원하므로 거의 대부분 로그를 수집할 수 있다.

또한 관계형 데이터베이스와 같은 테이블 구조를 사용하지 않으므로 로그를 저장할 때 사전에 파싱하지 않아도 된다.

지금까지 Splunk를 활용할 때 얻을 수 있는 장점을 가볍게 살펴봤다. 이제 최근 공격 동향 이해에 도움이 되는 사이버 킬체인과 마이터 어택을 알아보자.

1.3 공격 동향 분석

1.3.1 사이버 킬체인

앞에서도 설명했듯이 사이버 킬체인은 미국의 방위산업체인 록히드 마틴에서 개발한 개념이다. 주요 내용은 공격자의 공격을 단계별로 구분해서 공격자 행동을 이해하기 쉽게 만들었다는 점이다. 즉, 일곱 단계는 방어자 관점이 아닌 공격자 관점이라는 것이다. 그림 1-3에서 사이버 킬체인의 일곱 단계를 볼 수 있다.

그림 1-3 사이버 킬체인

공격자는 공격목표를 설정하고 공격에 필요한 다수의 행위를 수행한 이후에 목적달성 단계를 끝으로 공격을 종료한다. 목적달성 단계에서 공격자는 내부의 주요 데이터를 외부로 유출하거나 내부 전산시스템을 파괴하는 등의 구체적인 행동을 보여준다. 각 단계를 조금 상세하게 살펴보자.

- **정찰**: 공격자가 공격 대상 정보를 수집하는 단계로서 수동^{passive}과 능동^{active} 방식으로 구분한다. 수동 정찰은 구글 검색, Whois를 이용한 IP, 도메인 정보 등을 수집하는 것이다. 능동 정찰은 포트스캔, 앱 정보 수집, 취약점 스캐너를 사용한다. 대개 수동 정찰에서 수집한 정보를 기반으로 능동 정찰을 시행한다.

  보안 방어자의 입장에서는 최소한의 정보만을 외부에 노출해야 한다. 특히 최근에 많이 사용하는 소셜 미디어 계정, 채용 공고에서도 기업 정보가 노출되는 것을 방지해야 한다. 능동 정찰은 포트스캔이나 취약점 스캔이 발생하는 것을 계속 모니터링하고 즉시 대응해야 한다.

  정찰 단계에서 공격자의 목표는 공격에 필요한 약점을 찾는 것이다.

- **무기화**: 정찰 단계에서 수집한 정보를 활용해서 공격에 필요한 무기를 제작하는 것이다. 사이버 보안에서 무기란 취약점을 이용하는 익스플로잇^{Exploit}이나 악성코드를 의미한다. 공격자는 공격 대상에 맞는 공격 도구를 직접 제작할 수도 있다. 이런 맞춤형 무기는 범용 공격이 아니기 때문에 탐지가 매우 어렵다. 이 단계는 공격자 쪽에서만 일어나므로 탐지 자체가 거의 불가능하다. 무기화 단계의 목표는 적합한 무기를 개발하는 것이다.

- **전달**: 정찰과 무기화를 완료했다면 공격을 시작한다. 개발한 무기를 공격목표에 전송하는 것이 전달 단계다. 무기화된 악성코드를 전달하는 방법은 악성코드 링크 접속 유도, 피싱 메일, 악성 첨부파일 등이 대표적인 기법이다. 악성코드 접속을 차단하는 웹 콘텐츠 필터링, 악성 도메인 접속을 차단하는 DNS 필터링이 방어 기법으로 사용될 수 있다. 하지만 이런 방어기법은 악성 정보의 업데이트가 필요하다. 가장 중요한 방어는 사용자의 보안 인식을 높여서 함부로 첨부파일을 실행하지 않게 하고, 수상한 웹 사이트 접속을 하지 않는 등의 보안 교육이 필수적이다. 전달 단계의 목표는 공격 대상에게 무기를 성공적으로 전송하는 것이다.

- **침해**: 전달이 성공하고 공격목표를 성공적으로 감염시키는 단계를 침해라고 한다. 최근에는 악성코드를 이용한 침해가 거의 대부분이라고 해도 과언이 아니다. 공격자가 작성한 무기가 성공적인 침해를 일으키려면 반드시 침해 조건이 있어야 한다. 신규 취약점을 패치하지 않았거나, 취약한 구버전을 사용하는 것이 그 예다. 침해 단계의 목표는 접근 권한 또는 경로를 획득하는 것이다.

- **설치**: 침해가 성공하면 악성코드는 공격 대상에 코드를 설치한다. 여기에서 말하는 설치는 일반적인 앱 설치와는 개념이 다르다. 악성코드는 대부분 단일 실행 파일로 작성되는데 이 경우 컴퓨터가 재부팅을 하면 다시 실행되지 않는다. 공격자는 성공적으로 침투한 자원을 계속 사용하기 원한다. 침해 후 시작프로그램 등록, 서비스 등록과 같은 설치를 통해서 계속 침해 상태를 유지하게 한다. 악성코드에 이런 기능이 없다면 원격 접속 도구를 설치하기도 한다. 설치 단계의 목표는 지속적으로 공격 자원에 접속하기 위함이다.
- **명령 및 제어**: 감염 자원이 공격자와 통신하는 채널을 구축하는 것이다. 공격목표를 모두 무기에 넣는 것은 현실적으로 어렵기 때문에 공격자는 직접 접속해서 공격을 수행한다. 공격자는 아무런 제약 없이 내부 전산자원에 접근해서 공격 목적을 실행한다. 명령 및 제어 단계의 목표는 감염 자원을 거점 삼아 공격 대상을 확대하기 위함이다.
- **목적 달성**: 공격자가 공격 대상에서 원하는 정보를 확보했다면 이 정보를 외부로 유출해야 한다. 정보가 아직은 감염 자원에 있지 공격자의 손에 있는 것은 아니기 때문이다. 공격자는 구축한 명령제어 채널을 이용해서 주요 정보를 복사하고 유출한다. 목적 달성 단계를 거치면 모든 공격은 끝나고 공격자는 원하는 정보를 얻게 된다.

총 7단계로 구분하고 있는 사이버 킬체인에서 어느 단계에서 방어를 적용해야 가장 효과적일까 생각해보자. 1단계인 정찰부터 탐지하고 차단하는 것은 가장 이상적이지만 정찰 단계에서 모든 공격을 차단하는 것은 매우 어렵다. 방어자는 어느 단계에서 방어 기법을 적용해서 공격자의 공격을 차단할 수 있을까?

사이버 킬체인은 다음 단계로 넘어가기 위해서는 반드시 이전 단계가 성공해야 한다는 전제 조건이 있다. 공격자는 목적 달성을 위해서 모든 단계를 연속해서 성공해야 한다. 어느 한 단계라도 실패하면 7단계로 넘어가지 못하기 때문이다. 그러므로 방어자는 최종 단계를 제외한 7단계까지의 방어 기회가 존재한다. 단 한 번이라도 방어에 성공하면 공격을 차단할 수 있다. 하지만 공격자는 7단계를 모두 성공해야 한다.

한 번만 방어하면 성공하는 방어자와 일곱 번을 모두 성공해야 하는 공격자. 두 사람 중에 누가 우위에 있을까? 수치상으로는 당연히 방어자가 우위에 있다고 볼 수 있다. 하지만 늘 공격자가 우위에 있는 것처럼 보이는 이유는 무엇일까? 그것은 많은 사람이 성공한 공격만 언론에서 접하기 때문이다.

1.3.2 마이터 어택

마이터(https://www.mitre.org)는 취약점 정보를 수집·분석하고 체계적으로 관리하는 비영리 기관이다. 마이터는 정보보안 관련 많은 정보를 제공한다. 정보보안 담당자에게 가장 익숙한 정보는 취약점 데이터베이스인 CVE^Common Vulnerabilities and Exposures다. 최근 들어 주목받는 정보는 어택 매트릭스다. 사이버 킬체인 단계가 공격 단계를 개념적으로 설명하는 것이라면, 마이터 어택은 실제 발생했던 공격 코드와 공격 기법을 분석한 결과로 작성됐다.

다음 사이트(https://attack.mitre.org)에 접속하면 자세한 내용을 얻을 수 있다. 매트릭스는 사전공격^PRE-ATT&CK, 기업^Enterprise, 모바일^Mobile과 산업통제시스템^ICS, Industrial Control System으로 구분해서 제공한다. 가장 많은 공격 기법과 정보를 제공하는 것이 기업 매트릭스이며, 이 책도 기업 매트릭스를 기반으로 설명한다.

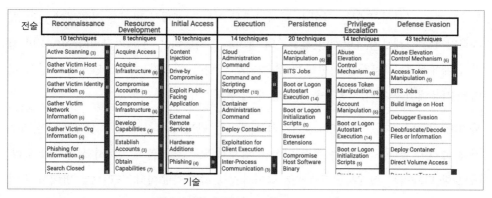

그림 1-4 기업 매트릭스(https://attack.mitre.org)

매트릭스는 TTPs^Tactics, Techniques and Procedures 개념을 이용해서 공격 기법을 나열한다. 마이터도 사이버 킬체인과 마찬가지로 공격자 관점으로 정보를 서술한다. 기업 매트릭스에서 공격자가 사용하는 전술^{Tactics}은 총 12단계가 있다. 전술은 사이버 킬체인에서 언급했던 일곱 공격 단계와 유사한 개념이다. 그러나 사이버 킬체인이 단계만을 언급했다면 마이터 어택은 각 전술에서 공격자가 사용한 기술^{Techniques}을 나열했다. 이 기술은 공격 분석에서 얻은 공격자 흔적, 악성코드 분석 기록에서 추출한 정보다. 하나의 전술에는 많은 기술이 나열돼 있다. 그 기술에는 공격자가 공격을 수행한 절차^{Procedures}를 역시 설명하고 있다. 그림 1-4는 전술과 기술의 관계를 보여주고 있다. 홈페이지에서 기술을 클릭하면 각 기술의 절차를 볼 수 있다.

Initial Access 전술의 Drive-by Compromise 기술을 선택하자. 보여지는 페이지는 공격 기술과 공격자가 실행하는 절차를 보여준다. 모든 절차에는 그림 1-5와 같은 박스가 있다. 이 정보는 공격 절차를 이해하는 데 매우 중요하다. 또한 Splunk에 이 정보를 연결시키려면 반드시 알아야 하는 정보다.

ID: T1189

Sub-techniques: No sub-techniques

ⓘ Tactic: Initial Access

ⓘ Platforms: Linux, SaaS, Windows, macOS

Contributors: Jeff Sakowicz, Microsoft Identity Developer Platform Services (IDPM Services); Saisha Agrawal, Microsoft Threat Intelligent Center (MSTIC)

Version: 1.5

Created: 18 April 2018

Last Modified: 14 April 2023

그림 1-5 절차 간략 소개

- ID: 매트릭스에서 관리하는 기술의 고유 번호다.
- Tactic: Initial Access 전술에 속한다.
- Platform: 이 공격 기술이 적용되는 플랫폼이다. 다른 말로 윈도우, 리눅스, 맥OS 와 클라우드가 해당 기술의 공격 대상이라는 의미다.

개별 항목들의 상세 페이지에는 Mitigations과 Detection 항목이 있다. Mitigations에는 이 공격을 방어하는 기법을 나열하고 있다. Detection에는 이 공격을 탐지하는 기법을 보여주고 있으며 어떤 로그가 필요한지를 나열하고 있다.

만일 독자가 운영하는 환경에서 Detection 관련 로그가 수집되지 않고 있다면 그 환경은 해당 공격을 탐지할 수 없다고 인식하고 관련 로그를 수집해야 한다.

마이터 어택은 공격자가 빈번하게 사용하는 공격을 분석해서 얻은 결과다. 여기에 나오는 모든 전술과 기술을 방어한다고 해서 모든 공격을 완벽하게 차단할 수 있다는 보장은 없다. 그렇지만 공격 기법과 방어 현황을 비교 분석하는 데 좋은 자료라는 것은 의심의 여지가 없다.

지금까지 공격자를 이해하는 데 두 가지의 공격 관련 정보를 살펴봤다. 이 두 가지는 공격자 행위 중심이다. 이제 방어자가 공격을 탐지하는 방법도 살펴보자.

1.4 위협사냥

위협사냥threat hunting은 기존의 보안 체계를 대체하는 것이 아니라 보완하는 개념으로 받아들여야 한다. 기존 보안 업무가 탐지/발생한 위협에 대한 대응이라면, 위협사냥은 숨어 있는 위협을 탐지해 공격 기법과 공격자를 식별하고 제거하는 행위이다. 기존 보안은 사전에 정의된 탐지 규칙에 주로 의존하지만, 위협사냥은 공격자의 공격 행위에 맞춤 대응하는 것도 다른 점이라고 할 수 있다. 그렇다면 위협사냥이라는 개념은 왜 등장한 것일까?

공격자는 방어자의 탐지를 회피하고자 항상 변화한다. 이에 반해 방어자는 알려진 위협 기반으로 방어를 운용한다. 즉, 방어자는 알려진 공격을 방어하지만 공격자는 새로운 공격을 한다.

위협사냥에서 가장 중요한 항목은 분석이다. 위협을 분석하려면 현재 일어나는 모든 상황을 파악해야 한다. 가시성 확보라는 용어가 이에 해당한다. 가시성 확보는 모든 보호 대상에서 발생하는 로그를 수집하는 것을 의미한다. 위협사냥을 운용하기 위한 전략을 살펴보자.

1.4.1 로그 수집

위협사냥은 다양한 로그를 수집, 분석해야 한다. 과거 ESM은 주로 침입차단시스템, 백신과 같이 보안 장비의 로그를 수집했다. 하지만 침입 탐지 시스템, 백신과 같은 보안 장비는 사전 정의된 규칙으로 공격을 탐지한다. 그래서 새로운 공격을 탐지하는 데는 한계가 있다. 그리고 이벤트 기반의 로그는 발생 내역을 재현할 수 없다.

위협사냥은 이벤트 기반 로그보다는 통신 내역의 전체 로그의 분석이 더 효과적이다. 수집 대상은 최소한 앱 헤더까지 저장하는 것을 권고한다. 예산과 조직이 충분하다면 전체 네트워크 트래픽을 저장하는 것이 가장 좋다. 네트워크 패킷은 모든 정보를 포함한 가장 강력한 데이터 소스가 된다.

1.4.2 수집 대상

위협사냥을 하려면 어떤 로그를 수집해야 할까? 위협을 정의하고 이에 맞는 로그를 수집하는 방법과 이미 존재하는 로그에서 위협을 추출하는 방법 모두 사용할 수 있다. 수집 대상은 보호 대상의 전체 로그를 수집해야 하고 이를 서로 연관 분석할 수 있어야 한다. 일반적으로 다음 네 종류의 로그가 수집 대상이 된다.

네트워크 계층 로그

네트워크 계층 로그는 네트워크 증적을 추적하는 데 사용한다. 어디에 접속했는지, 어떤 사이트에 접속했는지, 어떤 공격 관련 내용이 전송됐는지에 대해서 판별할 수 있다. 방화벽, 웹 프록시, 전자우편, DNS 로그가 여기에 해당된다.

엔드포인트 계층 로그

엔드포인트는 네트워크의 단말 계층을 의미하며 사용하는 PC, 노트북 또는 스마트폰

이 해당한다. 실제 공격자의 공격은 엔드포인트에서 실행된다. 그러므로 엔드포인트에서 어떤 프로세스가 동작 중인지, 프로세스의 소유자, 레지스트리 변경, 패치 레벨 등의 정보는 공격 현황을 파악하는 데 좋은 증거다. 관련 로그는 백신, DHCP, 윈도우 이벤트, 호스트 IDS, 호스트 방화벽 로그다.

사용자 인증 로그

사용자 인증 로그는 네트워크에 로그인한 사용자를 추적할 때 필요하다. 이 로그를 수집하려면 네트워크에서 통합 인증 시스템이 먼저 구축돼 있어야 한다. 로컬 PC에 로그인하는 것과 도메인으로 구성된 네트워크에 로그인하는 것은 별개의 인증으로 간주하기 때문이다.

마이크로소프트 액티브 디렉터리, VPN, SSO$^{Single\ Sign\ On}$ 등의 인증 로그를 수집해야 한다.

위협정보 로그

외부의 신뢰하는 기관 또는 사이트로부터 수집되는 위협정보다. 공격자, 알려진 C&C, 악성코드 유포 사이트, 감염정보 등을 수집한다. 이 정보의 핵심은 정보를 제공하는 사이트의 신뢰성이다. 정부기관, 공신력 있는 웹 사이트 등이 될 수 있다. 오픈 소스 블랙리스트, 악성코드 해시 정보 등의 로그를 수집한다.

마이터 어택에서 데이터 소스를 언급했던 것을 기억해보자. 분야별 상세 종류가 있지만 결국은 크게 위 네 종류에 대부분 연결된다.

1.4.3 수집 로그 저장

위협사냥은 모든 로그를 저장하고 로그 사이의 연관성을 분석해서 위협 징후를 찾아내는 일련의 절차라고 할 수 있다. 그러므로 로그를 수집하고 분석할 수 있는 역량을 갖추는 것이 가장 중요하다. 여기에서 Splunk의 진가가 나타난다. 어떤 장비에서든 로그를 수집할 수 있고, 수집 로그를 Splunk 고유의 검색 언어인 SPL$^{Search\ Processing\ Language}$을 이용해서 원하는 결과를 만들 수도 있다. 수집과 분석에 강력한 기능을 보유한 Splunk야말로 위협사냥에 최적화된 도구라고 할 수 있다.

여기에 시각화를 위한 대시보드 기능은 분석결과를 보다 편리하게 이해할 수 있게 해준다.

1.5 실습용 데이터 추가

2장부터 4장까지 실습을 위한 예제 데이터를 추가해보자. 예제 데이터로는 Splunk 튜토리얼 파일을 사용한다. 다음 경로에서 다운로드할 수 있다.

1.5.1 튜토리얼 데이터 다운로드

Splunk는 가상 웹 페이지의 로그를 튜토리얼 데이터로 제공한다. 다음 경로에서 내려받을 수 있다.

> https://docs.splunk.com/images/Tutorial/tutorialdata.zip
> https://docs.splunk.com/images/d/db/Prices.csv.zip

tutorialdata.zip 파일은 가상의 쇼핑몰 웹 로그 파일이고 Prices.csv.zip은 룩업을 실습할 때 사용한다. tutorialdata.zip 파일은 원본 로그가 계속 변경되므로 다운로드하는 시점에 따라 다른 로그 내용이 포함된다. 그러므로 향후 실습을 위해서 이 책에서 사용하는 각종 예제 화면과 독자가 다운로드한 로그 파일의 내용이나 시간정보가 다를 수 있다는 점을 알고 있어야 한다.

1.5.2 데이터 추가 방법

로그를 분석하려면 먼저 Splunk에 적재해야 한다. Splunk는 이것을 데이터 추가라고 한다. 데이터 추가에는 세 가지 방식을 제공하고 있다.

다음과 같은 초기 화면에서 데이터 추가를 선택하면 추가하기 화면으로 넘어간다. 메뉴에서 **설정 > 데이터 > 데이터 입력**을 선택할 수도 있다. 초기화면을 선택하면 그림 1-6의 내용을 볼 수 있다.

그림 1-6 데이터 추가 선택

데이터 추가는 업로드, 모니터, 전달의 세 가지 방식을 사용할 수 있다. 사용자는 데이터가 저장된 위치 혹은 자신이 원하는 방식을 적용해서 데이터를 추가할 수 있다. **데이터 추가**를 클릭하면 그림 1-7의 화면이 나타난다. 이제 사용자는 세 가지 방식으로 데이터를 추가할 수 있다. 여기에서는 업로드만 살펴본다.

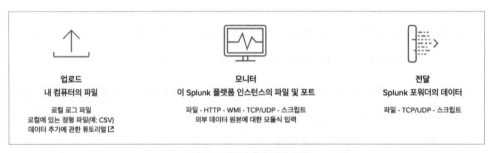

그림 1-7 데이터 추가 방법 선택

업로드

분석 대상인 파일을 Splunk에 직접 업로드하는 방식이다. 지속적으로 파일을 수집하는 것이 아니라 한 번만 인덱싱할 때 주로 사용하는 방식이다. 보안 담당자는 이 기능을 다음의 경우에 사용할 수 있다.

- 분석 대상 로그를 다른 곳에서 전달받아 분석해야 하는 경우
- 침해사고를 상세하게 확인하려고 1회성으로 분석하는 경우
- 분석 대상 로그 형식을 확인하려고 사전 점검하는 경우

업로드를 선택하고 다운로드한 tutorialdata.zip을 Splunk 화면으로 드래그하거나 파일 선택 버튼을 이용해 선택한다. 선택을 완료하면 그림 1-8과 같은 화면을 볼 수 있다.

일반 텍스트 형식 로그 파일을 업로드할 수 있으며, 로그 파일이 압축돼 있는 경우라도 압축 형식이 gzip이나 zip이면 압축 파일을 그대로 업로드할 수도 있다. 한 번에 업로드 할 수 있는 파일의 최대 크기는 500MB이다.

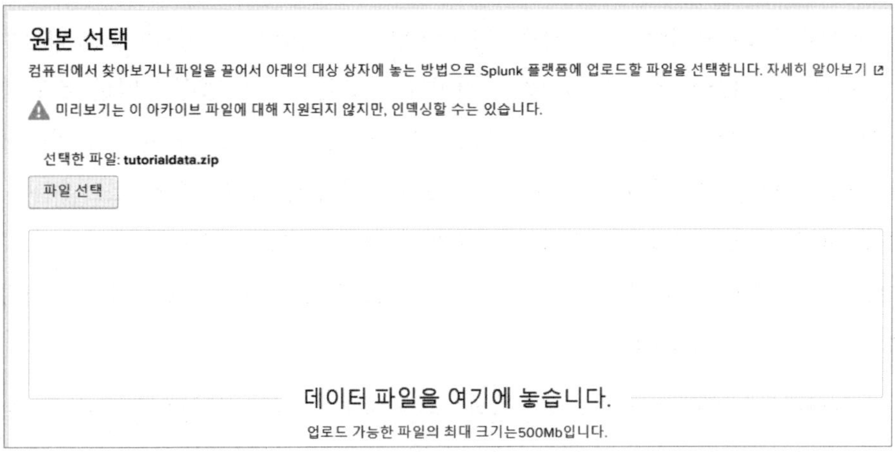

원본 선택

컴퓨터에서 찾아보거나 파일을 끌어서 아래의 대상 상자에 놓는 방법으로 Splunk 플랫폼에 업로드할 파일을 선택합니다. 자세히 알아보기 ↗

⚠ 미리보기는 이 아카이브 파일에 대해 지원되지 않지만, 인덱싱할 수는 있습니다.

선택한 파일: **tutorialdata.zip**

파일 선택

데이터 파일을 여기에 놓습니다.
업로드 가능한 파일의 최대 크기는 500Mb입니다.

그림 1-8 파일 원본 선택

NOTE

Splunk를 시험판으로 사용하고 있다면 분석 용량 라이선스를 고려해야 한다. Splunk 시험판은 하루에 로그 500MB를 색인할 수 있다. 시험판에서 500MB 파일을 업로드하면 하루의 색인 용량을 모두 사용한 것이므로 더 이상 색인을 할 수 없다.

업로드 파일은 Splunk 웹 브라우저를 실행하는 컴퓨터에 존재해야 한다. 본인의 컴퓨터로 Splunk 서버에 접속한 것이라면 업로드 대상 파일은 본인 컴퓨터 하드디스크에 존재해야 한다는 의미다. 파일 선택을 클릭하면 사용자 컴퓨터 하드디스크를 탐색하는 대화 상자가 나타난다. 로그 파일을 Splunk 서버로 업로드하면 모니터 옵션으로 데이터를 추가한다.

파일을 선택하고 다음 단계로 이동하면 다양한 입력 설정 단계가 나온다. 소스 타입^{source type}은 수집하는 로그의 형식을 지정하는 것이다. 동일한 소스 타입은 동일한 로그 형식을 나타낸다. 선택한 파일이 범용 로그 파일이면 Splunk는 업로드를 한 후에 자동으로 소스 타입을 제시한다. 이것은 윈도우, 리눅스 서버에서 사용하는 주요 로그 파일은 이미 Splunk에서 소스 타입을 지정해 놓았기 때문이다. 선택한 파일이 소스 타입 목록에 없다면 새로 만들어야 한다. tutorialdata는 웹 로그이므로 특별한 소스 타입을 지정할 필요없이 자동으로 설정한다.

호스트 정보 역시 그대로 놓아두지만 실제 운영에서는 이 로그를 생성하는 호스트명을 적는 것이 좋다. 호스트별로 분류가 편해지기 때문이다.

인덱스는 수집 로그를 저장할 공간이다. 동일 목적을 가진 로그는 별도의 인덱스로 관리하는 것이 좋다. 모든 방화벽 로그는 firewall이라는 인덱스를 만들어서 관리할 수 있다.

새 인덱스 만들기에서 로그를 저장할 인덱스를 수집 당시에 새로 만들 수 있다. 검색 성능을 향상시키기 위해서 인덱스를 분리하는 것이 좋다. 인덱스 관련 운영은 Splunk 관리자와 상의하는 것이 가장 좋다. 모든 로그를 기본 인덱스인 main 인덱스에 저장하면, 인덱스의 크기가 증가하면서 검색 성능이 저하될 수 있다. 이제 book이라는 새 인덱스를 생성하고 이곳에 예제 데이터를 적재하자.

새 인덱스 만들기를 클릭하고 그림 1-9와 같이 설정하고 저장한다. 인덱스를 만들면 자동으로 새로 만든 인덱스가 선택된다. 상단의 **검토** 버튼을 클릭해서 다음 단계로 넘어간다.

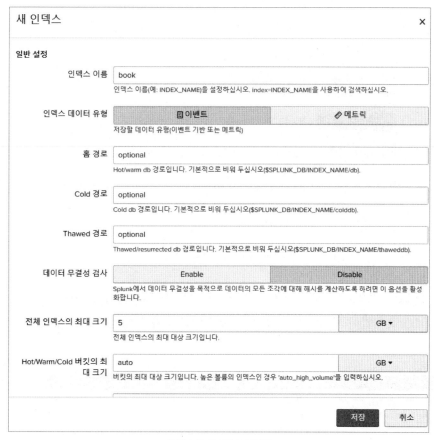

그림 1-9 새 인덱스 만들기

지금까지 입력한 설정 내역을 보여준다. 그림 1-10과 같이 보인다면 잘 완료된 것이므로 **제출** 버튼을 클릭하고 데이터 업로드를 마무리한다.

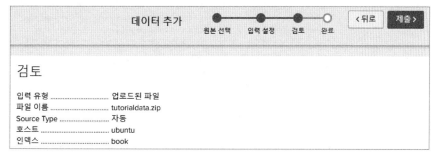

그림 1-10 최종 검토 단계

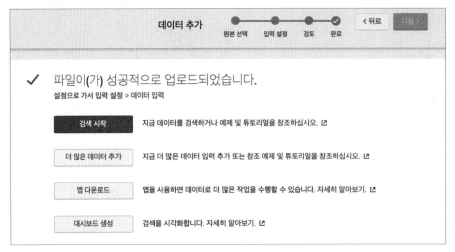

그림 1-11 튜토리얼 데이터 업로드 성공

그림 1-11이 보인다면 모든 데이터가 Splunk에 추가된 것이다. 이제 검색 창에서 index=book과 같이 검색하면 그림 1-12처럼 방금 추가한 데이터를 볼 수 있다.

그림 1-12 tutorial 데이터 검색

1.6 요약

1장에서는 Splunk의 기능을 간략하게 소개하고 보안 공격 동향을 살펴봤다. 공격 기법을 소개하는 사이버 킬체인과 마이터 어택의 내용을 알아보고 최근 방어 기법으로 적용 중인 위협사냥의 개념과 구축 방안도 알아봤다. Splunk는 이 모든 절차에 적용할 수 있는 강력한 도구다. 이를 위해 앞으로 Splunk에 로그를 적재 및 분석하고 공격을 탐지할 수 있는 효율적인 방법을 제시한다.

2장에서는 Splunk 검색을 알아보자.

2

검색

2.1 장 소개

2장에서는 Splunk 검색을 살펴본다. Splunk 검색은 검색 설명서, 튜토리얼 그리고 다른 책에서도 많이 다루고 있다. 여기에서 다루는 검색은 향후 보안로그 통합 분석시스템을 구축하거나 보안 이상징후 분석용 검색어를 작성하는 데 사용하는 검색을 중심으로 다룬다. Splunk를 처음 사용해보는 사용자라면 검색 튜토리얼[1]을 먼저 읽어보는 것을 추천한다.

2장에서는 다음 내용을 알아본다.

- 검색어 작성 기법
- 정보보안 관점의 이벤트 분석용 검색 명령어와 함수
- 명령어 고급 사용 기법과 사용 예시

---

1 https://docs.splunk.com/images/4/44/Splunk-8.0.0-SearchTutorial_ko-KR.pdf

Splunk에 많은 종류의 로그를 수집하는 이유는 향후에 저장 로그를 검색해서 원하는 결과를 얻기 위함이다. 검색 결과는 관리자가 실행하는 검색어에 Splunk가 대답하는 것이다. 하지만 컴퓨터로부터 자신이 원하는 데이터를 얻으려면 요구하는 내용을 구체적이고 명확하게 얘기해야 한다.

Splunk에서 검색은 그 자체만으로 완전한 기능이다. 하지만 보고서와 대시보드와 같은 기능이 검색 결과를 기본으로 해서 만들어진다는 점을 보면 다른 기능을 사용하기 위한 전제 조건이 되기도 한다. 검색어 작성이 익숙해지고 원하는 결과를 얻으면 Splunk 사용이 그리 어렵지 않을 것이다.

2.2 Splunk 검색 기본

Splunk 검색어를 학습하기 전에 Splunk 웹 화면을 먼저 이해하자.

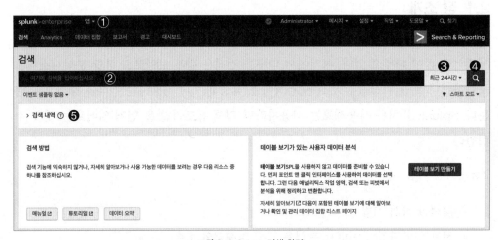

그림 2-1 Splunk 검색 화면

❶ 목록에서 설치된 앱을 선택할 수 있다. Splunk는 목적에 따라 다양한 앱을 설치하고 운영할 수 있다. 기본 앱은 Search & Reporting이다. 엄밀히 말하면 사용자는 Splunk를 사용하는 것이 아니라 Search & Reporting 앱을 사용하는 것이다.

❷ 사용자가 검색어를 입력하는 창이다. 다양한 검색 명령어, 조건을 이용해서 검색 명령어를 작성하는 곳이다.

❸ 검색 명령어를 적용할 시간 범위를 설정한다.

❹ 검색을 실행한다.

❺ 과거에 사용한 검색 이력을 보여준다. **검색에 추가**를 클릭하면 해당 검색어를 ❷의 검색 창에 복사한다.

그림 2-2 과거 검색 이력

검색 창에 검색어를 입력하고 돋보기 버튼을 클릭하면 검색이 시작된다. Splunk는 입력한 검색어에 기반해서 검색 결과를 얻을 수 있다. 가장 기본적인 검색은 찾기 원하는 단어를 입력하는 것이다. 'error'를 입력하고 검색하면 Splunk는 'error'가 포함된 모든 로그를 반환한다.

---

error

사용자는 검색할 때 와일드카드(*)를 사용할 수 있다.

---

error*

이렇게 입력하면 error로 시작하는 errorpage, error_id 등을 찾을 수 있다. 두 단어 이상의 검색은 띄어쓰기로 구분한다. Splunk는 띄어쓰기로 구분된 두 단어 모두를 포함한 검색 결과를 반환한다.

사용자가 입력하는 검색어는 대소문자를 구분하지 않는다. 그러므로 error, ERROR, Error는 모두 같은 결과를 보여준다.

검색어에 불린^{Boolean} 연산자를 사용할 수 있다. Splunk 불린 연산자는 AND, OR, NOT이며 반드시 대문자로 입력해야 한다. AND 연산자는 두 가지 조건이 모두 참이어야 하는 것을 의미한다. 그러므로 AND 연산자는 두 검색어가 모두 포함된 결과를 반환한다. 앞에서 2개의 단어가 띄어쓰기로 구분돼 있으면 모두 포함하는 결과를 보여준다고 했다. Splunk에서 띄어쓰기는 사실은 AND 연산자가 생략된 것이다. OR 연산자는 두 가지 중 하나만이라도 만족하면 검색 결과를 반환한다. NOT은 해당 결과의 반대를 의미한다.

괄호를 이용해서 우선순위를 지정하면 복잡한 검색어를 좀 더 쉽게 이해할 수 있다. Splunk 검색어는 일반 프로그래밍 언어에 비하면 그렇게 복잡하지 않은 편이다. 하지만 다른 사람과 검색어를 공유하는 경우를 생각해서라도 검색의 우선순위를 지정할 수 있는 괄호를 적극적으로 사용하는 것이 좋다.

```
error* web-server (denied AND (401 OR 403))
```

괄호가 중첩돼 있으면 Splunk는 가장 안쪽 괄호부터 해석한다. 위 검색에서 401과 403 중에 하나의 값이 denied와 동시에 나타나는 로그를 검색한다. 이후 error*로 시작하는 단어와 web-server가 포함된 결과를 반환한다.

Splunk 검색 창은 괄호의 쌍을 자동으로 검사한다. 이 기능은 괄호를 맞추지 않아서 발생하는 검색어 오류를 쉽게 찾을 수 있게 도와준다. 닫는 괄호에 커서를 위치하면 그림 2-3처럼 해당 괄호와 쌍인 여는 괄호를 보여준다.

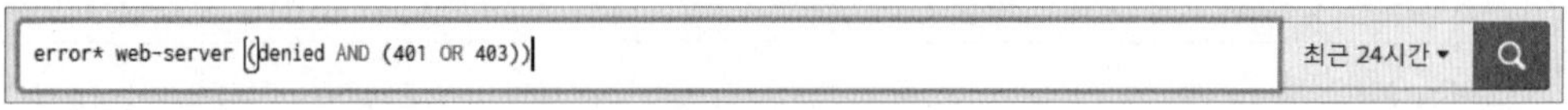

그림 2-3 괄호 쌍 찾아주기

저자의 경우는 닫는 괄호를 자주 빼먹어서 오류가 발생하는 경우가 있었다. 이후로 검색어에서 괄호를 사용할 때면 괄호 쌍을 먼저 입력하고 다음에 괄호 안에 검색어를 입력하고 있다. 프로그래밍용 전용 편집기는 괄호를 자동으로 생성해주기도 하지만 Splunk는 아직 그런 기능을 제공하지는 않는다.

따옴표로 여러 단어를 감싸면 Splunk는 하나의 단어로 인식한다. 띄어쓰기로 구분한 access denied는 access와 denied 두 단어를 모두 포함한 검색 결과를 반환하지만 "access denied"는 하나의 단어 그대로 검색한다. 단어의 순서, 공백까지 일치해서 검색하므로 Splunk는 더욱 정확한 검색 결과를 반환한다.

Splunk는 검색 명령어 실행 즉시 결과를 보여준다. 기본적으로 검색 결과는 최근 시간부터 보여준다. 이것은 로그 수집 시간을 기준으로 역순으로 검색 결과를 정렬해서 보여준다. 사용자가 입력한 검색어에 일치하는 부분은 검색 결과에서 하이라이트로 보여준다. 그림 2-4에서 확인할 수 있다.

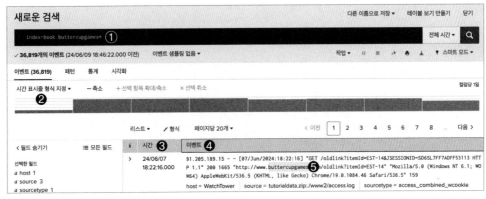

그림 2-4 검색 결과

❶ 입력한 검색어를 보여준다.

❷ 검색어와 일치하는 검색 결과의 개수를 보여준다.

❸ 해당 이벤트가 Splunk에 수집된 시간이다.

❹ 수집된 원본 로그를 보여준다.

❺ 검색어에 buttercupgames*이 있으므로 buttercupgames.com이 검색어와 일치한 결과로 나타나고 있다. 역시 일치하는 부분은 하이라이트로 표시돼 있다.

2.2.1 시간 연산자

Splunk 검색에서 시간 범위 설정은 대단히 중요하다. 이상징후, 각종 문제를 분석할 때 정해진 시간 범위에서 검색을 수행하면 연관성을 쉽게 찾을 수 있고, 결과도 빠르게 찾을 수 있다. 그러므로 시간 정보를 지정하는 방식에 익숙해져야 한다. 미리 정의한 시간 범위를 선택하거나 검색 창에 시간을 설정하는 토큰 값을 직접 입력할 수 있다.

∨ 미리 설정			
실시간	**상대**		**기타**
30초	오늘	최근 15분	전체 시간
1분 실시간	주간 누계	최근 60분	
5분 실시간	영업일 기준 주간 누계	최근 4시간	
30분 실시간	월간 누계	최근 24시간	
1시간	연간 누계	최근 7일	
항상(실시간)	어제	최근 30일	
	이전 주		
	이전 영업 주		
	이전 월		
	이전 연도		
> 상대			
> 실시간			
> 날짜 범위			
> 날짜 및 시간 범위			
> 고급			

그림 2-5 시간 범위 선택 창

미리 설정에 많은 시간 범위가 정의돼 있다. 다른 방식을 사용한다면 **날짜 범위**와 **날짜 및 시간 범위**가 가장 많이 사용될 것이다.

날짜 범위에서 시작일과 종료일을 명시하면 시간은 시작일 00시부터 종료일 24시까지 자동으로 설정된다. 그림 2-6에서 선택 내용이 잘 나와 있으며 그림 2-7에서 **날짜 및 시간 범위**를 선택한 것을 볼 수 있다. 이 항목에서는 날짜와 시간을 사용자가 직접 설정할 수 있다.

그림 2-6 날짜 범위 선택

그림 2-7 날짜 및 시간 범위 선택

검색 창에서 직접 시간을 지정하려면 시간 관련 검색 예약어를 사용해서 설정한다. earliest는 검색의 시작 시간을 지정하는 예약어이며, latest는 검색의 끝 시간을 설정한다.

```
earliest=<시간 연산자> latest=<시간 연산자>
```

시간은 절대 시간과 상대 시간으로 시간 범위를 설정할 수 있다. 절대 시간 표시 방법은 %m/%d/%Y:%H:%M:%S이다. 절대 시간으로 시간 범위를 2024년 8월 21일 오후 1시부터 2024년 9월 1일 오후 1시까지로 명시하려면 다음과 같이 설정한다.

```
earliest=8/31/2024:13:00:00 latest=9/1/2024:13:00:00
```

사용자가 검색 창에서 earliest 속성만을 사용한 경우 latest는 검색 실행 시간으로 자동 설정된다. 그리고 해당 시간 범위 안에 있는 결과를 반환한다.

상대 시간 범위 지정

비록 절대 시간을 지정할 수 있다고 하더라도 사용자가 검색 창에서 이 방식을 사용하는 경우는 그리 많지 않다. 절대 시간을 지정하기 원한다면 날짜 및 시간 범위를 이용해서 지정하는 것이 편리하기 때문이다. 이런 이유로 Splunk 검색에서는 절대 시간보다 상대 시간을 많이 사용한다.

상대 시간은 검색어를 실행시키는 시간을 기준으로 과거 또는 미래를 지정하는 것이다. 사용자는 시간을 나타내는 문자열을 이용해서 상대 시간을 지정할 수 있으며 구문은 정수와 시간 단위를 사용한다. 상대 시간은 검색이 실행되는 시점을 기준으로 상대적인 값을 이용해서 검색 범위 시간을 정하는 것이다.

1. 빼기(-) 또는 더하기(+) 부호를 사용하면 이전 시간 또는 이후 시간을 지정할 수 있다. 더하기를 사용하는 일이 전혀 없는 것은 아니지만 생각보다 많지 않다.
2. 숫자와 시간 단위를 사용해 시간의 범위를 지정한다. 숫자를 지정하지 않고 단위만 사용하면 Splunk는 1이 포함된 것으로 간주한다. 's'는 '1s'와 같고 'm'은 '1m'과 같다. 사용하는 시간 단위는 다음과 같다.

표 2-1 시간 범위 예약어

시간 범위	사용 키워드
초	s, sec, secs, second, seconds
분	m, min, minute, minutes
시간	h, hr, hrs, hour, hours
일	d, day, days
주	w, week, weeks
개월	mon, month, months
분기	q, qtr, qtrs, quarter, quarters
년	y, yr, yrs, year, years

시간에 맞추는 상대 시간 한정자

상대 시간을 사용하면 시간 차이를 이용해서 검색시간을 지정할 수 있다. 맞추기 시간 단위는 사용자가 지정하는 시간 길이에 가장 가까운 시간이나 시간 길이의 종료 시간으로 반내림 된다. '@' 문자로 시간을 지정하면 반내림한다는 것을 우선 이해하자.

시간 단위에 대한 구문은 [+|-]〈시간_정수〉〈시간단위〉@〈시간단위〉이다. '-'는 이전 시간을, '+'는 이후 시간을 의미한다. 2시간 이전부터 로그를 검색하려면 다음과 같이 지정한다.

```
earliest=-2h@ latest=now
```

만일 현재 시간이 오후 4시 30분이면 -2h 표기는 검색 시작 시간을 2시간 이전인 오후 2시 30분으로 설정한다. 하지만 이 검색에서는 -2h@로 2h 뒤에 @시간 한정 지시자를 추가로 설정하고 있다. 즉, 2시간 이전인 오후 2시 30분이 아니라 가장 가까운 시간으로 반내림을 하기 때문에 이 구문에서는 오후 2시가 검색 시작 시간이 된다. 이 방식은 일간, 주간, 월간 검색에 편리한 표기를 제공한다. 예를 들어 이전 달의 모든 이벤트를 검색하려면 다음과 같이 작성할 수 있다.

```
earliest=-mon@mon latest=@mon
```

같은 방식으로 이전 주, 직전 일의 이벤트를 검색하려면 다음과 같이 작성한다.

```
earliest=-w@w latest=@w
earliest=-d@d latest=@d
```

2.2.2 검색에서 필드 활용하기

필드란 로그 검색을 편리하게 만들어주는 매우 강력한 기능이다. 데이터베이스 사용 경험이 많은 독자라면 1개의 테이블에 여러 개의 필드가 있다는 것을 알 것이다. 데이터베이스와 같이 Splunk도 필드를 사용해서 검색할 수 있다. [필드명 = 값]의 형식으로 구성되며 이를 검색에서 그대로 사용할 수 있다. 지금까지는 검색에서 찾고자 하는 단어만 입력하고 검색을 실행시켰다. 이렇게 하면 Splunk는 해당 단어가 포함된 모든 결과를 반환한다. 하지만 필드를 사용하면 보다 정밀하게 검색을 실행할 수 있다.

필드 검색이 왜 필요한지 다음 예를 살펴보자.

아파치 웹 서버 로그에서 상태코드 404는 사용자가 요청한 페이지가 존재하지 않는다는 것을 의미한다. 관리자가 이러한 오류를 찾기 위해서 검색어로 404를 입력하고 검색을 실행한다. 하지만 404라는 값이 꼭 상태코드에만 있는 값이라는 보장이 없다. 우연히 웹 서버 그림 파일 크기가 404바이트라면 전송량 필드에 404 역시 기록될 수 있다. 404라는 단어를 웹 도메인에서도 사용할 수 있다. 이렇게 404를 포함하지만, 원하지 않은 결과가 많다면 검색 결과의 품질 저하를 가져온다.

그렇다면 사용자가 검색을 실행하기 전에 상태코드가 404인 이벤트를 검색하면 어떨까? 404라는 값만을 입력한 결과보다 더 정확한 결과를 반환할 것이다. 즉, 필드는 검색에 조건을 부여하고 검색 결과를 제한하는 효과가 있으며, 그 결과 더 정확한 결과를 사용자에게 보여준다.

```
domain=google.com
```

이 검색은 도메인 필드에 google.com이라는 문자열이 있는 검색 결과를 보여준다. 필드 검색은 필드와 값을 결합해서 사용한다. 이런 방식은 index나 sourcetype을 지정할 때도 같이 적용된다.

```
index=book sourcetype=dns domain=google.com
```

이 검색어는 index가 book이고 sourcetype이 dns이며 domain이 google.com인 이벤트를 반환한다. 모든 검색어는 공백으로 구분돼 있다. 그러므로 Splunk는 입력한 검색 조건을 모두 만족하는 로그를 찾아준다.

키워드에 와일드카드를 쓰는 방식과 똑같이 필드 값을 검색할 때도 와일드카드를 사용할 수도 있다.

```
index=book sourcetype=dns domain=*.google.com
```

앞 검색어의 차이는 와일드카드가 있고 없고의 차이다. 와일드카드가 없는 검색은 도메인이 정확히 google.com인 경우만 찾는다. *.google.com은 www.google.com, mail.google.com 등도 검색 결과로 보여준다.

Splunk 검색에서 필드를 사용하려면 반드시 지켜야 하는 규칙이 있다. 필드 값은 대소문자를 구별하지 않지만, 필드명은 엄격하게 대소문자를 구별한다는 점이다. 그러므로 Splunk 입장에서 http_status와 HTTP_status는 전혀 다른 필드다. 필드를 추출할 때나 필드명을 지정할 때 대소문자를 혼용하지 않는 것이 좋다. 그리고 검색 결과가 없다면 필드명을 잘못 썼는지 확인하는 것도 검색어 문제를 해결하는 데 도움이 된다. 그림 2-8과 그림 2-9를 보면 필드 값을 각각 소문자와 대문자로 입력해도 검색 결과는 동일한 수를 반환하는 것을 볼 수 있다.

그림 2-8 필드 값 소문자 검색

그림 2-9 필드 값 대문자 검색

그러나 그림 2-10처럼 필드명을 대문자로 작성한 경우는 검색 결과를 하나도 얻을 수 없다. 이것은 대문자 DOMAIN 필드가 없기 때문이다.

그림 2-10 필드명 대문자 검색 결과

필드가 IP 주소를 포함하고 있다면 CIDR^{Classless Inter-Domain Routing} 형식으로 검색할 수 있으며, 와일드카드를 사용할 수도 있다.

```
src = "192.168.10.*"
src = "192.168.10.0/24"
```

필드에 할당된 값이 숫자라면 비교 연산자를 사용해서 검색할 수도 있다.

```
src_port > 5000 AND src_port < 6000
```

이 결과는 src_port 필드 값이 5000보다 크고 6000보다 작은 이벤트를 검색한다.

당연한 얘기이지만 필드를 이용한 검색을 수행하려면 로그에서 필드가 먼저 추출돼 있어야 한다. 필드를 추출하는 방법은 로그 형식에 따라 제각각이다.

만일 로그가 JSON^{JavaScript Object Notation} 형식이면 특별히 필드를 추출할 필요가 없이 Splunk가 자동으로 모든 필드를 추출한다. 키=값의 로그 형식 역시 대부분 자동으로 추출한다. CSV^{Comma Separated Values} 형식은 ','이나 탭과 같이 구분자를 지정하면 무리 없이 추출할 수 있다. 필드 추출이 익숙하지 않다면 Splunk 관리자에게 필드 추출을 요청하자.

2.2.3 검색 처리 언어 및 파이프

SPL^{Search Processing Language}는 Splunk가 제공하는 검색 전용 언어다. 자바나 파이썬과 같이 변수 선언 및 할당, 조건문 등을 제공한다. 문자열 처리나 사칙연산도 지원하므로 원하는 검색 결과를 얻는 데 유용하게 사용할 수 있다. 지금까지 단어를 입력하거나 필드=단어로만 검색했지만 검색하다 보면 매우 복잡한 조건을 부여하고 검색할 때도 있다. 또한 필드 구분이 항상 담당자가 원하는 방식으로 추출되지 않는 경우도 제법 있다. SPL은 이런 부분에서 진가를 발휘한다.

실습을 위한 로그는 1장에서 추가한 Splunk 튜토리얼 로그를 사용한다.

파이프

SPL에서 검색할 때 '|'의 사용은 매우 중요하다. 동작방식은 *NIX의 파이프와 거의 동일하다. 파이프는 앞 명령어 출력 결과를 파이프 뒤 명령어의 입력으로 전송한다. 파이프 기준으로 오른쪽의 검색 명령어는 항상 왼쪽 검색어 결과를 기반으로 새로운 명령어를 적용하는 것이다.

```
index=book sourcetype=access_combined status=404 | stats count by uri
```

위의 예제에서 검색어는 파이프를 기준으로 두 부분으로 구성돼 있다. 첫 번째 부분은 index=book sourcetype=access_combined 로그에서 상태코드가 404인 로그를 추출한다. 추출한 결과는 파이프라인 다음 통계 검색어로 넘어가게 되고, uri 기준 개수를 반환한다. 최종 결과는 status가 404인 uri 종류별 개수를 결과로 보여준다. 지금 이 명령어를 이해하지 못한다고 걱정할 필요는 없다. stats 명령어는 앞으로도 매우 많이 나오기 때문에 자연스럽게 익숙해질 것이다.

파이프를 사용하면 수많은 명령어를 연결해서 원하는 검색 결과를 얻을 수 있다. 파이프 사용에 특별한 제약이 있는 것은 아니기 때문이다. 하지만 검색어가 길어질수록 전체 결과를 예측하는 검색어의 가독성은 그다지 좋지 않다.

```
index=book sourcetype=access_combined status=404 | stats sum(cost) as total by productID |
where total > 100
```

Splunk는 이런 검색어를 단숨에 정렬하는 기능을 제공한다. 윈도우에서는 Ctrl+\(역슬래시)를 입력하면 파이프를 기준으로 줄바꿈을 실시한다. 그 결과 다음과 같이 복잡한 검색어를 깔끔하게 정렬한다.

```
index=book sourcetype=access_combined status=404
| stats sum(cost) as total by productID
| where total > 100
```

맥Mac을 사용하는 사용자는 Cmd+\(역슬래시)를 선택하면 윈도우에서와 동일하게 동작한다. 이렇게 수작업으로 검색어를 정렬할 수도 있지만 저자는 다음에 설명하는 자동방식을 권고한다.

웹 화면의 계정에서 기본 설정 창 > SPL 편집기를 선택하고 그림 2-11과 동일하게 **고급편집기**와 **검색 형식 자동 지정**을 켠다.

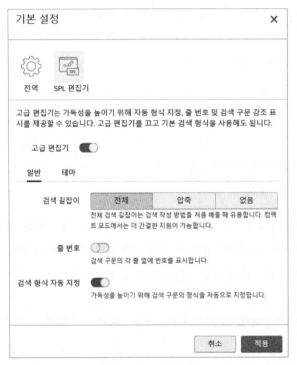

그림 2-11 SPL 편집기 설정

검색 형식 자동 지정을 설정할 때 사용자가 파이프(|)를 입력하면 이를 기준으로 자동정렬한다. 그림 2-12의 편집기 테마에서는 밝은 테마 또는 어두운 테마를 선택하는 것을 권고한다. 두 설정에서는 일반 검색어와 Splunk가 사용하는 명령어, 함수 등의 색깔을 달리해서 검색어 작성을 도와준다.

그림 2-12 SPL 편집기 테마 설정

2.3 검색 명령어

Splunk는 많은 검색 명령어를 지원한다. 2.3절에서는 다양한 검색 명령어를 살펴보고 검색 명령어를 어떤 경우에 사용하는지 설명해 활용성을 높이고자 한다.

2.3.1 데이터 나열, 변환

table

table 명령어는 필드명과 결합해 검색 결과를 테이블 형식으로 보여준다. table 명령어 다음에 보고 싶은 필드명을 적는다. 필드명을 잘못 적으면 해당 필드에는 공란이 보인다. 다른 필드에는 값이 보이는데 특정 필드가 공백이라면 필드명 입력 오류를 의심해

볼 수 있다. 거듭 강조하지만 필드명은 대소문자를 구분하므로 잘 작성해야 한다.

여러 개의 필드는 쉼표(,)로 구분하며 띄어쓰기로 구분하더라도 잘 동작한다.

```
table <<필드 1>> <<필드2>> <<필드 3>> ... <<필드 n>>
```

```
index="book" sourcetype="access_combined_wcookie"
| table clientip, method, productId, status
```

위의 검색어는 그림 2-13과 같은 결과를 반환한다. 독자의 실행 결과가 책의 내용과 같지 않을 수 있다. Splunk가 제공하는 튜토리얼 데이터는 매일 다른 데이터를 제공하기 때문이다.

clientip �	✓	method ⇧	✓	productId ⇧	✓	status ⇧	✓
182.236.164.11		GET		BS-AG-G09		200	
182.236.164.11		POST		SF-BVS-G01		408	
182.236.164.11		GET				200	
182.236.164.11		POST				200	
182.236.164.11		POST		MB-AG-G07		200	
182.236.164.11		GET				200	

그림 2-13 table 실행 결과

rename

rename 명령어를 사용하면 필드명을 다른 이름으로 변경할 수도 있다. 로그에서 필드명에 의미를 부여하거나 필드에 한글을 쓰고 싶은 경우에 사용할 수 있다. 필드명을 띄어쓰기로 구분하고 싶다면 원하는 필드명을 따옴표로 감싸준다. 명령어 형식은 다음과 같다.

```
rename <<원래 필드명>> AS <<변경하려는 필드명>>
```

```
index="book" sourcetype="access_combined_wcookie"
| table clientip, action, productId, status
| rename action AS "Customer Action",
productId AS ProductID, status AS "HTTP Status"
```

그림 2-14를 보면 필드명이 변경됐음을 확인할 수 있다. 원하는 필드명으로 변경하면
검색 결과를 이해하는 데 도움이 된다.

clientip ⇕	✎	Customer Action ⇕	✎	ProductID ⇕	✎	HTTP Status ⇕ ✎
182.236.164.11		addtocart		BS-AG-G09		200
182.236.164.11				SF-BVS-G01		408
182.236.164.11						200
182.236.164.11		purchase				200
182.236.164.11		purchase		MB-AG-G07		200

그림 2-14 rename 실행 결과

fields

fields 명령어는 검색 결과에서 특정 필드를 포함시키거나 제거할 때 사용한다. 필드를
포함시킬 때는 fields + <<필드명>>을 사용한다. +는 기본 값이므로 반드시 명시할 필요
는 없다. fields는 검색에서 전체 필드를 추출하기 전에 동작하므로 검색 결과에서 원하
는 필드만 선택한다면 전체 검색 성능을 높일 수 있다.

특정 필드를 배제하려면 fields - <<필드명>>을 사용한다. Splunk 사용자는 특별한 경우
를 제외하고는 fields 명령어를 잘 사용하지 않는다. 그러므로 검색은 다음과 같이 전체
필드를 모두 보여준다.

```
index=book sourcetype="linux_secure" Failed
```

This search has completed and has returned **3,416** results by scanning **25,099** events in **0.658** seconds

그림 2-15 fields 명령어를 사용하지 않은 경우

그림 2-15의 검색 결과를 보면 총 25,099개에서 3,416개의 결과를 찾았고 0.658초가
소요됐다. 이번에는 fields 명령어를 사용해서 원하는 필드만 추출해봤다.

```
index=book sourcetype="linux_secure" Failed
| fields src_ip, user
```

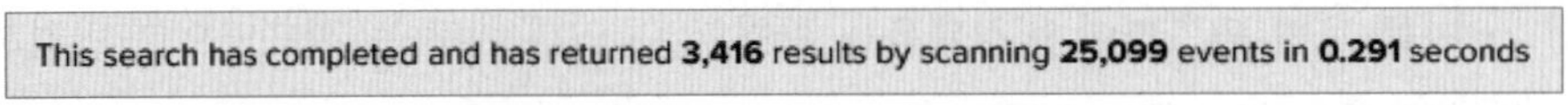

그림 2-16 fields 명령어를 사용한 경우

그림 2-16의 검색 결과는 그림 2-15와 동일하게 3,416개를 반환하지만 검색 소요 시간은 0.291로 절반에 가깝게 감소한 것을 볼 수 있다.

Splunk에서 필드 추출은 매우 많은 자원을 요구한다. 그러므로 검색이 필요한 필드를 추출하는 것만으로도 검색 성능을 높일 수 있다. 다만 `fields` 명령을 사용하려면 필드 추출을 먼저 해놓아야 한다는 점과 어떤 필드가 존재하는지 사용자가 충분히 숙지해야 한다.

dedup

검색 결과에서 중복을 제거할 때 사용한다.

```
dedup <필드명 1>, <필드명 2> ...
```

중복 제거는 지정한 필드를 기준으로 실행한다. 제거하고 싶은 필드명을 dedup 다음에 지정한다. 2개 이상의 필드에서 중복을 제거하려면 쉼표(,)로 구분해서 필드를 나열한다. 중복을 제거하면 해당 필드의 유일한 값을 기준으로 결과를 보여준다.

dedup 명령어를 사용할 때는 주의할 점이 있다. 그것은 지정한 필드의 중복을 제거한 데이터가 분석가가 원하지 않는 결과일 수도 있다는 점이다. 지정한 필드의 중복을 제거하면 다른 필드의 값은 중복이 아닌데도 앞의 중복된 결과를 제거하면서 역시 사라진다. 그러므로 dedup 명령어는 상세분석이 아니라 해당 필드에 존재하는 값을 확인하는 정도로 사용하는 것을 제안한다.

sort

검색 결과를 정렬할 때 사용하는 명령어다. 필드를 지정하면 해당 필드 값을 기준으로 정렬한다. 기본 값은 오름차순 정렬을 하며 내림차순으로 정렬하려면 필드 앞에 마이너스(-)를 붙인다. 2개 이상의 필드를 동시에 정렬하는 것도 할 수 있다.

```
sort (+|-) <필드 1> ...
```

```
index=book sourcetype=access_combined_wcookie
| table clientip, action, productId
| sort action, -productId
```

clientip ‡	action ‡	productId ‡
74.53.23.135	addtocart	WC-SH-T02
74.53.23.135	addtocart	WC-SH-T02
12.130.60.5	addtocart	WC-SH-T02
12.130.60.5	addtocart	WC-SH-T02
193.33.170.23	addtocart	WC-SH-T02
203.223.0.20	addtocart	WC-SH-T02
109.169.32.135	addtocart	WC-SH-T02
125.17.14.100	addtocart	WC-SH-T02

그림 2-17 sort 실행 결과

필드 값 속성을 지정하면 정렬에 도움을 줄 수 있다. 예를 들어 IP 주소를 정렬하고 싶다
면 다음 방식을 사용한다.

```
| sort - ip(IP 필드)
```

정렬에 사용하는 함수는 ip(), num()이 있다.

2.3.2 통계 계산

stats

stats 명령어와 함수 사용

stats는 각종 통계 함수를 이용해서 데이터를 계산한다. Stat가 아니라 stats임을 기억
하자. 사용할 수 있는 통계 함수로는 개수[count], 중복을 제거한 개수[dc], 총합[sum], 평균[avg],
목록[list], 중복제거 목록[values] 등이 있다. 기술 통계에서 많이 사용하는 최댓값[max], 중앙값
[median], 최솟값[min], 분산[var], 표준편차[stdev]도 지원한다. 각 함수는 필드명을 인자로 받아서

해당 함수가 제공하는 기능에 따라 값을 반환한다. 사용 방법은 다음과 같다.

```
... | stats [count|dc|sum|avg|list|values] by [필드명]
```

통계 함수인자로 사용하는 필드의 데이터는 숫자형을 포함해야 한다. values 함수, list 함수는 목록을 만들어주는 함수이므로 필드 값에 숫자나 문자 모두 사용할 수 있다. 그외 다른 함수는 숫자 형식의 데이터를 입력으로 받는다. stats에서 많이 사용하는 함수의 목록은 다음과 같다.

표 2-2 stats 대표 함수

함수명	설명
count(X)	X 필드의 개수를 반환한다.
dc(X)	X 필드의 중복을 제거한 개수를 반환한다.
sum(X)	X 필드의 총합을 반환한다.
avg(X)	X 필드의 평균을 반환한다.
list(X)	X 필드를 목록으로 만들어 반환한다.
values(X)	X 필드의 중복을 제거한 목록을 반환한다.
max(X)	X 필드의 최댓값을 반환한다.
median(X)	X 필드의 중앙값을 반환한다.
min(X)	X 필드의 최솟값을 반환한다.
var(X)	X 필드의 분산 값을 반환한다.
stdev(X)	X 필드의 표준편차를 반환한다.

평균과 중앙값의 차이를 잠깐 알아보자. 평균은 개별 항목 값을 모두 더한 다음, 해당 총합을 개별 항목 개수로 나누는 것이다. 학교에서 성적을 산출하는 가장 일반적인 방법이다. 중앙값은 실생활에서는 잘 사용하지 않는다. 나열한 전체 데이터에서 중앙에 위치하는 값을 취하는 것이 중앙값이다. 중앙값을 구하는 방법은 다음과 같다.

- 데이터를 크기순으로 정렬한다(오름차순이나 내림차순은 상관없다).
- 데이터 개수가 홀수인 경우 데이터 수가 n개라면 $(n - n/2)$이 중앙값이다.

- 데이터 개수가 짝수인 경우 데이터 수가 n개라면 (n/2번째 값 + (n/2) +1번째 값)/2이다. 각 함수들의 사용 방법은 다음과 같다.

```
index=book sourcetype="access_combined_wcookie"
| stats sum(bytes), avg(bytes), max(bytes), median(bytes), min(bytes) by clientip
```

clientip ◆	sum(bytes) ◆	avg(bytes) ◆	max(bytes) ◆	median(bytes) ◆	min(bytes) ◆
107.3.146.207	802689	2090.3359375	3996	2083	203
108.65.113.83	530068	2181.349794238683	3963	2267	218
109.169.32.135	892412	2114.7203791469196	3995	2160	203
110.138.30.229	362849	2073.422857142857	3994	2023	208
110.159.208.78	529624	2068.84375	3999	2047	208
111.161.27.20	450241	2175.07729468599	4000	2245	234

그림 2-18 통계 함수의 실행 결과

이런 통계 함수는 사용자 이상징후를 판별할 때 자주 사용한다. 예를 들어 사용자마다 외부로 전송하는 바이트의 총합을 구하고 다른 사람보다 월등히 많이 전송하는 사용자를 찾을 수 있다.

top

지정한 필드에서 가장 많이 나오는 값을 보여주는 명령어다. top 명령어는 검색어의 처음에는 나올 수 없다. 그 이유는 검색 결과를 파이프로 입력받아서 계산한 후에 결과를 반환하기 때문이다. 명령어 사용법은 다음과 같다.

```
<검색어> | top limit=<숫자> [showperc=T/F] [showcount=T/F] [useother=T/F] 필드1, 필드2 by 필드
```

limit는 반환되는 결과 개수를 지정할 수 있다. limit를 지정하지 않으면 Splunk는 기본적으로 10개를 보여준다. 즉, limit=10이 자동으로 설정된다. 전체 값을 모두 보려면 limit=0을 설정한다. showperc는 해당 값이 차지하는 비율을 보여주고, showcount는 해당 값의 개수를 보여준다. 두 옵션 모두 기본 값이 T이므로 지정하지 않더라도 비율과 개수를 보여준다.

여기에서 비율과 숫자는 전체 값에서 각 랭크가 해당하는 값을 보여준다. 상위 10개 외에 다른 숫자의 크기를 알아보려면 userother=T를 입력한다. 이렇게 하면 결과 전체의 수와 비율을 알 수 있다. T나 F는 True 또는 False로 사용해도 동일한 결과를 얻을 수 있다.

```
* | top useother=T clientip
```

by절을 사용해서 특정 필드를 기준으로 빈도를 파악할 수 있다.

```
* | top limit=10 clientip by method
```

이 명령어는 method 필드를 기준으로 상위 10개의 clientip을 보여주는 검색어다. 이렇 듯 top 명령어는 빈도가 높은 통계 결과를 추출하는 명령어로 향후 대시보드나 보고서 를 작성할 때 가장 많이 사용할 것이다. DNS 질의를 가장 많이 요청한 출발지 IP, 접속 실 패를 가장 많이 한 사용자 목록 추출 등 top을 사용하는 사례는 다양하다.

특히, 보안 분야에서 top은 현황 파악에 가장 첫 번째 수단임을 기억하자. top 명령어의 다양한 선택사항을 알아두면 향후 보안로그 분석시스템 구축에 많은 도움이 될 것이다.

rare

rare는 top과 정반대의 결과인 빈도가 적은 값의 순서를 추출한다. top으로 추출한 결과를 역으로 정렬하면 rare의 결과가 나온다. 사용하는 옵션값은 top과 동일하다.

```
* | rare [limit=숫자] [showperc=T/F] [showcount=T/F] [useother=T/F] 필드1, 필드2 by 필드
```

rare는 적은 빈도를 찾아주기 때문에 종종 비정상 행위를 찾을 때 사용한다.

예를 들어 사내에서 사용자가 사용하는 프로그램을 조사한다고 하자. 사용자 컴퓨터에 설치된 프로그램 목록을 추출하고 rare를 이용해서 검색하면 설치 숫자가 적은 프로그 램의 목록이 나타난다. 사내 표준 프로그램은 모든 컴퓨터에 설치되므로 설치한 컴퓨터 숫자도 많이 나타난다. 하지만 소수의 컴퓨터에서 동작 중인 프로그램이라면 작은 숫자 로 나타날 것이다. 허가받지 않은 프로그램이거나 사용자 몰래 설치된 프로그램일 수도 있다.

len(X)

이 함수를 사용하면 문자열의 길이를 양의 정수 값으로 돌려준다. 문자열 길이를 활용해서 비정상적인 값을 추출할 수 있다. 예를 들면 도메인 길이가 비정상적으로 길다면 정상 도메인이 아닐 확률이 높다.

2.3.3 차트 시각화

데이터를 시각화하는 차트를 만들려면 먼저 검색을 이용해서 관련 데이터를 추출하고, 시각화 원본 데이터를 통계 테이블로 변환해야 한다. 그 이유는 차트와 같은 데이터 시각화는 원본 로그 데이터로는 차트를 그리는 것이 불가능하기 때문이다. 대표적으로 사용하는 명령어는 chart와 timechart다.

stats 명령어로도 통계 테이블을 생성할 수 있다. stats는 요약 통계 보고서 생성에 강점을 갖고 있다. 앞서 살펴본 stats 명령어의 함수는 chart와 timechart에서도 동일하게 사용할 수 있다.

timechart

timechart 명령어를 실행하면 시간에 따른 통계 테이블이 생성된다. 이 테이블은 시간 필드가 x축, 실제 데이터가 y축에 표시되는 차트 시각화 형식으로 나타낼 수 있다. timechart 명령어는 시간에 따른 통계의 추세를 표시할 때 가장 많이 사용한다. timechart를 사용하는 시각화는 꺾은선형, 영역형 또는 세로 막대형 차트로 많이 나타낸다.

```
timechart span=[시간범위] 통계함수 by [필드명]

index=book sourcetype="access_combined_wcookie"
| timechart span=12h count(clientip) as "Access Count"
```

span은 시간 계산 단위를 설정한다. Splunk에서 사용하는 시간 연산자를 그대로 사용할 수 있다. 예제 명령어는 시간 계산 단위를 12시간(h)으로 환산해 시간 필드를 계산한다. 이 말은 clientip의 수를 셀 때 12시간을 기준으로 한다는 의미다. 만일 전체 검색에서 사용하는 시간 범위가 7일이고 12시간 단위로 timechart 명령어를 실행하면 총 2 × 7=14개의 시간 단위가 나온다. 1일은 24시간이므로 하루에 2번의 시간 단위가 생성되기 때문이다. 세로 막대 그래프는 막대가 총 14개 그려지고, 꺾은선 그래프는 14개의 꼭짓점에서 데이터가 보인다. 통계 함수에 따라서 계산 결과를 시간 단위로 보여주는 것이다.

count는 전체 개수를 계산하는데 12시간 단위로 총 숫자를 구해서 보여준다. 평균은 12시간에 속한 값의 평균값을 보여준다. timechart는 시간 필드가 반드시 X축에 위치하므로 차트의 X축은 왼쪽에서 오른쪽이 흘러간 시간을 의미한다. 시간에 따른 추세 변화를 보여주므로 데이터의 증감, 급등, 현상 유지 등을 보여주는 데 가장 최적화된 명령어다.

chart

chart 명령어는 timechart와 유사한 방식으로 동작한다. 하지만 timechart가 _time 필드를 반드시 X축의 필드 값으로 사용하는 것과 달리 chart 명령어는 임의의 필드를 X축으로 사용할 수 있다. chart 명령어에서 X축에 사용할 필드는 over 키워드를 사용해 지정한다.

웹 로그에서 날짜별 고유 접속 IP 수를 얻는 검색어는 다음과 같다.

```
index=book sourcetype="access_combined_wcookie"
| chart dc(clientip) as "Unique Count" over date_wday
```

```
chart [통계함수] over X축 by [기준필드]
```

timechart는 span 옵션을 사용해서 시간 단위를 지정할 수 있었지만 chart 명령어는 해당 옵션을 사용할 수 없다.

2.3.4 비교 분석

eval

eval 명령어에 사용하는 함수는 검색 결과 값의 변환, 검증을 수행하며 함수 실행 결과 값을 반환하는 형식이다.

```
... | eval [반환값_저장변수] = 함수(인자1, 인자2.. )
```

대부분의 eval 함수는 문자열을 인자로 취하고 연산 결과를 반환한다. 문자열은 ""로 감싸서 표시한다. 함수는 문자열 결과를 반환하기 때문에 그 자체가 문자열이 될 수 있다. 문자열을 포함한 변수 역시 그 자체가 문자열이므로 ""를 사용하지 않아도 된다.

Splunk가 수집하는 모든 로그에서 완벽한 필드 추출은 매우 어려운 일이다. 그렇기에 때로는 원하는 값을 추출하려고 필드 값을 다시 조작해야 하는 상황이 종종 발생한다. eval 명령어 함수는 이때 요긴하게 사용할 수 있다. 그러므로 여기에서 설명하는 eval 관련 함수를 충분히 사용할 수 있도록 연습을 많이 하기 바란다. Splunk는 많은 eval 관련 함수를 제공하지만 문자열 조작에 많이 사용하는 함수를 주로 살펴보기로 한다.

case(X,"Y", ...)

여러 개의 조건을 검증할 때 사용한다. 2개의 인자가 한 그룹으로 동작한다. 첫 번째 인자가 참인 경우 두 번째 인자의 내용이 반환된다. 세 번째 인자가 참이면 네 번째 인자가 실행된다.

```
... | eval description=case(error == 404, "Not found", error == 500, "Internal Server Error", error == 200, "OK")
```

case 함수를 이용해서 월 이름을 기반으로 분기quarter를 반환하는 코드를 작성해보자.

```
... | eval quarter = case(date_month=="january","1Q", date_month=="february", "1Q", date_month=="march", "1Q",date_month=="april","2Q", ...)
```

Splunk는 현재 월의 정보를 읽어서 분기 값인 1Q, 2Q 등을 반환한다.

cidrmatch("X",Y)

IP 주소 Y가 네트워크 범위 X에 존재하는지 확인한다. 반환 값은 참 또는 거짓이며 두 개의 인자가 사용된다. 첫 번째는 CIDR 형식의 네트워크 주소 범위, 두 번째는 검사를 위한 IP 주소가 입력된다.

다음 예제 코드에서는 참을 반환한다.

```
... | eval local = cidrmatch("10.0.0.0/8", "10.10.0.100")
```

cidrmatch 함수는 검색 필터로 사용할 수 있다. 사설 IP 주소를 찾으려면 다음과 같이 지정할 수 있다.

```
... | where (cidrmatch("10.0.0.0/8", ip) OR
cidrmatch("172.16.0.0/12", ip) OR
cidrmatch("192.168.0.0/16", ip))
```

if(X, Y, Z)

X가 참이면 Y를 실행하고 X가 거짓이면 세 번째 인자인 Z를 실행한다. 앞에서 살펴본 cidrmatch 함수를 사용하면 if 함수를 더 쉽게 이해할 수 있다.

```
* | eval ip1="10.10.0.100",  ip2="100.10.0.100"
| eval network1=if(cidrmatch("10.10.0.0/24", ip1), "local", "external"), network2=if(cidrm
atch("10.10.0.0/24", ip2), "local", "external")
| table ip1, network1, ip2, network2
```

위의 예제 코드에서 ip 필드 값이 10.10.0.100이라면 10.10.0.0/24 네트워크에 포함되므로 network1 필드에는 "local" 문자열이 저장된다. ip 필드 값이 "100.10.0.100"이라면 network2 필드에는 "external"이 할당된다. 그림 2-19는 검색어의 실행 결과다.

ip1 ⬍	⬍	network1 ⬍	⬍	ip2 ⬍	⬍	network2 ⬍
10.10.0.100		local		100.10.0.100		external

그림 2-19 if와 cidrmatch의 결합 사용 결과

eval에서는 이런 형식의 검색어를 많이 볼 것이다. 이 검색 결과로는 network1과 network2 라는 신규 필드가 생성되고 값이 할당된다는 것이다.

like(X,"Y")

like 함수의 X 필드에서 일부 문자열인 Y를 찾는다. 첫 번째 인자는 대상 필드, 두 번째 인자는 정규표현식의 탐색 패턴이다. X에서 Y를 찾을 수 있으면 참을 반환하며 SQL의 like문과 동일한 효과를 가진다. Splunk에서 like 함수의 와일드카드 문자열은 '*'이 아니라 '%'을 사용한다. 예제에서는 domain에서 .ac.를 찾아서 존재하면 참을 반환한다.

```
like(doamin, "%.ac.%")
```

'%'를 와일드카드로 사용하는 것은 like() 함수만이라는 것을 잊지 말자. 다음 예제는 field 변수가 addr로 시작하는지를 검사한다. 이 함수 역시 검색 필터로 사용할 수 있다.

```
... | where like(field, "addr%")
```

match(X,"Y")

like 함수가 일부라도 맞는 값을 찾는다면 match 함수는 함수명과 같이 정확한 일치 여부를 비교한다. 다음과 같이 두 가지 방식을 많이 사용한다.

```
match(filename, "malicious.exe")
match(filename, "(.jpg|.gif|.png)$")
```

첫 번째 match 함수는 filename이 malicious.exe와 정확히 같으면 참을, 그렇지 않으면 거짓을 반환한다. 문자열 비교에 대소문자는 구분하지 않는다.

두 번째 match 함수 사용 예는 조금 복잡하게 보이지만 이것은 비교 구문을 정규표현식으로 작성한 것이다. 만일 두 번째 표현이 없다면 첫 번째 match() 함수를 여러 번 사용해야 한다. 다행히 Splunk는 정규 표현식을 활용해서 이런 고민을 해결했다. $는 종결자로서 '$' 앞의 문자로 단어가 끝난다는 의미이고 '|'은 다중 선택을 의미한다. 예제는 filename 필드 값이 .jpg, .gif, .png로 종결($)하는지를 검사한다. 즉, 파일 확장자가 jpg, gif, png 여부를 검사하는 것이다.

2.3.5 다중 문자열과 시간

mvindex(X,Y,Z)

필드 X에 있는 Y번째 값을 반환한다. 배열에서 인덱스를 기반으로 배열 요소를 찾는다고 생각하면 쉽게 이해할 수 있다. Y는 인덱스 번호이며 0이 첫 번째 값을 의미한다. 인덱스는 0부터 시작한다. 인덱스를 뒤에서부터 세고 싶다면 -1을 사용하며 -2는 마지막에서 두 번째 값이다. 세 번째 인자인 Z는 선택적으로 사용된다. 사용자가 Z값을 지정하면 함수는 Y부터 Z까지의 값을 반환한다. 이 함수는 나중에 split() 함수와 결합해 자주 사용하므로 잘 숙지해야 한다.

split(X,"Y")

구분자 Y를 이용해서 X를 분할해 다중값 형식으로 반환한다. 구분자로 분리한 문자열은 여러 개의 토큰이 발생하므로 주로 mvindex()에서 사용한다. 이벤트에서 특정 값을 추출할 때 사용할 수 있다.

substr(X,Y,Z)

이 함수에서 세 번째 인자인 Z가 없다면 필드 X의 Y(1부터 시작)부터 시작해서 문자열 끝까지를 반환한다. Z가 주어지면 Y부터 Z까지의 문자열을 반환한다.

세 함수를 사용하는 예시를 살펴보자.

```
* | eval passwd_str="lightdm:x:107:117:Light Display Manager:/var/lib/lightdm:/bin/false"
| eval uid = mvindex(split(passwd_str,":"),0)
| eval subuid1 = substr(uid,2)
| eval subuid2 = substr(uid, 2,4)
| table uid, subuid1, subuid2
```

```
eval passwd_str="lightdm:x:107:117:Light Display Manager:/var/lib/lightdm:/bin/false"
```

예제를 위해 passwd_str 문자열을 생성했다.

```
| eval uid = mvindex(split(passwd_str,":"),0)
```

split 함수는 passwd_str 문자열을 ':'을 기준으로 분할하고, mvindex는 split이 분할한 다중 값에서 0번째를 선택해서 uid에 할당한다. 그러므로 uid에는 lightdm이 저장된다.

```
| eval subuid1 = substr(uid,2)
```

substr 함수는 uid 값의 두 번째 글자부터 문자열 끝까지를 subuid1에 저장한다. 이 값은 ightdm이 된다.

```
| eval subuid2 = substr(uid, 2,4)
```

substr 함수의 세 번째 인자가 지정됐으므로 uid의 2번째부터 4번째까지 문자열을 subuid2에 저장한다. subuid2의 값은 ight가 된다.

```
| table uid, subuid1, subuid2
```

결과는 다음과 같다.

uid ⇕	subuid1 ⇕	subuid2 ⇕
lightdm	ightdm	ight

그림 2-20 mvindex, split와 substr 사용 예시

round(X,Y)

X를 Y 자리 수 기준으로 반올림한다. `round(2.555, 2)`는 결과로서 2.56을 얻을 수 있다. 나누기 계산을 할 경우 소수점 자리가 급격히 늘어나는 것을 방지해준다.

urldecode(X)

URL 인코딩이 돼 있는 X를 디코딩해 반환한다. 웹 주소에 한글이 사용되는 경우 대부분 URL 인코딩이 돼 있어 바로 확인하기 어렵다. 이 함수를 사용하면 인코딩 문자열을 디코딩해서 한글이 있는 경우라도 바로 확인할 수 있다.

```
* | eval encode_str="Splunk%20%ED%95%9C%EA%B8%80%20%EB%A7%A4%EB%89%B4%EC%96%BC"
| eval decode_str=urldecode(encode_str)
| table decode_str
```

decode_str ≑
Splunk 한글 매뉴얼

그림 2-21 urldecode 결과

이제부터는 시간 함수를 살펴본다. 보안에서 시간은 매우 중요한 항목이다. 모든 로그는 시간 정보를 반드시 포함해야 한다. 다양한 보안 로그 분석을 위해서라도 시간 함수를 잘 이해하고 있어야 한다.

strftime(X, Y)

유닉스 시간 X를 지정한 Y 형식으로 출력한다. 주로 사용자가 읽기 편한 형식으로 변환할 때 사용한다. 유닉스 시간은 다른 말로 에포크 시간이라고도 한다. 이 시간 계산법은 1970년 1월 1일 0시를 기준으로 몇 초가 흘렀는지를 계산하는 것이다.

strptime(X, Y)

`strftime`과 반대로 Y 형식으로 된 X 시간 문자열을 입력받아서 유닉스 시간을 반환한다.

두 함수는 다음과 같이 사용할 수 있다.

```
index=book sourcetype="access_combined_wcookie"
| eval unixtime = strptime(req_time,"%d/%B/%Y:%H:%M:%S")
| eval humantime = strftime(unixtime,"%Y-%m-%d %H:%M:%S")
| table req_time, unixtime, humantime
```

req_time ⇵	✎	unixtime ⇵ ✎	humantime ⇵
07/Jun/2024:03:51:24		1717699884.000000	2024-06-07 03:51:24

그림 2-22 시간 함수 사용 결과

now()

이 함수는 검색어를 실행시킨 시간을 유닉스 시간 형식으로 반환한다. 실행 시간을 기준으로 시간의 차이를 계산하는 기능에서 많이 사용한다. 예를 들면, 침입 탐지 시스템이 공격을 탐지했다고 가정하는 경우 최초 탐지 후 오늘까지 얼마나 시간이 흘렀는지를 계산할 때 기준점을 제공한다.

```
index=book sourcetype="access_combined_wcookie"
| eval unixtime = strptime(req_time,"%d/%B/%Y:%H:%M:%S")
| eval date_diff = round((now() - unixtime) / 86400, 0)
| table req_time, date_diff
```

검색어 세 번째 줄에서 now()를 사용한 것을 볼 수 있다.

```
| eval date_diff = round((now() - unixtime) / 86400, 0)
```

now() 함수가 유닉스 시간 형식을 반환하기 때문에 수치 연산이 가능하다. 즉, 오늘부터 해당 시간을 뺀 값을 86400으로 나눈다. 86400으로 나누는 이유는 하루가 86400초이기 때문이다. 지나간 시간을 알고 싶다면 3600으로 나누면 되고 정확하게 떨어지는 계산이 아니므로 round() 함수를 사용해 소수점을 반올림했다. 그림 2-23에서 결과를 확인할 수 있다.

req_time ⇵	✎	date_diff ⇵ ✎
12/May/2018:18:22:16		666

그림 2-23 now() 함수 사용 결과

2.4 검색어 작성

Splunk에서 원하는 결과를 얻으려면 검색어를 잘 작성해야 한다. 검색 조건은 구체적이고 명확하게 입력해야 정확한 결과 값을 얻을 수 있다. Splunk는 키워드 검색을 제공하기 때문에 단어만 입력하는 경우 그 단어가 속한 모든 결과를 얻을 수 있다. 하지만 이런 경우 검색 결과는 그다지 좋은 편이 되지 못한다.

사용자는 자신이 원하는 정확한 검색 결과를 얻기 위해서 검색어를 제한해야 한다. 웹 로그에서 접속 오류를 찾고 싶다면 상태코드를 나타내는 필드에 검색어를 명시해 검색을 요청해야 한다. 때로는 필드가 포함한 값을 더 상세하게 구분할 필요도 있다.

앞에서 많은 함수를 살펴봤다. 여기서부터는 활용 방법을 더 자세하게 살펴보자.

다음은 사용자가 접근한 URI^{Uniform Resource Identifier} 로그다. 담당자가 원하는 결과는 사용자가 어떤 파일을 많이 접속했는지 알고 싶다고 하자.

```
/data/7.5.8231.2252/GoogleToolbarInstaller_updater_signed.exe
```

이 로그에서 파일명을 어떻게 분리해야 할지 고민해보자. 사용자가 접근한 파일은 위 로그에서 마지막에 위치하고 그 앞에는 모두 디렉터리를 의미한다. 담당자가 원하는 것은 파일명뿐이다. 파일명을 구분하는 가장 쉬운 방법은 '/'로 분할하는 것이고 사용자가 다운로드한 파일은 항상 경로의 제일 마지막에 위치한다. 원하는 값을 추출하려면 다음 절차를 따른다.

1. URI를 '/'로 분리한다.
2. 분리한 다중 문자열에서 가장 마지막 문자열을 취한다.

로그를 분리해서 다중 값으로 만드는 기능은 split() 함수가 담당하고 다중 값을 인덱스로 접근하는 함수는 mvindex()다. 전체 문자열에서 마지막 문자열에 파일명이 존재한다. 즉, 마지막 인덱스에서 우리가 원하는 정보를 만날 수 있다. 이 두 함수를 이용해 필요한 파일명을 다음 검색어로 추출할 수 있다.

```
| eval filename=mvindex(split(uri,"/"),-1)
```

원본 로그에서 URI에는 모든 경로가 포함돼 있다. 우선 "/"를 이용해 전체 로그를 분할한다. 분할된 다중 문자열은 mvindex() 함수의 첫 번째 인자로 입력되고, 다중 문자열의 마지막을 나타내는 -1을 입력해 추출한다. 마지막이 -1이라는 숫자는 매우 유용하다. split 함수를 사용해서 다중 문자열을 얻었더라도 우리는 다중 문자열에 몇 개의 항목이 포함돼 있는지를 알 수 없다. 하지만 -1을 사용하면 항상 다중 문자열의 마지막 값을, -2는 마지막에서 두 번째 값을 얻을 수 있어서 검색어 작성이 간단해진다.

예제 로그에서 이 eval문이 실행되면 filename 변수에는 GoogleToolbarInstaller_updater_signed.exe 문자열이 할당된다.

mvindex와 split을 사용하는 조금 더 복잡한 예제를 살펴보자.

```
/tools/refresh.html?category=computer&company=first&cpu=i7
```

위의 로그는 파일명 뒤에 인자를 입력받고 있다. URI에 "?"이 있다면 파일에 인자 값을 전달하는 형식이다. 프로그램과 인자 값은 "?"로 구분하고, 인자 값이 2개 이상이면 각 인자는 "&"로 구분한다. 개별 인자는 [변수]=[값]으로 구성된다.

앞의 로그보다는 더 복잡하지만 원리는 동일하다. 다음과 같이 검색어를 작성해서 파일명을 손쉽게 추출할 수 있다.

```
| eval filename=mvindex(split(mvindex(split(uri,"?"),0),"/"),-1)
```

함수는 괄호로 감싸진 가장 안쪽부터 실행된다.

```
split(uri,"?")
```

uri 필드 값을 "?"을 기준으로 분할한다.

```
mvindex(split(uri,"?"),0)
```

"?"로 구분된 문자열에서 0번, 첫 번째 문자열을 취한다. 이렇게 되면 mvindex(split(uri,"?"),0)은 "/tools/refresh.html"을 반환한다.

```
split(mvindex(split(uri,"?"),0),"/")
```

입력받은 문자열을 "/"를 이용해서 다시 분할한다.

```
mvindex(split(mvindex(split(uri,"?"),0),"/"),-1)
```

분할된 문자열에서 -1번째 문자열을 반환하고 `filename`에 할당한다. 최종 결과는 `filename` 변수에 refresh.html이 추출돼 할당된다.

두 가지 형식의 로그로 파일명을 추출하는 예제를 실습해봤다. 그런데 웹 로그는 첫 번째 방식과 두 번째 방식 모두 로그를 저장할 수 있다. 인터넷 사용자가 인자 없는 파일을 접속한다면 첫 번째 형식으로 로그가 남고, 인자 있는 파일을 접속하면 두 번째 형식의 로그가 저장된다. 그러므로 분석가는 두 가지 경우를 모두 고려해서 로그를 파싱하는 방법이 필요하다. 항상 같은 형식으로 로그가 저장되지 않기 때문에 두 경우를 모두 고려한 검색어를 사용해야 한다.

앞에서 살펴본 두 가지 경우를 한 번에 처리하는 방법은 없을까? `if()` 함수를 사용하면 두 가지 경우를 한 번에 처리할 수 있다.

```
/edgedl/toolbar/t7/data/7.5.8231.2252/GoogleToolbarInstaller_updater_signed.exe?category=
computer&company=first&cpu=i7
```

첫 번째 로그와 두 번째 로그의 차이점을 기반으로 이 두 로그를 처리하는 검색어 질의를 작성해보자. 앞서 살펴봤던 두 로그는 파일에 전달하는 인자의 존재 유무에 따라서 로그를 파싱하는 규칙이 달라져야 하는 것을 알 수 있다. 그렇다면 "파일 인자의 존재 유무를 기준으로 검색어를 다르게 할 수 있지 않을까"라는 생각을 할 수 있다. 웹 프로그래밍에 익숙한 사용자라면 금새 알아차리겠지만 '?' 즉, 물음표가 로그에 있는지 없는지에 따라서 프로그램 인자의 존재 여부를 확인할 수 있다.

로그에 '?'가 있다면 프로그램에 입력되는 인자가 존재하고 없다면 파일명만 존재한다. if() 함수는 3개의 인자를 받는 함수로서 첫 번째 인자는 조건을 명시한다. 첫 번째 조건이 맞는 경우 두 번째 인자를 처리하고 맞지 않는 경우 세 번째 인자를 처리한다.

첫 번째 로그에 '?'가 있는 경우를 검사하고 이후 조건에 따라 문자열 처리를 진행할 수 있다. 특정 문자나 문자열 존재 여부는 like() 함수를 사용해서 알아낼 수 있다.

만일 필드 값에 '?'가 있다면 인자 처리용 명령어를, 없다면 인자 없이 바로 파일명을 추출하는 검색어를 작성하면 된다. 다시 한 번 if() 함수를 살펴보면 구조는 다음과 같다.

```
if(조건문, 조건이 참이면 실행, 조건이 거짓이면 실행)
```

각각에 사용하는 검색어는 다음과 같이 작성할 수 있다.

- 필드 값이 '?'를 포함하는지 확인

```
like(uri,"%?%")
```

- '?'가 있는 로그에서 파일명 추출

```
mvindex(split(mvindex(split(uri,"?"),0),"/"),-1)
```

- '?'가 없는 로그에서 파일명 추출

```
mvindex(split(uri,"/"),-1))
```

이미 두 로그 형식에 대한 파일명 추출 함수를 작성했으므로 조건 검색어만 새로 작성했다. if 함수를 이용하면 조건별로 다른 문자열 처리를 함으로써 다양한 로그에 대처할 수 있게 해준다. 만약 조건이 2개를 초과하는 경우에는 case() 함수를 사용해서 할 수 있다. 앞서 살펴본 if() 함수를 case() 함수로 변환해보는 것도 좋은 연습이 될 수 있다.

```
index=book
| eval uri="/tools/reflesh_top.html?category=computer&company=first&cpu=i7"
| eval uri1="/edgedl/toolbar/t7/data/7.5.8231.2252/GoogleToolbarInstaller_updater_signed.exe"
```

```
| eval filename=if(like(uri,"%?%"), mvindex(split(mvindex(split(uri,"?"),0),"/"),-1),
mvindex(split(uri,"/"),-1))
|eval filename1=if(like(uri1,"%?%"), mvindex(split(mvindex(split(uri1,"?"),0),"/"),-1),
mvindex(split(uri1,"/"),-1))
| table filename, filename1
```

filename ⬥	✎	filename1 ⬥
reflesh_top.html		GoogleToolbarInstaller_updater_signed.exe

그림 2-24 원하는 문자열 필드 추출

split(), mvindex(), if() 함수를 이용해 원하는 필드를 추출하는 방법을 살펴봤다. 수집 대상 장비가 다양하므로 로그 형식도 그에 맞춰서 제각각이다. 그렇지만 모든 로그는 프로그램에서 지정한 방식으로 생성되기 때문에 규칙에 맞는 로그가 생성된다. 아무리 복잡한 로그라고 하더라도 구분자, 형식 등을 고려해 자유자재로 원하는 필드 및 값을 추출할 수 있다는 것을 명심해야 한다.

2.5 검색 효율성 높이기

Splunk는 방대한 데이터를 저장한다. 그러므로 사용자는 그 데이터 안에서 원하는 결과를 빨리 얻을 수 있는 방법을 알아야 한다. 좀 더 효율적으로 Splunk의 데이터를 검색하는 몇 가지 팁을 살펴보자.

2.5.1 시간 범위 지정하기

원하는 데이터를 찾기 위해 첫 번째로 고려해야 할 것은 시간 범위를 지정하는 것이다. 시간은 데이터 찾기에서 가장 중요한 필터다. 수집한 데이터는 며칠에서 수 개월의 데이터가 남아 있을 수 있다. 그러므로 모든 데이터를 검색하는 것은 시간이 많이 소요될 수밖에 없다. 결과를 얻으려는 데이터가 위치한 시간을 검색 필터로 사용하면 시간을 많이 절약할 수 있다.

2.5.2 인덱스 이름 지정하기

Splunk에서 인덱스는 동일한 유형의 데이터를 모아두는 저장소의 개념이다. 그러므로 데이터 유형이 다르다면 인덱스를 별도로 지정해서 데이터를 저장하는 것이 일반적이다. 검색에서 index=[인덱스명]을 지정하면 검색 범위를 획기적으로 축소할 수 있다. index라는 지시자가 없는 경우 모든 index를 대상으로 검색을 시도하므로 당연히 시간이 많이 소요된다.

'index=firewall OR index=ids'와 같이 복수의 index를 지정할 수도 있다.

2.5.3 최대한 자세한 검색어 사용하기

검색어는 특정 단어를 사용한다. 상세한 검색어를 지정하는 것도 좋은 방법이다. 'error'를 검색하는 것보다 'File open error'를 검색어로 사용하면 더 정확한 결과를 얻을 수 있다. 결국 검색어에 많은 단어를 포함시키는 것이 좋은 결과를 얻는 방법이다. Splunk는 띄어쓰기로 구분된 검색어를 AND 연산으로 찾기 때문에 단어가 많을수록 모든 단어가 포함된 내용을 검색 결과로 반환하며 당연히 검색 결과가 적어지고 정확해진다.

그리고 검색어를 배제시키는 명령어보다 포함시키는 명령어가 더 효율적이다. NOT 'Successfully File Opened'보다 'File Open Error'가 검색어로 더 낫다는 의미다.

2.5.4 검색 필터는 검색어 처음에 사용

데이터를 추출하고 정렬을 수행한 다음에 중복을 제거한다고 해보자. 우리가 원하는 바는 중복이 제거되고 순서대로 정렬된 데이터다. 만약 데이터 정렬을 수행하기 전에 중복을 제거하면 제거한 만큼 정렬 요소가 사라진다. 이는 검색 효율성을 높일 수 있는 방법이다. 그러므로 필터 사용은 결과 데이터를 조작하기 전에 사용하는 것이 좋다.

2.5.5 와일드카드 사용 자제

와일드카드는 가능한 경우의 수를 모두 검색하기 때문에 검색에 들이는 시간도 많이 소요된다. Splunk를 혼자서 사용하는 것이 아니라면 다른 검색에도 영향을 줄 수 있다. 그러므로 와일드카드 사용을 제한해야 한다.

2.5.6 fields 명령어 적극 사용

불필요한 필드를 제거해서 검색 시간을 절약할 수 있다. 불필요한 필드란 검색 결과에서 전혀 사용하지 않을 필드를 의미한다. 최종적으로 사용하지 않을 필드를 검색하느라 검색 시간과 컴퓨팅 파워를 낭비하지 않아야 한다.

2.6 요약

2장에서는 정보보안 분야에서 자주 사용하는 Splunk 검색 명령어와 검색어 작성법을 살펴봤다. 하지만 Splunk는 이곳에서 살펴본 검색 명령어보다 훨씬 많은 명령어와 기능을 제공한다. 특히 문자열 조작 함수와 시간 함수는 보안 로그 분석에서 많은 영역을 차지하므로 익숙해지도록 노력해야 한다.

3

Splunk 지식 관리

3.1 장 소개

Splunk는 로그를 수집하고 분석하는 강력한 엔진이다. 이전까지 관계형 데이터베이스와 같이 스키마 기반의 분석도구는 모든 로그가 저장 시점에 필드별로 구분돼 있다. 하지만 Splunk는 정보에 관련된 지식을 검색 시점에 추출한다. Splunk에서 지식은 저장하는 로그의 여러 가지 측면을 분석하는 추가 기능으로 생각할 수 있다.

3장에서는 다음 내용을 살펴본다.

- Splunk 지식 객체의 활용
- 이벤트 타입, 룩업
- 태그, 워크플로, 검색 매크로

예를 들어 사용자가 지식의 한 종류인 룩업을 사용한다고 하자. 룩업은 Splunk 원본 소스 로그에는 없는 내용을 다른 테이블과 함께 검색해서 결과에 더욱 풍부한 의미를 부여할 수 있다. 한 번 정의한 룩업은 필드명을 동일하게 설정한다면 다른 검색에서 재사용할 수 있다.

지식 객체는 자주 사용하는 검색 구문을 저장하기도 하고, 특정 필드에 더 상세한 정보를 추가 확보할 수 있다는 점에서 보안 로그 분석에서도 많이 사용하는 기법이다.

3.2 Splunk 지식 개요

Splunk 공식 설명서는 Splunk 지식을 다음 다섯 가지 범주로 분류한다.

로그 해석

- **필드, 필드 추출**: Splunk가 IT 로그에서 필드를 자동으로 추출하고 원시 로그에 의미를 부여한다. 사용자는 수동으로 필드를 추출할 수 있고 이때 자동보다 더욱 정확한 필드 추출이 진행될 수 있다.

로그 분류

- **event type, 트랜잭션**: 유사한 관심 이벤트의 집합을 그룹화할 때 사용할 수 있다. event type은 검색 결과를 그룹화하는 데 사용되지만, 트랜잭션은 사용자가 지정한 시간 범위에서 연관된 이벤트의 집합이다. 그러므로 event type은 메뉴에서 그룹을 지정할 수 있어서 재사용할 수 있다. 반면 트랜잭션은 사용자의 입력을 받아서 논리적인 그룹을 만들기 때문에 검색 명령어에서만 입력할 수 있다.

로그 보강

- **룩업 및 워크플로 작업**: 룩업과 워크플로 작업은 로그에 다양한 방법으로 확장하면서 의미를 부여하는 방법이다. 필드 룩업을 사용하면 Splunk 검색 결과를 정적 테이블(CSV 파일)에서 재검색하거나 파이썬 스크립트에 인자로 넘겨서 외부 로그 원본을 검색하고 그 결과를 최종 결과에 추가할 수 있다. 워크플로는 로그의 필드와 다른 앱, 웹 페이지와 상호작용이 가능하게 만들 수 있다. 많이 사용하는 예는 Whois 정보를 사용하는 것으로 이때 워크플로에 Whois 웹 사이트에 지정한 IP를 전송한다고 설정한다. Splunk 최종 검색 결과에서 지정한 필드에는 워크플로가 활성화되고 이를 클릭하면 바로 Whois 정보를 얻을 수 있다.

로그 정규화

- **태그와 별칭**: 태그[tag]와 별칭[aliases]은 필드 정보 집합을 관리하는 데 사용할 수 있다. 태그와 별칭을 사용하면 이기종 장비, 다른 로그 수집 원본 호스트 등의 필드 값을 그룹화할 수 있다. 예를 들어 웹 서버 100대를 운영하고 있다고 하더라도 호스트명은 모두 다르다. 이때 각 호스트에 web_server라는 태그를 지정한 후에 태그 값을 검색하면 모든 웹 서버에 자동으로 적용할 수 있다. 별칭의 강력한 기능은 사용자 업무를 매우 효율적으로 도와준다. 이기종 장비에서 수집하는 필드명은 다를 수 있다. 이때 필드명을 별칭으로 지정하면 기존 검색어를 재사용해도 필드명 오류로 검색 결과가 나오지 않는 것을 피할 수 있다.

- **로그 모델**: 하나 이상의 로그 집합을 나타내며, 피벗 도구에 사용된다. 로그 모델을 구축하고 피벗을 사용하면 SPL을 사용하지 않고 손쉽게 로그를 추출할 수 있다. 다만 로그 구조가 달라지면 모델을 새로 만들어야 한다. 로그 모델은 인덱스와 로그를 완벽하게 이해하는 관리자가 설계하고 만들게 된다. 이 책은 검색을 주로 사용하는 보안 담당자를 대상으로 하므로 로그 모델은 다루지 않는다.

Splunk가 많은 지식관리를 제공하고 있지만 사용자 모두 이 기능을 사용하는 것은 아니다. 하지만 지식관리를 사용하면 검색 작업의 효율성이 높아진다. 검색어를 사용하는 데 실수가 줄어들고 검색 객체를 재사용하므로 항상 일정한 품질의 검색 결과를 얻을 수 있다. 마지막으로 검색에 익숙하지 않은 신규 사용자라고 해도 지식 객체를 사용함으로써 검색 기법의 표준화를 구축할 수 있다.

이제 가장 많이 사용하는 지식인 이벤트 타입, 룩업, 태그와 별칭, 워크플로, 검색 매크로를 순서대로 살펴보자.

3.3 이벤트 타입

이벤트 타입은 지정한 조건에 맞춰 로그를 분류할 때 사용하는 기법이다. 이벤트 타입은 Splunk 검색어 작성과 유사하다. 다음 예를 살펴보자.

```
index=book sourcetype="access_combined_wcookie" status=404
```

위의 검색어를 실행하면 지정한 인덱스와 소스 타입의 모든 이벤트에서 웹 상태코드 status가 404인 결과를 보여준다. 이 조건을 status_404라는 객체명의 이벤트 타입으로 저장하자. 시간 지시자 위의 **다른 이름으로 저장 > Event Type**을 선택하면 그림 3-1과 같은 화면이 나타난다. 그림 3-1과 같이 입력하고 저장한다.

Event Type으로 저장   ✕

이름	status_404
태그	선택 사항
색상	파란색 ▾
우선순위	5 ▾

이벤트에 둘 이상의 event type이 있을 때 어느 스타일이 적용되는지 결정합니다.

취소   저장

그림 3-1 이벤트 타입 생성

이벤트 타입은 검색어를 그대로 사용할 수 있다는 점에서 적용이 매우 쉽다고 할 수 있다. 애초에 이벤트 타입이 로그를 분류하는 목적에서 시작됐기 때문에 검색 결과로 로그를 구분할 수 있다.

이벤트 타입을 사용하려면 검색 창에 eventtype=<이벤트 타입 객체명>을 사용한다. 그림 3-2와 같이 사용하면 검색어를 실행시키는 것과 동일한 결과를 얻을 수 있다.

새로운 검색

eventtype=status_404

✓ **690개의 이벤트** (24/06/15 20:37:27.000 이전)   이벤트 샘플링 없음 ▾

그림 3-2 이벤트 타입으로 검색하기

이벤트 타입을 생성하는 다른 방법을 알아보자.

메뉴에서 **설정 > Event Type**을 선택한 후에 **새 Event Tpye**을 클릭한다.

그림 3-3과 같이 설정하고 저장한다.

대상 앱	search ▼
이름 *	dest_ip_internet
검색 문자열 *	dest_ip != "10.0.0.0/8" AND dest_ip != "172.16.0.0/12" AND dest_ip != "192.168.0.0/16"
태그	
	쉼표로 구분된 태그 리스트를 입력하십시오.
색상	파란색 ▼
우선순위	1(가장 높음) ▼
	가장 높은 우선순위는 결과의 맨 앞에 표시됩니다.
	취소 저장

그림 3-3 이벤트 타입 생성

dest_ip는 목적지 주소를 나타내는 필드명이다. 만일 로그에서 다른 필드명을 사용한다면 수집 대상 장비에서 지정한 필드명을 적어야 한다. 이 조건의 검색 결과는 목적지 IP가 인터넷 주소인 결과를 보여준다.

기업은 내부망에서 사설 주소를 사용하므로 내부망 → 내부망 접속이 아니라 내부망에서 인터넷으로 향하는 네트워크 접속을 구분할 때 이러한 이벤트 타입을 사용할 수 있다. 이렇듯 이벤트 타입을 이용하면 로그를 쉽게 분류할 수 있다.

목적지 IP를 기준으로 데이터베이스 서버만을 분류하거나 주요 자산인 개인정보관리시스템 등에 접근하는 통신 내역을 쉽게 찾아낼 수 있다.

하지만 이벤트 타입에는 몇 가지 제약사항이 존재한다. 우선 이벤트 타입은 검색 속도에 영향을 줄 수 있다. 여러 개의 이벤트 타입이 존재하면 Splunk는 로그에서 해당 이벤트 타입에 맞는 로그를 모두 분류한다. 이렇게 분류하고 이벤트 타입 필드를 새로 생성한다. 필드 목록에서 이벤트 타입을 선택하면 지정한 이벤트 타입이 모두 보일 것이다.

그러므로 검색 결과에서 이벤트 타입별로 각각 로그를 분류하기 때문에 성능에 영향을 줄 수 있는 것이다. 속도에 민감하다면 뒤에서 설명할 검색 매크로를 사용하는 것을 권고한다.

3.4 룩업

룩업은 로그의 필드에 의미를 추가해서 보강하는 것이다. 룩업은 사용자가 지정하는 필드와 조합하고 추가 정보를 룩업 소스에서 추출해 원본 필드 내용을 강화한다.

룩업 방법은 CSV 룩업, 외부 룩업, KV 스토어 룩업 등이 있다. 여기에서는 가장 많이 그리고 손쉽게 사용할 수 있는 CSV 룩업을 살펴본다.

CSV 룩업은 룩업 로그를 CSV 파일에 저장하는 방식을 말한다. CSV 파일은 포함된 내용을 동적으로 변경할 수 없기 때문에 다른 말로 정적 룩업이라고도 한다. 그러므로 CSV 룩업은 로그 변경이 자주 발생하지 않는 내용에 적합하다.

에러 코드에 맞는 에러 메시지를 모두 로그에 포함시키는 경우 로그의 내용이 길어지고 용량도 같이 증가한다. 이때 로그는 에러 코드만 저장하고 에러 메시지는 코드와 연계시켜 CSV 파일에 저장하고 룩업을 사용할 수 있다.

CSV 룩업을 사용하려면 룩업 테이블을 포함하는 CSV 파일을 먼저 등록해야 한다. 이후 저장한 테이블 파일을 사용해서 룩업 로그와 검색 필드를 연결시키는 방법을 정의하는 룩업 정의를 설정한다. 이렇게 지정한 룩업 정의는 lookup 명령어로 검색할 수 있다. 자동 룩업은 이 과정을 자동화하는 것이다. 자동 룩업에 등록하면 검색에서 자동 룩업에 연결된 로그 필드가 감지하고 자동으로 관련 룩업을 실행한다.

CSV 룩업을 정의해보자. 실습은 Splunk에서 제공하는 Prices 로그로 진행한다. 1장에서 Prices 로그를 다운로드하지 않았다면 다음 경로에서 내려받을 수 있다.

```
https://docs.splunk.com/images/d/db/Prices.csv.zip
```

룩업 테이블 파일 저장하기는 **설정 > 룩업 > 룩업 테이블 파일**에서 **+ 새로 추가**를 클릭한다.

대상 앱은 해당 룩업을 사용할 수 있는 앱을 지정하는 것이다. 대상 파일을 선택하고 이름은 파일명과 동일하게 저장하는 것을 권고한다. 룩업을 많이 사용하는 경우 파일간 혼선을 방지하기 위함으로 보인다.

Splunk가 제공하는 예제 파일은 zip 압축이 돼 있다. 이 파일을 그대로 업로드하면 오류가 발생한다. 이것은 Splunk가 룩업 파일에서 zip 형식을 인식하지 못하기 때문이다. 압축을 해제하고 CSV 형식을 선택한다. 이후 저장을 클릭해서 룩업 테이블 파일을 업로드한다.

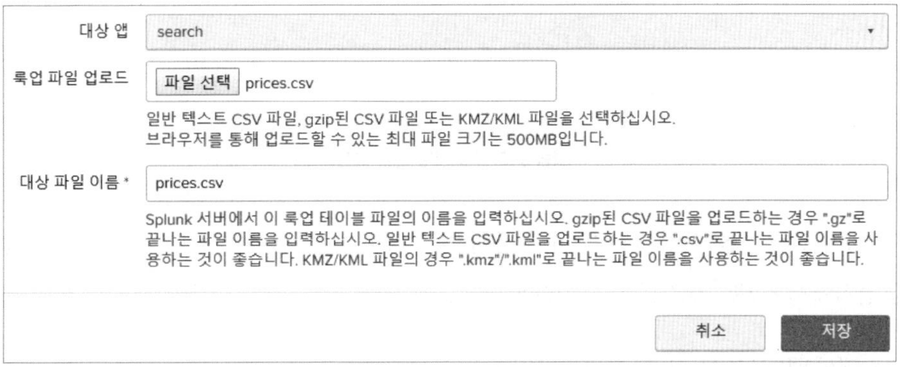

그림 3-4 룩업 파일 업로드하기

룩업 파일 업로드를 완료하면 룩업 정의로 넘어가야 한다. 그러나 넘어가기 전에 권한설정을 먼저 해보자. 테이블 파일을 업로드하면 기본 권한이 대상 앱에 한정돼 있다. 그러므로 다른 앱에서는 업로드 파일이 보이지 않을 수 있다. 이때는 테이블 파일의 권한을 모든 앱에서 사용할 수 있게 수정해야 한다.

설정 > 룩업 > 룩업 테이블 파일을 클릭한 후 방금 업로드한 파일이 목록에 보이지 않으면 **App** 항목에서 **모두**를 선택한다. prices.csv 파일의 권한을 클릭하고 그림 3-5와 같이 변경한다.

Object 표시 위치

◯ 비공개 유지
◯ 이 앱만(search)
⦿ 모든 앱

권한

역할	읽기	쓰기
모든 사용자	☑	☐
admin	☐	☑
can_delete	☐	☐
power	☐	☐
splunk-system-role	☐	☐
user	☐	☐

그림 3-5 룩업 파일 권한 설정

룩업 테이블 파일을 저장했으면 이제 룩업을 정의해보자. 경로는 동일하게 **설정 > 룩업 >
룩업 정의**에서 **+ 새로 추가**를 선택한다.

- **대상 앱**: 룩업이 사용될 앱을 설정한다.
- Name: 룩업 정의 이름이다. 향후 검색에서 여기에서 설정한 이름을 사용하므로
직관적이고 의미 있는 이름을 부여하는 것이 좋다.
- **유형**: 앞에서 CSV 파일을 업로드했으므로 **파일 기반**을 선택한다.
- **룩업 파일**: 이 정의에서 사용할 룩업 파일을 선택한다. 업로드한 룩업 파일이 보이
지 않는다면 룩업 테이블 파일로 이동해서 권한을 설정해야 한다.

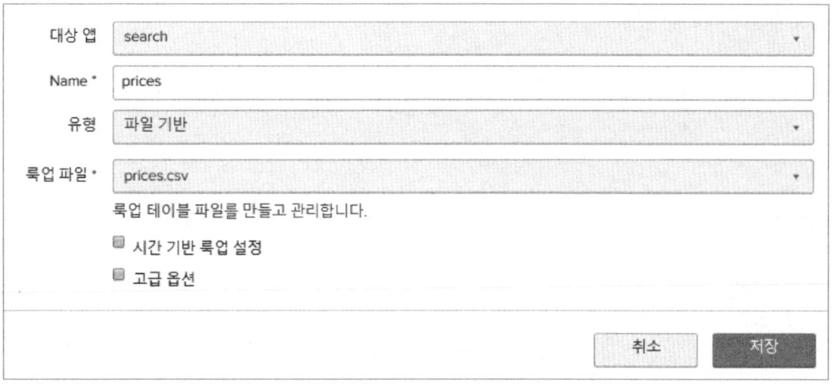

그림 3-6 룩업 정의 설정

이제 정의한 룩업을 사용해서 검색 결과를 강화하자. 룩업 정의 목록 페이지로 이동해서 정의한 룩업에서 지원되는 필드를 확인해보자. 목록에서 확인해보니 다음의 필드를 확인할 수 있다. 필드명은 대소문자를 구분한다. 그러므로 productId를 주의 깊게 살펴보자. productId 외에 product_name, price, sale_price, Code 4개의 필드가 더 있다. 지원되는 필드에서 가장 앞의 필드는 기존 검색어와 연결시키는 필드명이다. 이 필드가 키가 되고 나머지 필드는 키를 강화하는 추가 필드다.

```
productId, product_name, price, sale_price, Code
```

룩업을 적용하는 검색어를 작성해보자. 인덱스와 소스 타입을 지정하고 파이프를 설정한 후에 룩업을 실행한다. 명령 형식은 다음과 같다.

```
| lookup <룩업 정의> <키 필드> OUTPUTNEW <필드1>, <필드 2>...
```

다음의 검색을 실행시켜보자.

```
index=book sourcetype="access_combined_wcookie" productId!=""
| lookup prices productId outputnew product_name, price, sale_price, Code
| table productId, product_name, price, sale_price
```

결과는 그림 3-7과 같다.

productId ✥ ✎	product_name ✥ ✎	price ✥ ✎	sale_price ✥ ✎
WC-SH-T02	World of Cheese Tee	9.99	6.99
BS-AG-G09	Benign Space Debris	24.99	19.99
MB-AG-G07	Manganiello Bros.	39.99	24.99
SC-MG-G10	SIM Cubicle	19.99	16.99
MB-AG-G07	Manganiello Bros.	39.99	24.99
MB-AG-G07	Manganiello Bros.	39.99	24.99
MB-AG-G07	Manganiello Bros.	39.99	24.99

그림 3-7 룩업 테이블 적용 검색 결과

룩업을 정의하기 이전 원본 로그에는 product_name, price, sale_price 필드가 존재하지 않았다. 하지만 룩업을 정의한 후 검색을 실행하니 새로운 필드가 검색 결과에 반영됐다.

이렇게 룩업은 기존 필드 값에 추가로 의미를 부여할 때 사용할 수 있다. 룩업을 잘 사용하면 여러모로 편리하다. PC의 소유자를 룩업 테이블로 구현할 수 있다. 룩업에 사용할 키 값으로는 IP 주소 또는 컴퓨터 이름을 사용할 수 있다. 다만 유동 IP를 사용한다면 IP 주소를 CSV 룩업에서는 키 값으로 사용할 수는 없다.

자동 룩업은 lookup 명령어를 사용해서 추가 필드를 추출하는 과정을 자동으로 실행하는 설정이다. **설정 > 룩업 > 자동 룩업**에서 **+ 새로 추가**를 선택한다.

적용 대상은 이 룩업이 적용될 sourcetype을 지정하는 것이다. 룩업 입력 필드는 룩업에 사용하는 키 값이다. 필드명이기 때문에 대소문자를 인식한다는 점을 잊지 말자. 룩업 출력 필드는 키 값을 이용해서 룩업 테이블에서 추출하는 값이다. 검색어에서 OUTPUTNEW 뒤에 나타나는 필드다.

모든 값을 입력했으면 **저장**을 클릭해서 자동 룩업을 적용하자. 적용한 후 룩업 명령어를 지정하지 않고 검색어를 실행해보자.

```
index=book sourcetype="access_combined_wcookie"
```

그림 3-8 자동 룩업 설정

lookup과 같은 명령을 사용하지 않아도 자동 룩업이 해당 내용을 정상적으로 추출하는 것을 볼 수 있다. 룩업은 기존 검색 결과에 추가 정보를 제공함으로써 사용자가 로그를 더 쉽게 인식할 수 있게 해준다.

그림 3-9 자동 룩업이 생성한 필드 확인

3.5 태그와 별칭

3.5.1 태그

태그는 로그에 다른 이름표를 붙이는 것이다. 여러 로그에 하나의 태그를 적용해서 한 번의 검색으로 다양한 이벤트를 검색할 수 있다. 수집하는 다양한 정보를 태그로 분류하면 이벤트 현황을 쉽게 파악하는 장점이 있다.

태그 사용의 좋은 예는 네트워크 구성 장비 또는 보안 장비에 태그를 할당하는 것이다. 사용자 PC와 달리 IT 인프라를 구성하는 장비는 IP 주소가 변경되는 일이 거의 없다. 이런 속성을 근거로 switch, router, firewall 등의 태그를 사용하면 어떤 장비가 방화벽인지 등을 쉽게 확인할 수 있다. 태그는 호스트명이나 IP 주소에 모두 부여할 수 있다. 태그의 다른 사용법으로는 여러 로그이지만 하나의 분류로 구분할 때 사용할 수 있다. HTTP 상태코드는 세 자리 숫자로 구성하고 200, 300, 400, 500계열마다 고유의 코드가 할당돼 있다. 보안의 의미로 분석한다면 400계열과 500계열의 상태코드가 웹 로그에서 주요 관심 사항이 될 수 있다. 물론 200계열이나 300코드 계열에서 침해사고가 나지 않는다는 보장은 없지만 그래도 400, 500을 더 예의주시해야 한다. 문제는 400계열이 숫자 400만이 아니라는 것이다. 400, 401, 402, 403, 404 등 상황에 맞춰서 다양한 코드가 예약돼 있다. 이미 많은 독자가 알고 있듯이 HTTP 상태코드의 400계열은 모두 오류 처리 관련 코드다. 즉, 4로 시작하는 상태코드는 모두 HTTP의 오류와 관련이 있다는 의미다. 그림 3-10에서 보는 것처럼 태그 생성은 매우 간단하다.

그림 3-10 태그 새로 추가하기

설정 > 태그 > 필드-값 리스트 나열 > 새로 추가를 클릭한다.

필드 값의 쌍은 필드와 값을 지정한다. 예제에서 상태코드를 나타내는 필드는 status다. 값은 400, 401, 402 등이 할당돼야 한다. 코드를 모두 넣을 수 없으므로 와일드카드를 사용해서 할당한다. 와일드카드는 태그를 할당할 때도 사용할 수 있지만, 태그 검색에도 사용할 수 있다.

이제 지정한 태그를 이용해서 실제로 검색을 해보자. 우선 다음과 같이 태그 없이 검색 어를 입력해보자. 검색 시간은 전체 시간이다.

```
index=book sourcetype="access_combined_wcookie"
```

검색 결과에서 status 필드를 선택하면 그림 3-11처럼 다양한 값을 확인할 수 있다.

그림 3-11 태그 적용 이전

이제 검색에 태그를 지정해서 실행해보자.

```
index=book sourcetype="access_combined_wcookie" tag="status_error"
```

태그 적용 이후의 결과는 그림 3-12처럼 status에 400계열만 보이는 것을 확인할 수 있다. 태그는 이렇듯 간단하게 지정하면서도 로그 추출에는 대단히 강력한 기술이다. 사내에 운영 중인 방화벽이 몇 대인지 알 수 있을까? 모든 방화벽에 firewall이라는 태그를 할당해놨다면 다음과 같이 간단히 찾을 수 있다.

```
tag=firewall | stats count(device_ip)
```

status

5 값, 100% 이벤트   선택됨 예 아니요

보고서

| 시간에 따른 평균 | 시간에 따른 최대값 | 시간에 따른 최소값 |
| 상위 값 | 시간별 상위 값 | 희귀 값 |

이 필드가 있는 이벤트

평균: 404.457698541329 **최소:** 400 **최대:** 408 **표준 편차:** 2.888645066055178

값	개수	%	
408	756	24.506%	
406	710	23.014%	
400	701	22.723%	
404	690	22.366%	
403	228	7.39%	

그림 3-12 태그 적용 이후

여기에서 device_ip는 방화벽 관리 IP를 의미한다. Splunk에서 이벤트를 수집할 때 Splunk에 이벤트를 전송하는 장비 목록을 태그로 관리할 것을 권고한다. 또한 로그를 지속적 또는 주기적으로 많이 생성하는 장비 역시 관리 대상이다. 예를 들면, 사내에 취약점 스캐너를 운영 중이라면 태그를 이용해서 목록을 관리해야 한다. 스캐너는 주기적으로 사내 장비를 스캐닝할 것이며 이는 다른 장비에도 영향을 준다. 방화벽은 접속 시도가 증가할 것이고, 웹 서버에는 많은 오류 로그를 발생시킬 수 있다. 스위치에서는 다수의 네트워크 플로 정보가 생성된다. 태그를 지정하지 않으면 해당 IP가 스캐너라는 사

전 지식이 있어야 하는데 그렇지 못한 경우는 공격으로 오인할 수도 있어 가짜 경보에 시간을 낭비할 수도 있다.

태그를 지정하는 다른 방법은 검색 결과에서 태그를 지정하려는 필드에 직접 적용하는 것이다. 검색을 실행하고 나온 개별 이벤트를 확장하면 상세 필드 내용을 볼 수 있다. 검색 결과 개별 이벤트에서 〉 기호를 클릭하면 이벤트는 필드별로 구분되면서 상세한 내용을 볼 수 있다.

그림 3-13은 file 필드가 error.do 태그에 Error_file이라는 필드를 지정하는 방법을 보여주고 있다. 원하는 필드를 선택하고 작업 칸을 클릭하면 **태그 편집** 메뉴가 나타나고 **태그 편집** 메뉴를 선택하면 그림 3-13과 같은 태그 만들기 대화 창이 나타난다. file 필드에 error.do 내용을 우리는 **Error**라고 태그명을 지정한다.

그림 3-13 file 필드에서 태그 생성하기

다음의 검색을 사용하면 file 필드에 error.do가 포함된 결과를 얻을 수 있다.

```
index=book sourcetype="access_combined_wcookie" tag="Error"
```

3.5.2 별칭

별칭은 필드의 이름을 다른 이름으로 변경하는 것이다. 검색할 때 사용하는 rename과 동일한 결과를 얻을 수 있다. 하지만 별칭 객체에 등록하면 검색에서는 변경한 필드명을 그대로 사용할 수 있다. 그러므로 이기종 장비에서 들어오는 똑같은 내용의 모든 필드를 하나로 통일하면 검색어의 가독성을 확보할 수 있다.

예를 들어 사내에서 방화벽, IDS와 웹 프록시를 운영하고 있다고 하자. 세 제품은 모두 네트워크 기반 보안 장비로서 IP 주소를 반드시 포함한다. 방화벽에서는 출발지 IP와 목적지 IP가 생성되고, IDS 역시 공격자 IP와 공격 대상 IP가 생성된다. 웹 프록시는 어떤가? 웹 서버의 access_log가 출발지 IP만 기록하는 것과 달리 웹 프록시는 출발지와 접속 대상 서버의 IP를 모두 기록한다.

그런데 세 제품 모두 제조사가 달라서 log를 다른 이름으로 저장하고 있다고 하자. 방화벽은 출발지와 목적지를 각각 src_ip, dest_ip로, IDS는 source, destination이라고 저장한다. 마지막으로 웹 프록시는 clientip, targetip으로 저장한다. 모두 출발지와 목적지라는 내용에는 의심의 여지가 없지만 필드명은 모두 다르다. 이렇게 되면 Splunk에서 각 로그는 sourcetype이 모두 다르게 저장되며 필드명이 다르니 검색어도 모두 다르게 작성해야 한다. 검색을 실시하는 사용자는 소스 타입별로 필드명을 정확하게 지정해야만 검색 결과를 얻을 수 있다는 사실에 당황할 것이다. 검색도 쉽지 않은 일인데 사용자는 소스 타입별로 필드 현황을 모두 외우고 있어야 하기 때문이다.

별칭은 이런 고민을 간단하게 해결해준다. 어떤 장비의 로그가 Splunk에 입력되더라도 출발지와 목적지 필드를 하나로 설정하면 소스 타입을 크게 고민할 필요가 없다.

실제로 Splunk에 그림 3-14처럼 설정해보자. 이 설정이 완료되면 출발지 필드명은 src, 목적지는 dst로 변경된다.

1. Splunk 메뉴에서 **설정 > 필드 > 필드 별칭**을 선택한다.
2. 오른쪽 상단의 **새 필드 별칭** 녹색 버튼을 클릭한다.
3. Name에는 객체의 이름을 입력한다. 이름을 정할 때는 해당 객체를 구분할 수 있는 쉬운 이름을 지정하는 것이 좋다.
4. **적용 대상 > 값**에는 이 별칭이 적용되는 소스 타입을 명시한다. 소스 타입명을 정확히 입력해야 한다.

5. **필드 별칭**은 변경하려는 필드에 원하는 값을 설정한다. 왼쪽 입력 칸에는 원래 필드명이고 오른쪽 입력 칸에는 변경하려는 필드명을 입력한다. 예제에서는 웹 로그를 변경하는 것이므로 왼쪽에는 clientip을, 오른쪽에는 src를 입력한다.

6. **저장**을 클릭해서 별칭을 저장한다.

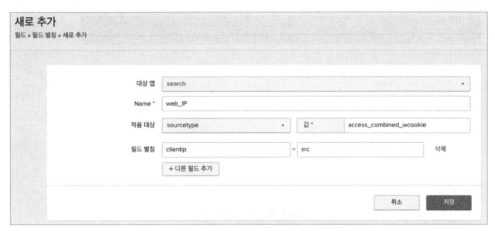

그림 3-14 별칭 새로 추가

저장을 완료하면 그림 3-15와 같이 신규 목록이 추가된다.

그림 3-15 별칭 등록 완료 화면

해당 객체를 다른 앱에서도 사용하게 하려면 권한을 공개해야 한다. 목록에서 권한을 클릭해서 원하는 목적에 맞게 설정한다. 앞에서 룩업 테이블 권한 설정과 동일한 사용자 화면을 보여주므로 쉽게 변경할 수 있을 것이다.

이제 별칭이 제대로 동작하는지 확인해보자. 별칭 이전에 해당 소스 타입에서 출발지 IP는 clientip이라는 필드에 저장돼 있었다. 기존 내용으로 검색을 실행해보자.

```
index=book sourcetype="access_combined_wcookie"
| stats count by clientip
```

검색 결과는 그림 3-16과 같다.

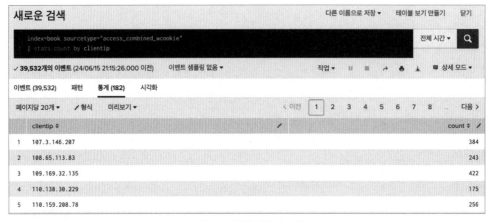

그림 3-16 별칭 적용 전 검색

이제 별칭에서 변경한 필드명인 src로 검색을 실행하자. 기능이 제대로 동작한다면 우리가 별칭에서 지정한 필드명으로 검색해도 기존과 동일한 결과를 얻을 수 있어야 한다.

그림 3-17의 결과를 보면 두 검색 결과가 똑같이 나오는 것을 볼 수 있다. 별칭 기능의 동작을 설정하고 확인해봤다. 이기종 장비가 많으면 많을수록 별칭을 사용해서 검색어를 손쉽게 작성할 수 있다.

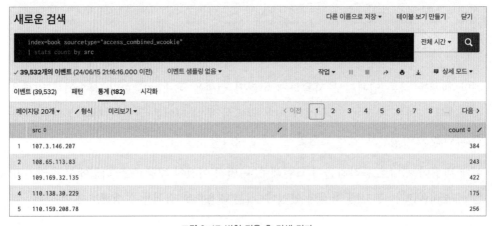

그림 3-17 별칭 적용 후 검색 결과

3.6 워크플로

워크플로는 외부 로그 소스와 연계해 필드가 가진 정보를 확장시켜 준다. 워크플로를 이용하면 다음의 작업을 Splunk에서 쉽게 실행할 수 있다.

- 검색 결과로 나온 인터넷 IP를 Whois 정보에서 검색하기
- 검색 결과에서 추출한 사용자 계정 정보를 상세 페이지로 연결하기
- 해당 필드를 기준으로 다른 대시보드에서 검색 인자로 사용하기

필드를 외부 로그 소스로 전달하려면 **GET**과 **POST** 방식을 사용한다. 웹에서 로그를 전달하는 두 방식으로서 GET은 웹 주소 창에 값을 전달한다. 장점으로는 구현이 간편하지만, 단점으로는 값이 모두 노출된다는 문제가 있다. 일반 검색이라면 큰 문제가 없지만, 사용자 계정이나 비밀번호를 GET 방식으로 전달하면 주소 창에 평문으로 노출되는 큰 문제가 발생한다. 이 방식은 중요 정보가 아닌 단순 내용을 전달할 때 사용해야 한다.

POST 방식은 입력을 전달받은 프로그램의 표준 입력으로 전달한다. 그러므로 주소 창에 입력된 값이 노출되지 않는다. 노출을 꺼리는 민감한 로그는 POST로 넘기는 방식을 취한다. 가장 대표적인 예는 사용자 ID와 비밀번호를 입력하고 로그인 정보를 처리하는 웹 페이지다. 또 다른 예제는 회원가입 페이지다. 모두 민감한 정보를 다루기 때문에 POST를 이용해서 값을 전달한다.

워크플로는 이 두 가지를 모두 사용할 수 있다. 우선 GET 방식부터 알아보자.

이번 예제에서 적용하는 방식은 인터넷 IP를 Whois 서비스에서 검색하는 것이다. 검색에 사용할 Whois 정보 사이트는 도메인 관련 정보를 제공하는 유명 사이트(https://www.whois.com/)를 사용한다.

설정 > 필드 > 워크플로 작업 > 새 워크플로 작업을 선택하고 그림 3-18과 같이 입력한다.

그림 3-18 신규 워크플로 추가

각 항목에 입력할 내용 및 상세 설명은 다음과 같다.

- **대상 앱**: 워크플로를 적용할 앱을 지정한다. 권한을 이용하면 꼭 대상 앱이 아니더라도 다른 앱에서도 워크플로 객체를 사용할 수 있다.
- **Name**: 워크플로 객체의 이름이다. 중복이 발생하지 않도록 명명한다.
- **레이블**: 해당 필드를 대상으로 보여줄 내용이다. 필드명의 앞뒤를 달러 기호로 감싸는 것은 필드를 변수로 처리한다는 의미다. Clientip은 필드지만 $clientip$는 해당 필드에 할당된 필드 값을 의미한다. 그러므로 모든 필드가 값에 따라 다르게 보인다.
- **다음 필드에만 적용**: 예제에서는 clientip을 명시했고, 검색 결과에 clientip이 있다면 이 필드에 워크플로 객체가 적용된다.

- **작업 표시**: 작업 표시는 이벤트 메뉴, 필드 메뉴 둘 다에 있다. 이벤트 메뉴는 검색 이벤트 최상단에서 워크플로를 선택할 수 있다. 필드 메뉴는 필드에 워크플로 객체가 보인다. 둘 다는 두 위치에 모두 보이는 것이다. 특별한 일이 없다면 둘 다 선택한다.
- **URI**: 필드 값을 전달한 인터넷 주소를 명시한다. 본 예제는 GET 방식으로 로그를 전송하므로 주소 창에서 정확한 주소를 얻어야 한다. 다음과 같은 방식으로 주소를 얻는다.
  1. 다음 사이트(https://www.whois.com/whois/)에 접속한다.
  2. 로그에서 보이는 IP를 입력하고 **SEARCH**를 클릭한다.
  3. 검색 결과가 페이지에 나오면 브라우저의 주소창을 확인한다.
  4. https://www.whois.com/whois/[ip 주소] 형식이 우리가 원하는 주소다. 이 주소를 URL에 복사한다.

복사한 주소에서 IP 주소 부분은 우리가 원하는 clientip으로 대체돼야 올바른 결과를 얻을 수 있다. 최종 URI는 다음과 같이 입력한다.

```
https://www.whois.com/whois/$clientip$
```

링크 열기는 새 창으로, 링크 방법은 GET을 그대로 놓아둔다. **저장** 버튼을 클릭해서 whois_IP 워크플로 객체를 저장한다. GET 방식의 워크플로가 잘 동작하는지 확인해 보자.

Splunk 검색 창에 다음 검색어를 입력하고 실행한다.

```
index=book sourcetype=access_combined_wcookie
```

검색 결과를 확장하면 이벤트 작업이라는 버튼이 보인다. 이 버튼이 워크플로의 작업 표시에서 선택하는 옵션 중의 하나인 이벤트 메뉴를 의미한다. 클릭하면 그림 3-19가 보인다.

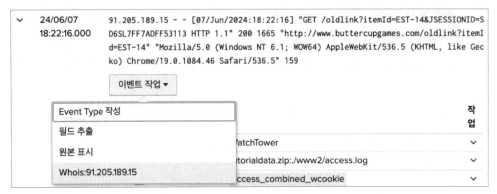

```
∨  24/06/07    91.205.189.15 - - [07/Jun/2024:18:22:16] "GET /oldlink?itemId=EST-14&JSESSIONID=S
   18:22:16.000   D6SL7FF7ADFF53113 HTTP 1.1" 200 1665 "http://www.buttercupgames.com/oldlink?itemI
                  d=EST-14" "Mozilla/5.0 (Windows NT 6.1; WOW64) AppleWebKit/536.5 (KHTML, like Gec
                  ko) Chrome/19.0.1084.46 Safari/536.5" 159
```

그림 3-19 워크플로 적용 화면

- **워크플로로 설정한 Whois:** 레이블이 보인다. 지정한 $clientip$는 clientip 값이 추가된 상태로 메뉴에 보인다. 다른 영역을 클릭하거나 Esc 키를 눌러서 이벤트 메뉴를 닫아보자.

이벤트를 확장하면 필드 목록을 볼 수 있다. clientip 필드에서 **작업**을 클릭한다. 필드의 작업 영역에도 이벤트 메뉴와 동일한 레이블이 존재한다. 그림 3-20에서 이 부분을 확인할 수 있다.

유형	✓	필드	값	작업
선택됨	✓	host ▾	WatchTower	∨
	✓	source ▾	tutorialdata.zip:./www2/access.log	∨
	✓	sourcetype ▾	access_combined_wcookie	∨
이벤트	☐	JSESSIONID ▾	SD6SL7FF7ADFF53113	∨
	☐	bytes ▾	1665	∨
	☐	clientip ▾	91.205.189.15	∨
	☐	file ▾	oldlink	태그 편집
	☐	ident ▾	-	Whois:91.205.189.15
	☐	itemId ▾	EST-14	∨

그림 3-20 필드 작업 영역에 워크플로 적용하기

이벤트와 필드를 둘 다 선택했기 때문에 두 군데에서 모두 보인다. 동일한 워크플로 객체이므로 이벤트 메뉴, 필드 메뉴 중 어느 것을 선택해도 사용자는 같은 결과를 얻을 수 있다.

필드의 작업에서 Whois를 선택하고 클릭한다.

그림 3-21 워크플로 기능으로 연결된 사이트

Whois 사이트로 이동해서 우리가 원하는 정보를 제공해주고 있다. 도메인은 기존 호스트명에서 최상위 도메인^{TLD, Top Level Domain}을 한 번 더 추출해야 하는 번거로움이 있지만 사용하는 방법은 똑같이 적용할 수 있다.

3.7 검색 매크로

검색 매크로^{macro}는 검색어를 조합해서 함수 형식으로 만든 것이다. 함수 형식이라는 의미는 인자를 받아서 실행할 수 있다는 의미다.

검색 매크로를 사용하려면 매크로 이름은 ``(그레이브)로 감싸야 한다. 작은 따옴표가 아니며 숫자 1 키 왼쪽에 있는 값이다. 사용하는 방법은 검색 매크로가 포함한 검색어 종류에 따라서 다르다. 검색어에서 로그 초기 필터링을 위한 검색어는 검색어의 처음에 매크로가 나올 수 있다.

```
`search_macro` | <추가 검색어>
```

하지만 이전 로그 결과에서 요약 정보를 생성하는 등의 검색 명령어는 검색어 처음에 나올 수 없다. 예를 들어 stats 명령어는 통계를 생성할 로그가 먼저 필요하므로 처음 검색어에는 나올 수 없다. 이러한 검색 매크로는 다음과 같이 실행해야 한다.

```
검색어 | `search_marco`
```

인수를 입력받는 검색 매크로는 다음과 같이 실행한다.

```
myserarch | `search_macro(parm1, parm2, ...)`
```

매크로 인수는 ()로 감싸고 반드시 순서대로 입력해야 한다.

이제 검색 매크로를 직접 생성해보자. **설정 > 고급 검색 > 검색 매크로**에서 **+ 새로 추가**를 선택한다.

- **대상 앱**: 검색 매크로를 사용할 앱을 지정한다. 모든 앱에서 매크로를 사용하기 원하면 권한에서 모든 앱을 대상으로 설정한다.
- **Name**: 매크로 이름이다. 여기에서 지정한 이름으로 검색 창에서 매크로를 호출하므로 의미 있는 이름을 부여하는 것이 바람직하다. 인수가 없다면 이름만을 입력하고, 인수가 있다면 () 안에 인수의 개수를 명시한다. 예제에서는 2개의 인수를 입력하기에 **(2)**를 입력했다.
- **정의**: 매크로에 대응하는 실제 검색어를 입력한다. 항상 동일한 지정 검색을 원하면 정적으로 검색어를 입력할 수 있다. HTTP 상태코드가 400계열인 경우만을 검색한다고 하면 Name은 status_error 정의에는 **status >= 400 AND status < 500**이라고 설정할 수 있다. 이 경우는 인수가 필요 없다. 인수를 입력받으면 인수를 필드 또는 검색어에 할당한다. 입력받는 인수는 $ 기호로 묶는다.

- **인수**: 인수로 사용할 이름이다. 이 이름이 반드시 필드명과 동일할 필요는 없다. 여기에 지정한 인수명은 바로 위의 정의에서 확장되기 때문이다. 그러므로 여기에서 입력한 인수명은 정의에서 $로 묶여서 사용된다. 예제 설정은 그림 3-22에서 보여준다.

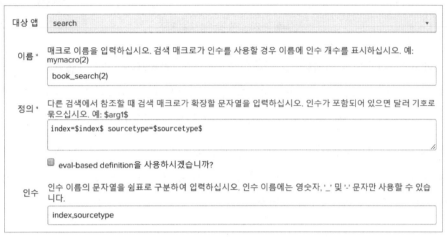

그림 3-22 검색 매크로 추가

이제 생성한 검색 매크로를 직접 사용해보자. 생성한 검색 매크로 이름은 book_search이며 2개의 인수를 입력받는다. 첫 번째 인수는 인덱스 이름이고 두 번째 인수는 소스 타입이다. 검색 창에 다음과 같이 입력한다.

```
`book_search(book, access_combined_wcookie)`
```

검색 매크로가 올바른 검색 결과를 반환한다. 그런데 가끔 검색 매크로가 포함한 검색 내용을 확인하고 싶을 때도 있다. 이는 타인이 생성한 매크로는 내부 검색어가 어떻게 동작하는지 등의 확인이 필요할 수 있기 때문이다. 이럴 때는 검색 창에서 검색 매크로 안에 커서를 놓고 다음 키를 입력한다.

```
Ctrl + Shift + E (윈도우, 리눅스)
Command + Shift + E (Mac OSX)
```

그림 3-23 검색 매크로 내용 확장

검색 매크로는 인자를 지정할 수 있다는 점이 매우 유용하다. 프로그램에서 함수처럼 인자를 바꿔가면서 다양한 검색에 활용할 수 있기 때문이다. 특히 매크로는 자주 사용하는 검색어를 매크로에 등록하고 대시보드에서 사용하는 경우가 많다.

정보보호 관점에서 자주 사용하는 예로는 등급별 로그를 검색하는 경우를 들 수 있다. 웹 로그는 상태코드라는 정보를 제공한다. 동일한 로그에서 특정 상세코드만 변경해서 검색할 때 검색 매크로는 큰 힘을 발휘한다.

3.8 요약

3장에서는 Splunk가 제공하는 지식 객체를 살펴봤다. 이벤트 타입은 자주 사용하는 검색어 일부를 저장해서 사용자의 검색을 도와준다. 룩업은 참조 룩업 파일을 이용해서 기존 로그에 없던 정보를 추가해 의미를 강화할 수 있다. 태그와 별칭은 검색을 효율적으로 실행시킬 수 있으며, 워크플로와 검색 매크로는 사고 분석, 네트워크 포렌식 등으로 확장할 수 있게 도와준다.

지식 객체를 사용하면 검색 능력이 비약적으로 향상되므로 많이 사용하는 것이 좋다.

4

보고서와 대시보드

4.1 장 소개

4장에서는 Splunk 보고서와 대시보드를 살펴본다. Splunk 보고서와 대시보드 모두 2장의 검색과 3장의 지식 객체 기능을 기반으로 구성한다. 보고서란 검색을 재사용하기 위한 Splunk의 기능이다. 보고서를 생성하면 한 번 사용했던 검색을 시간 범위만 다르게해서 다른 결과를 얻을 수 있다. 그러므로 보고서는 검색 결과를 저장하는 것이 아니라검색어를 저장한다고 봐야 한다.

4장에서는 다음의 내용을 다룬다.

- 검색어 기반의 보고서 생성/수정/삭제
- 보고서 복제와 보고서 예약
- Splunk 시각화 기능 이해
- Splunk 대시보드 구성 및 드릴다운 설정
- Splunk 대시보드 스튜디오 사용법 및 구성

4.2 보고서

4.2.1 보고서 생성하기

Splunk는 다양한 방식으로 보고서를 생성할 수 있다. 설정 메뉴에서 직접 생성하는 방법, 검색을 먼저 실행시키고 이후에 보고서를 생성하는 방법 그리고 만들어진 대시보드에서 검색어를 보고서로 변환하는 방법이 있다. 한 가지씩 상세하게 살펴보자.

설정 메뉴에서 신규 보고서 추가하기

보고서를 생성하는 방법은 메뉴의 **설정 > 검색, 보고서 및 경고** 메뉴에서 **새 보고서**를 선택하면 된다. 그림 4-1에서 해당 설정을 보여준다.

- **제목**: 보고서 내용을 쉽게 알아볼 수 있게 입력한다. 제목에는 한글 입력도 할 수 있다.
- **설명**: 해당 보고서 객체를 소개하는 내용을 적는다. 선택사항이므로 반드시 입력해야 하는 것은 아니다.
- **검색**: 보고서에 포함될 내용을 추출하는 Splunk 검색어를 작성한다.
- **시작 시간, 종료 시간**: 상대 시간을 지정해야 한다. 검색 시간 범위를 절대 시간으로 지정하는 것은 보고서 재사용에 적합하지 않다. 사용자 대부분은 최신 결과를 얻기 위해서 예약 보고서를 사용한다. 절대 시간으로 지정하면 보고서를 실행시키는 시간에는 과거의 정보를 얻는 것이다. 그러므로 시작과 종료 시간은 상대 시간을 설정하는 것을 권고한다.
- **앱**: 보고서가 적용되는 앱을 선택한다.

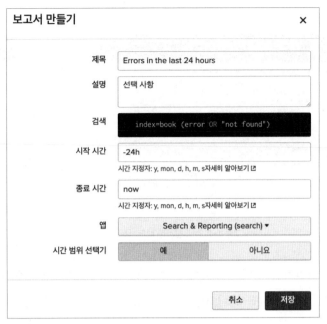

그림 4-1 보고서 만들기

시간 범위 선택기는 보고서 메뉴에서 시간 범위 컨트롤 사용 여부를 결정한다. '예'로 선택해서 시간 범위를 사용하면 좋다. 다만 예약 보고서를 실행시키면 시간 범위 선택기는 사라진다. 예약 시간은 정해진 시간에 특정 범위를 대상으로 보고서를 생성하는 것이므로 시간 범위 선택이 무의미하기 때문이다.

검색 결과를 보고서로 저장하기

보고서를 생성하는 또 다른 방법은 검색 창에서 검색 결과를 보고서로 저장하는 것이다.

대부분의 사용자는 이 방식을 선호할 수 있다. 우선 사용자가 생성하는 보고서의 실제 내용을 검색에서 확인할 수 있다는 점이 좋다. 보고서에 포함될 검색 결과를 눈으로 확인한 후에 보고서를 생성하는 것이 더 효율적이기 때문이다. 그림 4-2에서 검색 결과를 저장하는 방법을 보여준다.

그림 4-2 검색 결과를 보고서로 저장하기

검색 결과에서 저장하는 것이기 때문에 입력 내용이 많지 않다. 사용자는 그림 4-3에서 제목만 입력하고 **저장** 버튼을 클릭하면 바로 보고서를 생성할 수 있다.

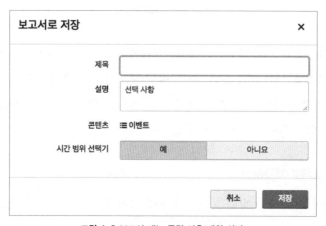

그림 4-3 보고서 메뉴 클릭 이후 대화 상자

대시보드 패널을 보고서로 변환하기

대시보드는 검색 결과를 시각화한 것이다. 그러므로 보고서로 변환할 수 있다. 앱의 대시보드 메뉴에서 **대시보드**를 선택하고 대시보드 우측 메뉴에서 **편집** 버튼을 클릭한다. 그림 4-4와 같은 대시보드 설정 도구를 볼 수 있다.

그림 4-4 대시보드 설정 도구

돋보기 모양의 아이콘을 클릭하면 그림 4-5처럼 대시보드에 포함된 검색어를 확인하거나 수정할 수 있다. 선택사항에서 **보고서로 변환**을 클릭하고 보고서 제목을 입력하면 지정된 검색어로 보고서를 생성할 수 있다. 이 방식을 사용하려면 먼저 대시보드 접근 권한을 먼저 갖고 있어야 한다.

또한 대시보드에서 보고서로 변환해서 생성한 보고서 객체는 대시보드와 아무런 연관이 없다. 즉, 보고서에서 검색어를 수정하더라도 대시보드에는 반영되지 않는다. 그 이유는 대시보드가 검색어로 만들어져 있기 때문이다. 만일 대시보드가 보고서를 이용해서 생성했다면 보고서가 수정될 때 대시보드 내역도 자동으로 수정되지만 그 반대로는 되지 않는다. 이 내용은 대시보드 제작에서 좀 더 자세히 살펴보기로 한다.

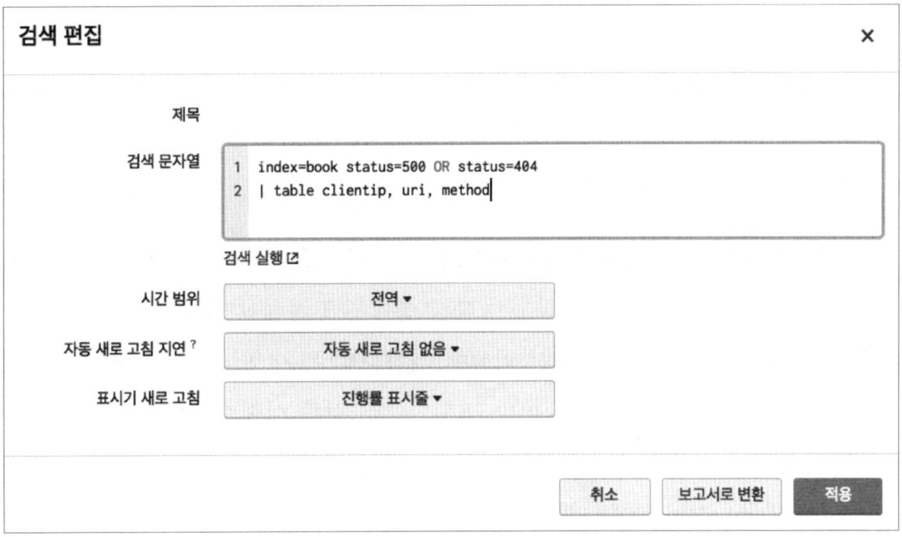

검색 편집   ✕

제목

검색 문자열
```
1  index=book status=500 OR status=404
2  | table clientip, uri, method
```

검색 실행 ☒

시간 범위   전역 ▾

자동 새로 고침 지연 ?   자동 새로 고침 없음 ▾

표시기 새로 고침   진행률 표시줄 ▾

취소   보고서로 변환   적용

그림 4-5 대시보드의 검색어 수정

4.2.2 보고서 편집

생성한 보고서는 언제든지 재편집을 할 수 있다. 보고서가 가진 속성에서 설명, 권한, 스케줄 등을 수정할 수 있다.

앱에서 보고서 메뉴를 선택하고 보고서 목록을 보고 있다면 수정하기 원하는 보고서의 편집을 선택한 후 수정할 보고서의 속성을 선택할 수 있다. 만일 보고서를 보고 있는 중이면 우측 상단의 **편집**을 클릭한다. 역시 수정할 수 있는 보고서의 속성이 나타난다. 목록에서 편집을 선택하거나 보고서 페이지에서 **편집**을 클릭해도 같은 속성이 나타난다.

- **설명 편집**: 보고서에 대한 설명을 입력하는 부분이다. 입력이 선택사항이기 때문에 입력하지 않는 경우가 많지만, 보고서를 손쉽게 구분하도록 설명을 활용하도록 하자.
- **권한 편집**: 보고서 사용 권한을 수정한다. 권한을 소유자로 설정하면 특별히 설정할 부분이 없다. 하지만 권한을 앱으로 확대시키면 보고서 편집 권한을 지정해야 한다. 일반적으로 모든 사용자에 읽기 권한을 주고 관리자에게 쓰기 권한을 부여한다.
- **다음으로 실행**: 보고서의 실행 주체를 설정한다. 기본적으로 보고서는 소유자의 권한으로 동작한다. 다른 사용자가 데이터에 접근할 권한 없이 특정 데이터 리포트를 볼 필요가 있다면 실행을 소유자로 설정하면 된다.

이 경우에 사용자는 접근 권한을 가질 필요 없이 리포트를 확인할 수 있다. 다만 Splunk에 접속하는 사용자가 매우 많은 경우는 다른 상황을 고려해야 한다. 많은 사용자가 리포트의 소유자를 실행시킨다면 동시 검색에 제약을 받을 수 있다. 이 경우는 사용자로 실행 권한을 변경하고 모든 사용자마다 별도의 보고서를 실행시켜서 제약사항을 해결할 수 있다. 스케줄된 보고서는 소유자 권한으로만 실행된다는 점을 명심하자. 그림 4-6에서 보고서 권한을 변경할 수 있는 내용을 볼 수 있다.

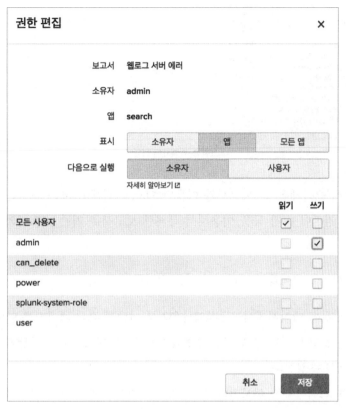

그림 4-6 보고서 권한 편집

4.2.3 보고서 복제

이미 존재하는 보고서를 복제해서 손쉽게 신규 보고서를 만들 수 있다. 보고서 목록에서 복제하려는 보고서의 **편집** 버튼을 클릭하고 **복제**를 선택한다. 보고서 페이지의 **편집** 버튼을 클릭해도 같은 메뉴가 보인다. 사용자는 두 가지 방법 중 본인에게 편리한 방법으로 보고서를 복제할 수 있다. **복제**를 선택하면 복제할 보고서의 제목과 설명을 입력하는 창이 보인다. 알맞은 값을 입력하면 복제된 보고서를 목록에서 볼 수 있다.

그림 4-7 복제된 보고서

복제한 보고서는 복제된 원 보고서와 이름만 다르고 검색어 같은 속성은 완전히 똑같다. 그러므로 검색어 수정 등을 이용해서 복제한 보고서를 기존 보고서와 다르게 수정해 활용한다.

복제한 보고서의 검색어를 수정하려면 다음 절차를 따른다.

1. 보고서 목록 페이지에서는 **검색에서 열기**를 선택해 검색 페이지를 연다. 보고서 페이지를 보고 있다면 우측 상단의 **편집** 버튼을 클릭하고 **검색에서 열기**를 선택한다.
2. 검색어를 수정한다.
3. 수정한 검색어를 실행시킨다. 검색 창에서 돋보기 아이콘을 클릭하거나 Enter 키를 입력한다.
4. 수정된 검색어로 결과가 변경되면 검색 창 우측 상단의 **저장** 버튼을 클릭한다.

검색어를 변경한 후에 검색어를 실행시키지 않고 저장을 선택하면 변경한 검색어가 보고서에 반영되지 않는다. 그러므로 반드시 수정한 검색어를 실행시킨 후에 검색 결과가 변경되면 저장해야 한다.

4.2.4 보고서 예약

예약된 보고서란 예약 간격마다 자동으로 보고서가 실행돼 생성되는 것을 말한다. 보고서를 예약하려면 보고서 목록 또는 보고서 페이지에서 **편집** 버튼을 클릭한 후 **스케줄 편집**을 선택하면 된다.

120

그림 4-8은 스케줄 편집에서 결과를 메일로 전송하는 예를 보여준다. 스케줄은 **매시간 실행, 매일 실행, 매주 실행, 매달 실행, 크론**cron **스케줄로 실행**을 선택할 수 있다.

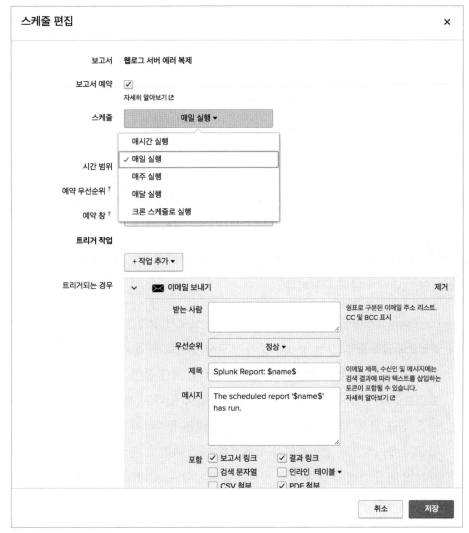

그림 4-8 보고서 스케줄 편집

크론 스케줄은 유닉스 크론 문법을 따른다. 총 5개의 필드로 구성되며 각 필드는 순서대로 분, 시간, 날짜, 월, 요일을 의미하고 필드에 *가 표시되면 모든 값을 의미한다. 각 필드가 표현하는 시간 범위는 표 4-1과 같다.

표 4-1 크론 필드 값 사용 범위

필드 값	사용 범위
분	0 ~ 59
시간	0 ~ 23
날짜	1 ~ 31
월	1 ~ 12
요일	0 ~ 6(0은 일요일, 6은 토요일)

크론의 몇 가지 사용법 예제는 다음과 같다.

- 00 15 * * *: 매일 오후 3시에 실행
- 00 */3 * * *: 3시간마다 실행, 즉, 0, 3, 6, 9, 12, 15, 18, 21시에 실행
- */10 6 * * 1: 매주 월요일 아침 6시에 10분마다 실행

작업 추가에서 사용할 수 있는 항목에서는 Log Event, 룩업으로 결과 출력, 스크립트 실행, 이메일 보내기가 많이 사용된다.

- Log Event: Splunk 로그 시스템으로 스케줄 보고서 결과를 보낼 수 있다.
- **룩업으로 결과 출력**: 그림 4-9와 같이 보고서 결과를 룩업 파일로 저장하는 기능이다. 이 기능은 매우 유용하게 사용할 수 있다. 예를 들어, Splunk 룩업 파일에서 호스트명과 사용자를 연계시키는 룩업 파일이 있다고 하자. 호스트명과 사용자명은 신규 입사, 퇴사로 인해 항상 최신 상태를 유지하기가 어렵다. 이 기능을 이용해서 주기적으로 호스트명과 사용자를 룩업 파일로 생성할 수 있다. 대체를 선택하면 최신 상태 룩업 파일을 자동으로 유지할 수 있다. 기존 결과에 추가하거나 완전히 기존 파일을 대체할 수 있다.

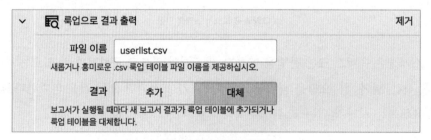

그림 4-9 룩업 결과 파일 저장

- **이메일 보내기**: 받는 사람의 주소와 제목, 메시지를 설정한다. 하지만 이 기능을 사용하려면 메일 서버를 먼저 설정해야 한다. 그림 4-10에서 **CSV 첨부**와 **PDF 첨부**는 보고서를 해당 파일로 첨부하는 것이고 **보고서 링크**는 보고서를 볼 수 있는 링크를 첨부한다. 이메일에서 링크 첨부는 이메일 크기를 줄이는 방법이기도 하지만 실용성을 생각해보자. Splunk 서버는 인터넷에서 직접 접속이 불가능하므로 링크를 보내면 기업 내부망에서만 확인할 수 있다. 운영하는 네트워크 환경을 기반으로 링크로 제공할 것인지 첨부를 제공할 것인지는 운영자가 서비스 방식을 결정해야 한다.

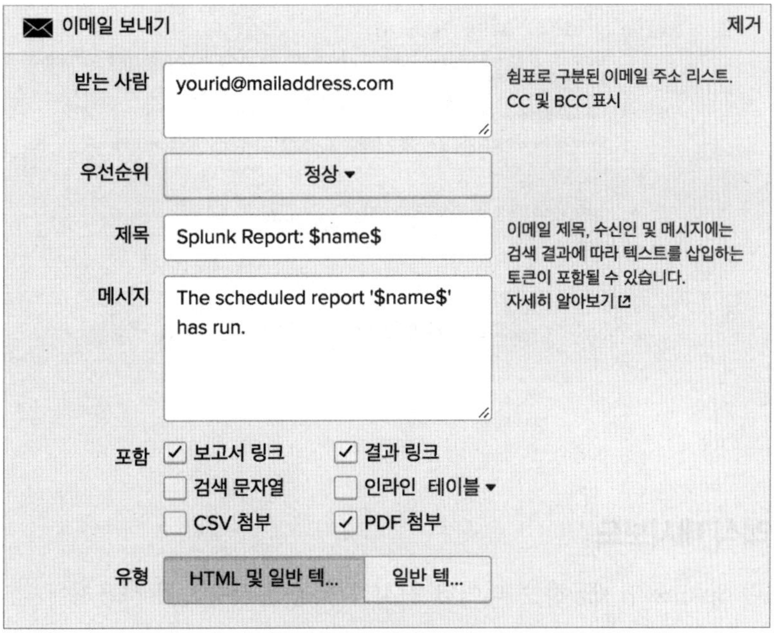

그림 4-10 이메일 보내기

설정 > 서버 설정 > 이메일 설정 페이지를 열어서 그림 4-11의 내역을 확인한다.

보내는 메일 서버 설정에서 메일 발송 호스트, SSL/TLS 사용 여부를 설정하고 사용자명과 암호를 입력한다. 보내는 메일 서버 관련 정보는 메일 서버 관리자에게 문의한다.

발송에 사용하는 메일 계정은 Splunk 전용 계정을 생성하는 것을 권고한다. 이 계정은 스케줄 보고서뿐만 아니라 향후에 적용할 경보(Alert)에서도 사용할 수 있기 때문이다. 별도의 전용 계정을 사용한다면 수신인은 메일 분류 규칙을 이용하면 관리하기 편리하다.

메일 서버 설정

메일 호스트	smtp.gmail.com

이 Splunk 인스턴스가 메일을 보낼 때 사용할 메일 서버의 호스트명을 입력하십시오.

이메일 보안 ○ 없음 ○ SSL 사용 ● TLS 사용

SMTP 서버 관리자에게 확인하십시오. SSL이 활성화된 경우, 메일 호스트 란에 포트 정보가 포함되어야 합니다. IE: smtp.splunk.com:465

사용자 이름	booktalk50@gmail.com

SMTP 서버로 인증할 때 사용하는 사용자 이름입니다. 인증하지 않으려면 이 이름을 비워 두십시오.

암호	•••••••

SMTP 서버로 인증할 때 사용하는 암호입니다.

암호 확인	

그림 4-11 메일 서버 등록하기

4.3 클래식 대시보드

대시보드란 Splunk가 제공하는 데이터 시각화 기능을 사용해서 사용자에게 직관적인 정보를 제공하는 페이지를 만드는 것이다. 데이터 검색 결과와 표현할 시각화를 결합해 만들 수 있다. 그림 4-12에서 Splunk가 지원하는 시각화 차트를 간략하게 살펴볼 수 있다.

4.3.1 시각화 종류

Splunk가 지원하는 시각화 기법을 간략하게 살펴보자.

그림 4-12 Splunk가 지원하는 시각화 차트 종류

이벤트 리스트

검색 결과를 이벤트로 반환한다. 이벤트는 원본 로그를 의미하므로 엄밀히 말해서 이 방식을 시각화라고 보기는 어렵다. Splunk가 수집한 텍스트 형식 로그를 원본 그대로 보여준다. 이 기능이 꼭 필요한 이유는 간혹 주요 필드 값을 추출해서 로그를 확인하지만 전체 원본을 보여주면 이해가 더 빠를 수 있기 때문이다.

테이블

테이블은 이벤트에서 원하는 필드를 추출해 테이블 형식으로 보여주는 방식이다. 테이블을 구성하는 셀에 색상을 입히거나 최솟값, 최댓값 등을 지정하고 특정 색상으로 표시할 수도 있다. 요약보고서 등을 생성할 때 사용하는 방법이다.

차트

데이터 결과를 하나 이상의 차원으로 표시한다. 차트는 주로 X축과 Y축에 값을 표시하는 방식으로 시각화를 표현한다. 원형, 영역형, 꺾은선형, 세로 막대형, 가로 막대형 등 가장 많은 시각화 기법을 제공한다.

단일 값

단일 값 시각화는 집계 값을 강조해서 보여줄 때 사용한다. 전체 총합, 방문자 수와 같은 단일 값으로 표시해 사용자에게 강력한 정보를 제공할 수 있으며 특정 필드의 변동 또는 추세를 보여줄 수도 있다. 숫자 범위에 따라 색상을 추가해 가독성을 높일 수 있다.

지도

위도, 경도 정보를 활용해 지도에 검색 결과 데이터를 표시할 수 있다. 위치 정보는 Splunk에서 제공하는 기본 정보를 활용할 수도 있으며 생각보다 자주 변경된다. 주기적으로 Splunk가 사용하는 위치 정보 데이터베이스를 갱신해야 한다. Splunk는 미국의 경우 주^{state}별로 구분하는 상세한 지도를 기본으로 제공하지만 아쉽게도 우리나라 지도는 그렇게까지 상세하지는 않다.

NOTE GeoLite2 데이터 업데이트 하기

Splunk는 위치정보 검색용 GeoLite2-City.mmdb 파일을 기본으로 제공한다. 이 파일은 $SPLUNK_HOME/ share 디렉터리에 위치한다.

MMDB 파일 업데이트

상용 버전 또는 매달 업데이트되는 무료 버전 파일로 Splunk가 제공하는 파일을 대체할 수 있다. 다음 절차를 따른다.

1. 다음 사이트(https://download.db-ip.com/free/dbip-city-lite-2024-06.mmdb.gz)에서 파일을 다운로드 받는다.
2. $SPLUNK_HOME$/share 디렉터리에 파일을 복사한 후 압축을 해제한다.

이제 최신 위치정보 파일을 얻었다. 하지만 추가로 한 가지를 더 설정해야 한다. Splunk는 운영 파일에 대한 무결성 검사를 자동으로 실행하는 기능이 있다. 이 기능은 주기적으로 Splunk의 무결성을 검사하기 때문에 위와 같은 방식으로 위치정보 파일을 수동 업데이트하면 Splunk는 무결성이 손상됐다는 경보를 지속적으로 발생시킨다. 이를 차단하려면 새로 복사한 파일의 해시 값을 무결성 참조 파일에 업데이트함으로써 경고 발생을 차단할 수 있다. Splunk를 구성하는 파일의 무결성 값을 보관한 파일은 $SPLUNK_HOME/splunk-versionnumber-ID- platform-manifest이다. 이 파일에서 GeoLite2-City.mmdb 파일의 내용을 살펴보자.

```
jinseo$ grep mmdb splunk-7.1.0-2e75b3406c5b-darwin-64-manifest
f 444 splunk splunk splunk/share/GeoLite2-City.mmdb 588efeabb66c7839d53a0006c2c7353abc
852d64136e5337498287cac299be9d
```

4.3.2 대시보드 패널 생성하기

대시보드를 생성하려면 먼저 대시보드에서 사용할 결과 데이터를 추출하는 검색어를 작성해야 한다. 이후 각 시각화 화면이 요구하는 올바른 형식의 검색 결과가 반환되는지 확인해야 한다. 대시보드에서 많이 사용하는 시각화 기법 몇 가지를 알아보자.

차트는 Splunk 대시보드의 시각화에서 가장 많이 사용되는 양식이다. 지원하는 유형은 원형 차트, 세로 막대형, 가로 막대형, 꺾은선형, 영역형 등이 있다. 산포도 및 버블차트도 생성할 수 있다. 이렇듯 다양한 종류를 지원하기 때문에 추출하는 결과 데이터에 맞는 시각화 기법을 사용할 수 있다. 각각의 차트는 고유한 방식으로 데이터를 시각화한다.

막대 차트

하나 이상의 필드에 나타나는 값을 기준으로 막대^{column}를 그려준다. 다음 검색어를 실행시켜보자.

```
index=book sourcetype="access_combined_wcookie" status!=200
| stats count by status
| rename count AS "개수", status AS "상태코드"
```

검색 결과에서 상태코드status가 200인 결과가 너무 많이 나와서 다른 결과를 가리므로 200을 제외했다.

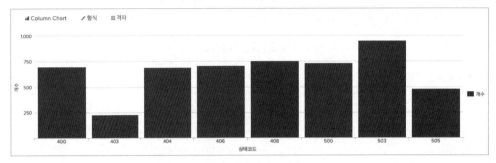

그림 4-13 막대 차트 예시

count by status라는 검색어는 상태코드별로 개수를 세라는 의미다. 결과는 X축 값에 상태코드를 배치하고, Y축에는 상태코드 개수를 보여준다. X축과 Y축이 1개씩 있는 가장 기본적인 막대 차트다.

원형 차트

원형 차트는 하나의 필드에서 개별 값이 차지하는 비율을 원형에서 확인할 수 있다. 개별 값이 전체에서 차지하는 비율을 쉽게 판단할 수 있는 장점이 있다. 앞에서 막대 차트를 사용했을 때의 검색어를 약간 수정해서 원형 차트를 그려보자.

```
index=book sourcetype="access_combined_wcookie" status!=200
| top action showperc=f
```

이번에는 stats가 아닌 top을 사용해서 검색 결과를 얻었다. top 역시 지정한 필드에서 많은 순서로 개수를 계산해주므로 앞의 검색과 같은 결과를 얻을 수 있다.

원형 차트는 단점도 있는데 여러 개의 차트를 비교하기가 쉽지 않다는 것이다. 하나의 필드가 하나의 차트를 그릴 수 있으므로, 비율이 다르거나 규모가 서로 다른 차트는 정보를 보여줌에 있어서 왜곡이 발생할 수 있다.

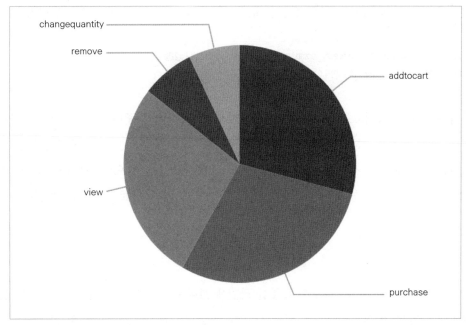

changequantity

remove

addtocart

view

purchase

그림 4-14 원형 차트

일례로, 전체 값이 100인 데이터 집합에서 20개는 20%를 차지한다. 전체가 1000에서 100은 10%를 차지한다. 두 차트를 원형 차트로 그리면 20개가 작은 값임에도 불구하고 차트에서는 두 배의 크기를 보여준다. 이렇듯 원형 차트는 척도가 다른 항목을 비교하기가 어려우므로 동일한 척도를 가진 데이터를 표현하는 데 사용해야 한다.

꺾은선형

꺾은선형은 X축에 시간 정보를 위치시키고 Y축에는 값을 표시하면서 시간별 추세를 확인하는 데이터에 많이 사용한다. 다시 말해서 시계열 정보를 표현하는 데 좋은 차트다.

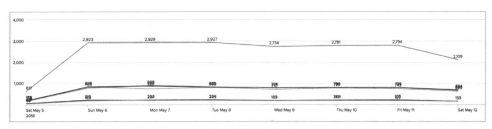

그림 4-15 꺾은선형 차트

꺾은선형은 timechart 결과를 그리는 데 최적화돼 있다. 다음 검색어를 실행시켜보자.

```
index=book sourcetype="access_combined_wcookie" status!=200
| timechart count span=1d by status
```

이 검색 결과는 상태코드를 기준으로 1일 단위 총 개수를 돌려준다. 날짜별 각 상태코드의 총 개수를 보여주는 것이다. Span은 데이터의 통합 기준 시간이며 사용하는 시간 지시자는 Splunk 시간 지시자를 그대로 사용한다. 예제는 1d를 썼으므로 1일을 의미한다. 12시간 기준 총 개수는 12h로 지정하면 된다. 이렇게 되면 1d보다 2배로 많은 데이터 지점을 보여준다.

단일 값

단일 값$^{\text{Single Value}}$은 계산 결과, 총계 등을 화면에 보여주는 기법이다. 시각화를 수행하는 데이터 결과에 기반해 다양한 형식으로 그릴 수 있다. 가장 간단한 방법은 숫자만을 보여주는 것이다.

```
index=book sourcetype="access_combined_wcookie" (status >= 400 AND status < 500) | stats
count
```

결과는 그림 4-16에 나와 있다. 이 검색은 상태코드가 400보다 같거나 크고 500보다 작은 전체 이벤트 수를 보여준다. Single Value 시각화 패널은 다음과 같이 보여준다.

그림 4-16 단일 값 시각화 차트

그림 4-17은 시각화 형식 중 색상을 선택하는 방법을 보여준다.

색상 사용을 예로 선택하면 단계별 그리고 최댓값, 최솟값에 색상을 적용할 수 있다. **색상 모드**에서는 흰 바탕에 글자 색을 보여줄 것인지 단계별로 지정한 색상을 배경색으로 설정할 것인지를 결정할 수 있다.

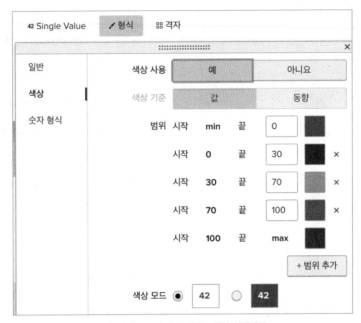

그림 4-17 단일 값 단계별로 색상 설정하기

숫자에 다양한 형식을 지정할 수 있다. **1000단위 구분자**를 사용하면 1000단위마다 ,를 찍어주고 숫자의 단위를 부여할 수 있다. **단위**를 입력하고 단위를 숫자의 앞 또는 뒤에 위치하는 것을 지정할 수 있다.

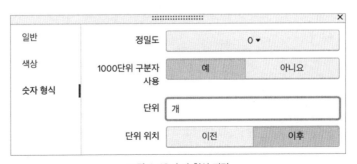

그림 4-18 숫자 형식 지정

stats로 계산한 값은 1개이므로 더 이상 보여줄 데이터가 없다. 보여줄 데이터가 2개 이상이라면 어떻게 보여줄 수 있을까? timechart 명령어를 생각해보자. timechart는 데이터를 시간으로 묶어서 시간별 흐름을 보여준다. 그러므로 시간을 지정하면 최소 2개 이상의 데이터 묶음을 얻을 수 있으며 2개 이상의 데이터는 추세를 보여줄 수 있다. 다음의 검색어를 실행시켜보자.

```
index=book sourcetype="access_combined_wcookie" (status >= 400 AND status < 500) |
timechart span=1d count
```

위의 검색어는 그림 4-19와 같이 날짜별 오류 메시지 개수를 보여준다. timechart로 구한 데이터 집합이 여러 개라고 할지라도 단일 값 차트는 가장 최근의 두 값만을 취한다. 위의 집합 테이블에서는 4/8과 4/7의 데이터를 가져온다. 두 값을 이용해서 표시하는 방법은 **형식 > 일반**에서 정의할 수 있으며 그림 4-20에서 표시 방법을 보여준다.

_time ⇕	count ⇕
2019/04/01	105
2019/04/02	471
2019/04/03	440
2019/04/04	473
2019/04/05	380
2019/04/06	435
2019/04/07	441
2019/04/08	340

그림 4-19 timechart 검색어 결과

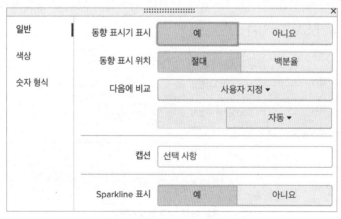

그림 4-20 단일 값 차트 표시 형식 설정

- **동향 표시기 표시**: 가장 최근의 데이터와 이전 데이터를 비교한다.
- **Sparkline 표시**: 숫자는 최근의 값을 사용하지만 Sparkline은 전체 데이터의 흐름을 보여준다.

그림 4-21의 숫자 340은 가장 마지막 데이터의 값이다. -101과 아래 화살표는 직전 데이터에 비해서 -101개가 감소됐다는 것을 의미한다. 그러므로 이전 데이터는 441이었음을 알 수 있다.

그림 4-21 동향 표시기/Sparkline 추가

Sparkline은 timechart로 추출한 데이터의 흐름을 보여준다. **색상 > 색상 모드**에서 역상을 선택하면 그림 4-21과 동일한 그림을 얻을 수 있다. 역상이 사용자의 시선을 끌기 때문에 주요 숫자나 결과는 이런 기법을 사용하는 것을 추천한다.

4.3.3 클래식 대시보드 구축

Splunk에서 대시보드 기능은 시각화한 데이터를 통합해서 직관적인 정보를 제공한다. 앞에서 설명한 각종 시각화 기능을 각각 패널로 만든 다음 여러 개의 패널을 하나의 대시보드에 결합하면 보다 많은 정보를 한 번에 제공할 수 있다. 사용자로부터 키워드, 시간 등을 입력받아 동적 결과를 생성하는 폼도 생성할 수 있다.

대시보드를 만든 다음에는 대시보드의 소스코드인 xml을 약간만 수정하면 더욱 다양한 대시보드 기능을 추가할 수 있다. 사실 Splunk 앱은 대시보드의 결합이라고 볼 수 있다. 그러므로 대시보드를 만드는 방법을 잘 숙지하도록 하자. 2부에서 보안 로그 통합 분석 시스템을 만들 때 가장 많이 사용하게 될 기능이다.

새 대시보드 만들기

대시보드를 생성하는 가장 손쉬운 방법은 검색 결과를 대시보드 패널로 저장하는 것이다. 검색어를 실행시키고 결과를 얻었다면 실행 버튼 위의 **다른 이름으로 저장**을 선택해 **대시보드 패널**로 저장한다.

대시보드 제목은 한글과 영어 모두 사용할 수 있다. 기본적으로 대시보드 제목에 입력하면 **대시보드 ID**는 제목에 기반해 자동으로 생성한다. 하지만 대시보드의 제목을 한글로 입력하면 ID를 자동으로 생성하지 않는다. 제목을 영문으로 입력했을 때만 작동하는 기능이다. ID는 Splunk에서 대시보드를 구분하는 유일한 값이다. 대시보드의 제목이나 설명은 언제든지 변경할 수 있지만, ID는 한 번 생성하면 변경할 수 없다.

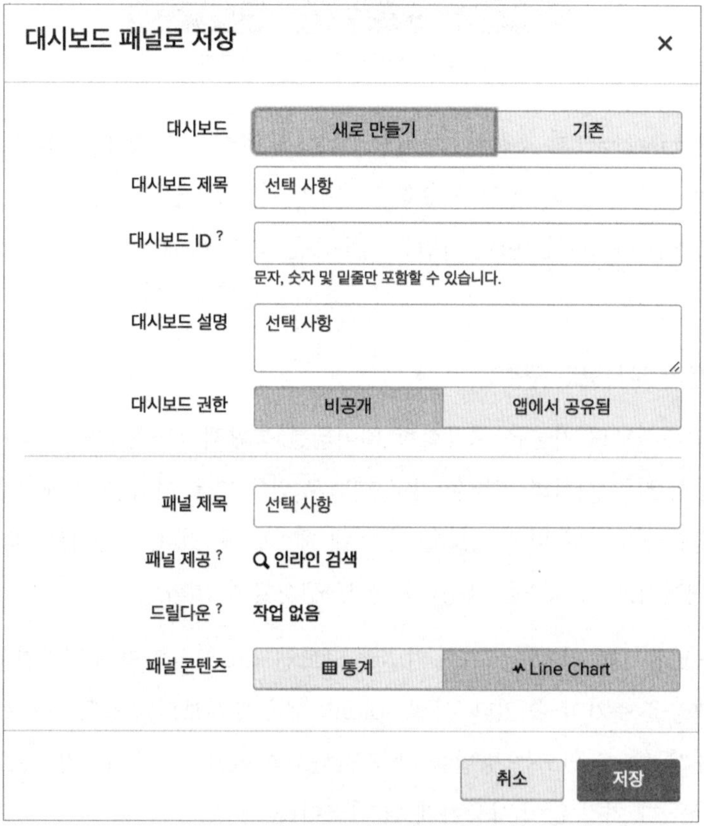

그림 4-22 검색 결과에서 대시보드 패널로 저장

대시보드를 생성한 사용자만 사용하려면 비공개로 설정하고, 다른 사용자와 공유하려면 **앱에서 공유됨**을 선택한다.

대시보드에서 시각화 종류는 패널 콘텐츠에서 선택할 수 있다. 대시보드로 저장하기 이전에 사용했던 시각화가 기본으로 설정된다. 시각화 종류는 대시보드 생성 이후에도 손쉽게 변경할 수 있다. **저장**을 선택하면 앱의 대시보드 메뉴에서 신규로 추가된 대시보드를 확인할 수 있다.

대시보드를 생성하는 다른 방법은 대시보드 메뉴에서 직접 만드는 방식이다.

앱 메뉴에서 대시보드를 선택하면 대시보드 목록 페이지를 볼 수 있다. 오른쪽 상단에 위치한 **새 대시보드 만들기**를 선택하면 그림 4-23의 대화상자가 나타나고 신규로 생성할 수 있다. **클래식 대시보드**를 선택해 작성한다.

그림 4-23 새 대시보드 만들기

저장하기로 대시보드를 생성했을 때와는 다르게 적은 정보로 생성할 수 있고 검색 결과가 없으므로 시각화 종류를 선택할 필요가 없다. 제목과 ID를 입력하고 **대시보드 만들기**를 클릭하면 화면에 빈 대시보드가 나타난다.

이제 빈 대시보드에 여러 패널을 추가할 수 있다. 저장하기로 만든 대시보드 역시 편집을 선택하면 그림 4-24와 같은 화면을 볼 수 있다. UI는 편집기를 사용하는 것과 비슷하게 대시보드를 꾸밀 수 있다. **Source**를 선택하면 XML 소스를 사용자가 직접 편집하면서 대시보드를 만들 수 있다. 나중에 Source를 수정하는 사례를 몇 가지 살펴볼 것이다.

패널 추가에서 패널은 검색어를 설정하고 검색 결과로 만든 차트를 의미한다. 하나의 대시보드에는 여러 개의 패널을 추가할 수 있다. 정보를 통합해서 보여줄 화면을 대시보드로 설정하고 개별 정보는 대시보드 패널로 추가하면 대시보드의 한 화면에서 여러 정보를 볼 수 있는 장점이 있다.

패널 추가하기

대시보드 패널은 Splunk의 검색 결과를 보여주는 창이라고 볼 수 있다.

그림 4-24 대시보드 편집모드

그러므로 원하는 데이터를 패널로 만들려면 먼저 데이터를 추출하는 검색어를 작성해야 한다. 검색어를 보고서나 저장 검색으로 만들었다면 그 검색어를 그대로 사용할 수 있다. 만들어 놓은 검색어가 없다면 대시보드를 만들면서 직접 작성할 수도 있다. 어떤 방법을 사용하더라도 결과는 같다. 대시보드 생성 방법에 따라 검색 결과가 다르다면 그건 생성 방법이 틀린 것이 아니라 검색어를 잘못 작성한 것이므로 검색어를 디버깅해야 한다.

대시보드 패널을 만들려면 먼저 대시보드를 편집모드로 전환해야 한다. 대시보드의 우측 상단에서 **편집** 버튼을 클릭한다. 참고로, 대시보드 편집 권한이 없다면 해당 버튼은 보이지 않는다. 수정하고 싶은 대시보드에서 편집 버튼을 볼 수 없다면 관리자에게 권한을 요청한다.

편집모드에서 **패널 추가** 버튼을 클릭하면 브라우저 우측 화면에 추가할 수 있는 창이 나타난다. 새로 만들기, 보고서에서 새로 만들기, 대시보드에서 복제, 미리 작성된 패널 추가를 이용해서 패널을 추가할 수 있다. 여기에서는 **새로 만들기**를 선택하고 Statistics Table을 선택한다.

통계 테이블은 가장 기본적인 데이터 형태로 table, top, stats, chart 명령어와 같이 주요 필드를 추출해서 정보를 테이블 형식으로 보여준다. 오른쪽 창의 검색 문자열에 원하는 검색어를 추가한다.

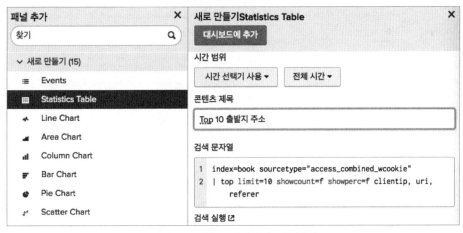

그림 4-25 대시보드에 패널 새로 추가하기

검색 실행 링크는 해당 검색어가 올바른 데이터를 반환하는지 검사할 수 있다. 클릭하는 경우 새로운 탭이 열리며 입력한 검색어가 실행된다. 사용자는 작성한 검색어의 검색 결과를 확인하고 검색어를 수정할 수 있다.

```
index=book sourcetype="access_combined_wcookie"
| top limit=10 showcount=f showperc=f clientip, uri, referer
```

시간 범위는 검색이 포함할 시간 범위를 지정한다. 만일 검색 시간을 earliest, latest와 같은 토큰 형태로 검색 문자열에 포함시켰으면 시간 범위는 동작하지 않는다. 검색어의 시간 지시자 토큰과 사용자 화면의 시간 범위가 동시에 설정돼 있는 경우 검색어의 시간 지시자 토큰이 우선순위가 높기 때문이다.

대시보드 패널이 추가된 결과는 그림 4-26과 같다.

이제 대시보드에 처음으로 패널을 추가했다. 추가한 패널은 대시보드가 로딩될 때마다 지정한 검색어를 실행하고 설정한 차트 방식으로 데이터를 보여줄 것이다. earliest와 latest를 설정했으면 설정 시간에 맞춰서 최신 데이터를 보여준다.

Top 10 출발지 주소

clientip ⬍	uri ⬍	referer ⬍
91.199.80.24	/oldlink?itemId=EST-21&JSESSIONID=SD3SL9FF8ADFF5506	http://www.buttercupgames.com/oldlink?itemId=EST-21
59.99.230.91	/category.screen?categoryId=NULL&JSESSIONID=SD0SL3FF4ADFF11747	http://www.buttercupgames.com/category.screen?categoryId=NULL
128.241.220.82	/cart/success.do?JSESSIONID=SD8SL7FF4ADFF20541	http://www.buttercupgames.com/cart.do?action=purchase&itemId=EST-21
99.61.68.230	/product.screen?productId=WC-SH-G04&JSESSIONID=SD3SL7FF5ADFF29557	http://www.buttercupgames.com/category.screen?categoryId=SHOOTER
99.61.68.230	/product.screen?productId=MB-AG-G07&JSESSIONID=SD4SL10FF7ADFF35976	http://www.buttercupgames.com/category.screen?categoryId=ARCADE
95.163.78.227	/product.screen?productId=WC-SH-G04&JSESSIONID=SD8SL10FF9ADFF10055	http://www.buttercupgames.com/product.screen?productId=WC-SH-G04

그림 4-26 새 대시보드 패널 추가 결과

하지만 이 패널은 검색어가 이미 정의된 정적 결과만을 보여줄 수 있다. 물론 시간에 따라 검색 결과가 다르지만 다른 필드 값을 보는 등의 검색 결과를 변경할 수는 없다. 이번에는 사용자가 검색을 원하는 값을 입력하면 입력된 값을 기반으로 결과가 달라지는 방법을 알아보자.

이것은 웹 페이지에서 흔히 볼 수 있는 폼^{form} 형식 대시보드를 만드는 것이다. 폼에서 사용할 입력 컨트롤은 웹에서 일반적으로 사용하는 컨트롤 모두를 사용할 수 있다. 값을 입력받을 때 사용하는 텍스트 상자, 라디오 버튼, 체크 박스, 드롭다운, 다중 선택 그리고 시간입력 컨트롤과 제출 버튼까지 있다. 모든 컨트롤을 사용해서 대시보드를 사용자 입력 폼으로 완벽하게 만들 수 있다.

모든 입력 컨트롤은 토큰이라는 설정 항목을 갖는다. 토큰은 대시보드 화면에서 개별 입력 컨트롤을 구분하는 유일한 변수로 동작한다. 입력받은 HTTP 상태코드를 기반으로 출발지 주소, URI와 refer를 찾는 대시보드 패널을 만들어보자. 필요한 사항은 상태코드를 입력할 수 있는 입력 컨트롤 상태코드와 입력 값에 따라 변하는 대시보드, 2개의 항목이 필요하다. 대시보드에서 편집을 선택하고 **입력추가 > 텍스트 입력**을 선택하고 다음과 같이 설정한다.

- **토큰**: 검색에서 사용할 변수명이므로 의미 있는 값을 사용해서 작성하는 것이 검색어를 이해하는 데 도움을 줄 수 있다.
- **토큰 접두사**: 토큰 접두사는 사용자가 입력하는 값의 앞에 붙이는 값이다.
- **토큰 접미사**: 토큰 접미사는 사용자가 입력하는 값의 뒤에 붙이는 값이다.

그림 4-27에서 접두사는 **status="**로 하며 접미사는 **"**로 설정했다. 이것은 사용자가 입력한 값의 앞에 필드를 추가한 것이다. 즉, 입력 값이 status 필드에 해당하는 값이므로 아예 필드 값을 넣은 것이다. 이렇게 접두사와 접미사를 설정하면 토큰 값에 필드명과 사용자가 입력한 값이 모두 설정된다.

그림 4-27 텍스트 입력 컨트롤 설정

사용자가 입력한 필드 값은 $토큰$로 표현한다. 이 컨트롤에서는 $txtCode$로 표현할 수 있다. 사용자가 텍스트 컨트롤에 200이라고 입력하면 토큰은 다음과 같은 구성의 값을 가진다.

```
$txtCode$: status="200"
    토큰 접두사: status="
    사용자 입력값: 200
    토큰 접미사: "
```

입력 컨트롤을 추가했으면 사용자 입력마다 다른 결과를 반환하는 검색어로 수정해야 한다. 프로그래밍 경험이 있는 독자라면 입력에 따라 결과가 다르다는 의미를 쉽게 이해할 수 있다. Splunk는 사용자가 입력한 검색어를 이용해서 결과를 반환하므로 검색어가 다르면 결과도 당연히 다르다. 사용자의 입력은 입력 컨트롤 토큰에 저장하므로 검색어에 토큰을 추가하면 어려울 것 같은 작업은 간단히 끝난다.

```
index=book sourcetype="access_combined_wcookie" $txtCode$
| top limit=10 showcount=f showperc=f clientip, status, uri, referer
```

앞에서 $txtCode$ 토큰이 갖는 값을 살펴봤다. 토큰은 필드처럼 대소문자를 구별하므로 입력에 주의한다. 이렇게 사용자 입력을 받을 수 있는 텍스트 컨트롤을 추가했다. 이제 사용자가 404를 텍스트 상자에 입력하고 검색을 실행시키면 토큰은 사용자 입력 값으로 대체되고 다음 검색어가 실행된다.

```
index=book sourcetype="access_combined_wcookie" status="404"
| top limit=10 showcount=f showperc=f clientip, status, uri, referer
```

코드의 이탤릭체는 사용자가 입력한 값으로 해당 토큰이 대체되는 것을 보여준다. 신규로 추가하는 방법도 있지만, 이전에 작성한 Top 10 출발지 주소 패널을 수정해보자. 편집모드로 들어가면 대시보드 패널마다 우측 상단에 없던 그림 4-28과 같은 버튼이 보인다.

그림 4-28 패널 수정 도구

그림 4-28과 같은 버튼은 각 패널을 수정할 수 있는 버튼이며 항상 편집모드에서만 볼 수 있다. 이미 대시보드를 수정하는 방법에서 한번 살펴봤다.

첫 번째 돋보기 아이콘은 검색어를 수정할 수 있는 창을 보여준다. 두 번째는 시각화 종류를 선택하는 버튼이며 그림 모양은 Statistic Table이라는 의미다. 이 버튼을 클릭하고 다른 시각화를 선택할 수 있다. 붓 모양의 세 번째 아이콘은 현재 시각화가 제공하는 여러 형식을 설정할 수 있다. 마지막 추가 작업 버튼은 시각화의 드릴다운^{drilldown}을 설정할 수 있다. 드릴다운은 4장의 뒷부분에서 자세히 설명한다.

검색어를 변경하려면 돋보기 아이콘을 클릭하면 그림 4-29와 같은 검색 편집 창을 볼 수 있다.

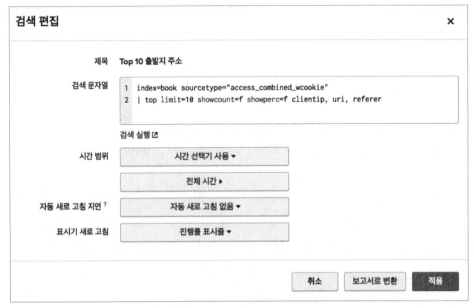

그림 4-29 입력 컨트롤 사용 이전 검색어

그림 4-29는 현재 패널에서 실행하는 검색 문자열을 보여준다. 검색 문자열을 앞서 시험한 다음 검색어로 대체한다.

```
index=book sourcetype="access_combined_wcookie" $txtCode$
|top limit=10 showcount=f showperc=f clientip, status, uri, referer
```

검색어를 수정하고 적용하면 변경된 검색 결과가 대시보드 패널에 반영된다. 그림 4-30에서 확인할 수 있다.

clientip ⇕	status ⇕	uri ⇕	referer ⇕
188.138.40.166	404	/product.screen?productId=SF-BVS-G01&JSESSIONID=SD1SL4FF7ADFF39071	http://www.buttercupgames.com/category.screen?categoryId=NULL
99.61.68.230	404	show.do?productId=SF-BVS-01&JSESSIONID=SD6SL1FF10ADFF16107	http://www.buttercupgames.com/oldlink?itemId=EST-17
99.61.68.230	404	/rush/signals.zip?JSESSIONID=SD6SL1FF10ADFF16107	http://www.buttercupgames.com/category.screen?categoryId=NULL
99.61.68.230	404	/productscreen.html?t=ou812&JSESSIONID=SD7SL10FF3ADFF44443	http://www.buttercupgames.com/oldlink?itemId=EST-14
99.61.68.230	404	/product.screen?productId=SF-BVS-G01&JSESSIONID=SD6SL2FF6ADFF41662	http://www.buttercupgames.com/oldlink?itemId=EST-16

그림 4-30 입력 컨트롤 기반 동적 패널

검색어를 수정했으니 앞서 설정한 대시보드 제목은 검색 결과와 맞지 않는다. 사용자의
혼선을 방지하기 위해서 제목 역시 수정하자.

NOTE 대시보드 패널 제목 동적으로 생성하기

상태코드는 200, 300, 404, 403 등 사용자가 다양한 값을 입력할 수 있다. 이렇게 다양하게 입력할 때마다 제목에
서 이 값을 보여준다면 사용자가 더 직관적으로 이해할 수 있지 않을까? Splunk는 간단하지만 훌륭한 방법을 제공
한다. txtCode가 토큰에서 사용자의 입력 값을 표현하는 변수명을 $txtCode$로 표현한다고 했다. 제목에 이 문자열
을 그대로 사용하면 우리가 원하는 목적을 달성할 수 있다. 제목을 다음과 같이 수정한다.

Top10 출발지 주소 → 상태코드 $txtCode$, Top10 출발지 주소

이제 제목은 사용자가 입력한 상태코드 값에 따라 동적으로 변경된다. 간단하지만 사용자에게 직관적인 정보를 제공
하기에는 아주 유용한 팁이다.

드릴다운

이제부터는 사용자 반응형 대시보드를 만들어보자. 다음의 상황을 생각해보자. 한 패널
에서 웹 상태코드별 개수를 보여주고 있다. 보통 상태코드가 200이면 정상을 의미하므
로 큰 고민을 하지 않는다. 그런데 302라는 상태코드가 유달리 많이 보인다. 302는 페
이지 리다이렉트를 의미한다. 왜 이 값이 개수가 많을까? 이 코드를 발생시키는 출발지
와 리다이렉트로 향하는 목적지 URI는 또 어디일까? 이렇듯 대시보드는 특정 정보를 시

각화하는 것이므로 해당 로그의 상세 내역을 보여주지는 않는다. 하지만 사용자는 패널이 보여주는 단편적인 정보보다 한 단계 더 깊은 정보를 보고 싶어 한다.

이를 위해서 Splunk는 대시보드에서 드릴다운이라는 기능을 제공한다. 드릴다운이란 현재 패널에 보이는 내용을 기준으로 더욱 상세하게 보는 것이다. 드릴다운은 검색으로 연결하거나 다른 대시보드로 연결할 수 있다. 대시보드가 제공하는 내용이 직관적인 정보를 제공한다면 드릴다운은 해당 값에 대한 상세 내역을 보여주는 것이다.

예를 들어 특정 도메인을 접속한 출발지 IP가 전체 10개라고 먼저 보여주고 이후 클릭하면 10개의 상세 목록을 보여준다. 이런 기능을 드릴다운으로 작성할 수 있으며 Splunk의 모든 시각화 패널에서 드릴다운을 만들 수 있다.

드릴다운은 두 가지 기법을 사용할 수 있다. 첫 번째는 시각화 패널에 나온 값을 클릭한 경우 더 상세한 정보를 다른 패널에서 검색해서 제공해주는 방법을 보여주는 것이다. 두 번째 기법은 평소 패널이 보이지 않다가 드릴다운을 실행시킬 때만 나타나서 사용자에게 더욱 직관적인 정보를 제공하는 방법이다.

드릴다운은 시각화 패널의 편집모드에서 지정할 수 있다. 드릴다운 실습에 사용할 대시보드 패널을 하나 만들어 보자.

```
index=book sourcetype="access_combined_wcookie" status!="200"
| stats count by status
| sort count desc
```

위의 검색어를 실행시킨 후 **다른 이름으로 저장 > 대시보드 패널**로 저장한다. 대시보드 ID를 부여하고 **저장**을 클릭한 후 **대시보드 보기**를 선택하면 그림 4-31과 같은 대시보드를 볼 수 있다.

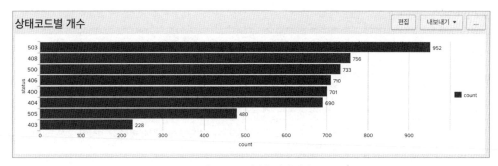

그림 4-31 드릴다운 예제 패널

편집 버튼을 클릭하고 오른쪽 상단에 나오는 도구상자에서 점 3개가 있는 가장 오른쪽 아이콘을 선택한다. Edit Drilldown을 선택하면 Splunk는 그림 4-32와 같이 드릴다운 편집기를 보여준다.

그림 4-32 드릴다운 편집기

각 항목별 사용 목적은 다음과 같다.

동작 방식은 모두 비슷하다. 지정한 동작을 실행시켜주는 것인데 입력을 받아서 처리하는 방식이 조금씩 다를 뿐이다.

표 4-2 드릴다운 항목 설명

항목	항목 설명
검색에 연결	드릴다운을 검색으로 연결한다.
대시보드에 연결	드릴다운을 다른 대시보드로 연결한다.
보고서에 연결	드릴다운을 보고서에 연결한다.
사용자 지정 URL에 연결	사용자 지정 URL에 연결한다. 이 기법은 구글 검색, 해시 값 검색 등 외부 페이지를 이용한 검색을 사용할 때 쓴다.
이 대시보드에 있는 토큰 관리	같은 대시보드에서 다른 패널로 토큰을 전달할 때 사용하는 방법이다.

여기서는 **검색에 연결**, **사용자 지정 URL에 연결**과 **이 대시보드에 있는 토큰 관리** 등을 간략하게 살펴보고 실습해본다. 2부에서 실제 로그 분석 시스템을 구축하면서 더 자세하게 알아볼 것이다.

검색에 연결을 선택하면 선택 항목이 **자동**과 **사용자 지정**이 나온다. **자동**은 사용자가 클릭한 필드와 값을 갖고 Splunk가 검색어를 자동으로 생성해주는 것이다. **사용자 지정**은 드릴다운을 만드는 사용자가 검색어를 직접 지정하는 것이다. 사용자가 반드시 포함하기를 원하는 필드 등을 지정하고 싶다면 **사용자 지정**을 선택해야 한다.

사용자 지정 URL에 연결을 선택하면 검색어를 입력할 수 있는 검색 창이 나타난다. 검색 문자열은 Splunk 검색 창과 동일하게 동작하므로 원하는 결과를 넣을 수 있다. **사용자 지정 URL에 연결**을 선택하고 검색 문자열에 다음의 검색어를 입력한다.

```
index=book sourcetype="access_combined_wcookie" status="$click.value$" | stats values(uri)
```

$click.value$라는 새로운 토큰 형식이 보인다. 이 토큰은 Splunk에서 지정한 내장형 토큰으로 항상 동일한 동작을 수행한다. 동적 대시보드를 작성하다 보면 표 4-3 4개의 내장 토큰을 가장 많이 사용한다. 예제 패널에서 각 내장 토큰이 반환하는 값은 표 4-4에서 설명하고 있다.

표 4-3 드릴다운의 전역 토큰 값 할당

항목	설명
$click.name$	Y축 필드명이다. 반환 값은 status다.
$click.name2$	X축 필드명이다. 반환 값은 count다.
$click.value$	Y축 데이터 값이다. 해당 필드 값을 반환한다.
$click.value2$	X축 데이터 값이다. 해당 계산 값을 반환한다.

사용자가 이 패널의 503 항목을 클릭하면 위의 전역 토큰은 다음 값을 갖는다.

표 4-4 드릴다운의 실제 전역 토큰 값

항목	실제 할당 값
$click.name$	Status
$click.name2$	Count
$click.value$	503
$click.value2$	952

검색어를 분석해보자. 이제 인덱스와 소스 타입을 지정하는 것은 익숙하다. Status 필드에 $click.value$가 할당됐다. 즉, 클릭할 때마다 Y축의 필드 값이 할당된다. 이 검색어는 클릭한 상태코드에 해당하는 URI의 중복을 제거한 목록을 보여주는 검색어. 결과는 그림 4-33과 같다.

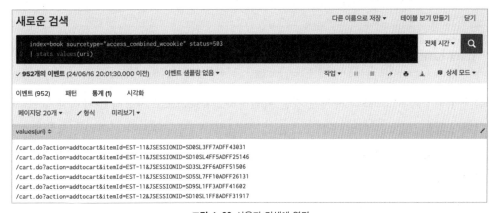

그림 4-33 사용자 검색에 연결

검색, 대시보드, 보고서, 사용자 지정 URL 연결 등은 항상 새로운 페이지를 띄워야 한다. 하지만 편집기의 마지막에 있는 '이 대시보드에 있는 토큰 관리'는 동일한 대시보드에서 다른 패널에 토큰 값을 넘길 수 있다. 이 기법을 사용해 패널을 클릭하면 다른 패널의 데이터를 변하게 할 수 있다.

패널을 추가하기 전에 드릴다운 설정을 변경해야 한다. 편집모드에서 **Bar 차트의 드릴다운**을 클릭하고 **이 대시보드에 있는 토큰 관리**를 선택한다.

토큰 관리 페이지에서는 새로운 토큰을 선언^{set}하거나 제거^{unset}할 수 있다. 여기에서는 새로운 토큰을 다른 패널로 넘겨줘야 하므로 설정을 선택한다. 왼쪽은 선언한 토큰의 변수명이고 오른쪽은 해당 변수에 할당될 실제 값을 지정한다. 왼쪽 입력상자에 필드명은 d_status라고 지정한다.

필드 값은 사용자가 클릭한 값이 다른 패널로 넘겨져야 한다. Token Value를 클릭하면 사용자가 선택할 수 있는 항목이 나오는데 앞에서 살펴본 $click.name$이나 $click.value$ 항목이 보인다. 상태코드의 값을 넘겨야 하므로 $click.value$를 선택한 후 적용을 클릭해서 드릴다운 편집기를 닫자.

이제 넘겨주는 상태코드 값을 사용해서 데이터를 보여주는 2개의 패널을 추가해보자. 첫 번째 패널로 **편집 > 패널 추가 > 새로 만들기 > Pie Chart**를 선택한다.

시간 범위는 **시간 선택기 사용**에서 **전체 시간**을 선택한 후 콘텐츠 제목에 '국가별 현황'을 입력하고 검색 문자열에는 다음 검색어를 입력한다.

```
index=book sourcetype="access_combined_wcookie" status="$d_status$" | iplocation clientip
| stats count by Country
```

검색어에서 d_status가 사용된 것을 확인하자. 이 토큰으로 사용자가 클릭한 값이 전달된다. iplocation은 인터넷 IP 주소를 인자로 받아서 지리 정보를 반환하는 Splunk 내장 명령어로 국가, 국가 코드, 도시, 위도, 경도 등을 돌려준다. 이 검색어는 사용자가 클릭한 상태코드에 해당하는 출발지 IP 목록을 추출하고, iplocation이 반환한 정보를 국가별로 숫자를 세는 검색어다.

두 번째 패널을 추가해보자. **편집 > 패널 추가 > 새로 만들기 > Statistics Table**을 선택한다.

시간 범위는 **시간 선택기 사용**에서 **전체 시간**을 선택한 후 콘텐츠 제목에 '접속 IP Top 5' 를 입력한다. 검색 문자열에는 아래 검색어를 입력한다.

```
index=book sourcetype="access_combined_wcookie" status=$d_status$ | top limit=5 showperc=f
clientip | rename clientip AS "출발지 IP"
```

검색어에 status=d_status가 동일하게 사용됐음을 기억하자. **대시보드에 추가**를 클릭해서 저장한다. 이제 패널이 3개인 대시보드를 완성했다. 사용자는 패널을 마우스로 드래그해서 위치를 지정할 수 있다. 새로 만든 2개의 패널을 같은 줄로 위치시켜보고 편집모드에서 접속 IP Top 5 패널로 마우스를 이동시켜보자. 대시보드 가장 위의 점선 두 줄로 이동하면 마우스 커서가 사방 화살표로 바뀐다. 이 위치에서 마우스를 클릭한 상태로 국가별 현황 패널 옆으로 드래그하고 위치가 잡히면 마우스 버튼을 해제한다. 편집모드를 닫으면 그림 4-34의 대시보드가 생성된다.

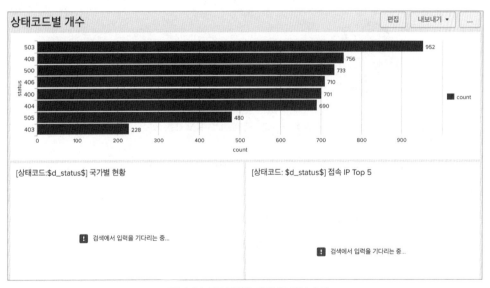

그림 4-34 토큰 관리용 대시보드 패널 추가

새로 추가한 패널에는 차트가 보이지 않고 '검색에서 입력을 기다리는 중'이라는 문구가 보인다. 이것은 사용자가 아직 드릴다운을 실행하지 않았기 때문이다. 검색어가 완성되지 않았으므로 결과 역시 없으며, 결과가 없으니 차트를 그릴 수 없기 때문이다.

이제 상태코드별 개수 차트의 아무 값이나 클릭해보자. 클릭한 상태코드에 따라 두 패널 역시 그림 4-35처럼 데이터를 보여준다. 상태코드를 클릭할 때마다 두 차트 값도 변한다. 대시보드 내의 토큰은 이렇게 반응형 대시보드를 만들 때 유용하게 사용할 수 있다.

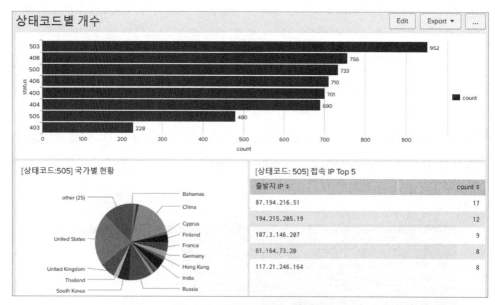

그림 4-35 드릴다운 대시보드 동작 화면

이제 하나의 팁을 더 알아보자. 추가로 만든 두 차트는 상태코드 값에 종속적이다. 그 이유는 상태코드 값이 없으면 차트를 생성할 수 없기 때문이다. 이 대시보드를 처음 로딩하면 그림 4-34에서 보듯이 차트에 데이터가 보이지 않는다. Splunk를 잘 모르는 사용자는 대시보드 오류가 발생한 것으로 오해할 수 있다.

그렇다면 처음에는 해당 차트가 보이지 않다가 사용자가 상태코드를 클릭했을 때만 보여준다면 어떨까? 이 기능은 의외로 단순하게 구현할 수 있는데 안타깝게도 웹 화면에서는 해당 기능을 설정할 수 없다. 대시보드를 구성하는 XML 소스를 수정해야 한다.

대시보드에서 **편집 > 원본**을 클릭한다. 원본은 대시보드를 구성하는 XML 코드를 보여준다. 우리가 이제껏 손쉽게 작성했던 대시보드는 실제로는 Splunk가 모두 자동으로 XML 코드를 생성해준 것이다.

XML 태그에서 〈panel〉〈/panel〉 태그를 찾아보자. 현재 이 대시보드에는 총 3개의 패널이 존재한다. 하나의 패널이 하나의 차트이기 때문이다. 〈label〉 태그에 패널의 이름이 있으므로 찾기 쉽다. 상태코드에 종속적인 패널 2개를 찾아보자. 국가별 현황과 접속 IP Top 5 패널이 있는데 두 패널은 아무런 옵션이 없이 〈panel〉 태그로만 감싸여 있다.

이제 패널 여는 태그를 다음과 같이 수정한다.

```
<panel depends="$d_status$">
```

국가별 현황과 접속 IP Top 5의 두 패널을 모두 변경한다. 패널에 설정하는 옵션은 해당 패널은 d_status 항목에 종속적이란 의미다. 드릴다운을 위해서 클릭하면 d_status가 설정되므로 보이지 않았던 두 패널이 보인다.

원본 xml의 소스코드를 잘못 수정하면 Splunk는 그림 4-36과 같은 오류를 보여준다. 편집기에서 색상이 보이는 줄이 오류다. 그림 4-36에서는 depends가 아니라 depend를 사용했기 때문에 오류가 발생했다.

```
63        </panel>
64 ▾      <panel depend="$d_status$">
65          <title>[상태코드: $d_status$] 접속 IP Top 5</title>
66 ▾        <table>
```

그림 4-36 XML 코드 오류 예시

아무런 문제가 없다면 XML 편집기 상단에 그림 4-37 같은 화면이 나온다.

수정을 완료하고 **저장**을 클릭해서 편집기를 빠져 나온다. 수정한 내역을 반영하려면 브라우저를 새로고침해야 한다. 이제 패널이 하나만 보이는 대시보드가 보이는데 마치 새로 추가한 아래의 패널 2개는 없는 듯 보이지 않는다. 상태코드별 개수 패널을 클릭해보자. 이제 2개의 차트가 보이면서 값을 보여줄 것이다.

대시보드 편집 [UI | 원본]

ℹ 유효성 검사 문제 없음

```
26    <option name="charting.chart.bubbleSizeBy">area</option>
27    <option name="charting.chart.nullValueMode">gaps</option>
28    <option name="charting.chart.showDataLabels">all</option>
29    <option name="charting.chart.sliceCollapsingThreshold">0.01</option>
30    <option name="charting.chart.stackMode">default</option>
```

그림 4-37 XML 유효성 문제 없음

4.4 대시보드 스튜디오

Splunk Enterprise는 8.2 버전부터 기존 대시보드에 기능을 추가한 대시보드 스튜디오를 제공하고 있다. 대시보드 스튜디오 기능이 추가되면서 기존의 대시보드는 클래식 대시보드라는 이름을 사용한다.

대시보드 스튜디오는 패널의 크기를 다양하게 조절할 수 있고, 위치도 자유롭게 조정이 가능하다. 무엇보다도 시각화가 강화됐다. 작성한 대시보드를 상황판과 같은 화면에 표출하는 것도 Splunk 자체 기능으로 지원한다.

4.4.1 대시보드 스튜디오 특징

추가된 시각화 차트

대시보드 스튜디오에는 기존에 없던 펀치 카드, 반원형이 포함된 단일 값 차트와 평행 좌표 차트 등을 제공한다. 이러한 점은 데이터의 현황을 보다 직관적으로 파악할 수 있도록 도움을 준다.

배경 그림을 활용한 시각화

사무실 배치도, 네트워크 구성도, 데이터 센터 층간 배치도 등의 이미지를 배경으로 대시보드를 배치할 수 있다. 기존 Splunk 차트만 이용해서 작성하는 대시보드보다 더 가독성

좋은 정보를 제공한다.

패널 배치 자유도 증가

대시보드 스튜디오는 패널 배치 관련해서 절대와 그리드라는 두 가지 방식을 제공한다. 절대는 패널을 하나의 객체로 인식해 자유롭게 크기와 위치를 지정할 수 있다. 그리드는 기존 클래식 대시보드가 지원하는 방식과 유사하지만 패널의 크기를 지정하거나 배치에는 더 자유롭다. 그렇기는 해도 절대 방식처럼 완전히 자유롭지는 못하다.

패널 설정 창 위치

기존 클래식 보드는 패널의 속성을 지정하려면 별도 화면이 떠서 패널을 가렸다. 그래서 패널의 현재 모양이나 속성을 모른 상태에서 새로운 값을 설정해서 불편한 점이 있었다. 대시보드 스튜디오에서는 패널을 선택하면 화면 오른쪽에 속성 설정창이 보인다. 대시보드 패널과 속성 설정창을 함께 볼 수 있어 사용자 편리성이 개선됐다.

기본 및 체인 검색

클래식 대시보드에서는 패널을 그리는 데이터를 Splunk 검색, 보고서 등에서 가져올 수 있었다. 대시보드 스튜디오는 이 방식을 모두 지원하면서 체인 검색이라는 기능을 추가로 제공한다.

체인 검색은 기존 검색에 추가로 연결해 별도 결과를 얻고자 할 때 사용한다. 동일한 데이터셋을 기반으로 리스트를 만들거나 top 결과, rare 결과를 얻고자 할 때 기존에는 결과에 따라 모든 검색어를 저장했다. 체인 검색은 이 부분을 개선해준다. 동일한 데이터셋을 추출하는 검색어를 주요 검색어로 지정하고, top, rare, list 등 검색어를 체인 검색어로 등록해 주요 검색어와 체인 검색어의 조합으로 데이터 소스를 만들 수 있다.

이러한 점은 검색어의 재사용과 동일한 검색어의 반복 제거 등 검색어를 편리하게 관리할 수 있는 장점이라고 볼 수 있다.

지금까지 간략하게 대시보드 스튜디오의 신규 기능과 장점을 살펴봤다. 이제 대시보드 스튜디오를 이용해서 예제 대시보드를 직접 작성해보자.

4.4.2 대시보드 스튜디오 실습

대시보드를 위한 예제 로그는 튜토리얼 데이터인 온라인 게임 판매용 웹 사이트 로그를 사용한다. 클래식 대시보드에 익숙한 사용자는 대시보드 스튜디오를 어렵지 않게 사용할 수 있다. 그림 4-38의 대시보드를 대시보드 스튜디오를 이용해서 작성해보자.

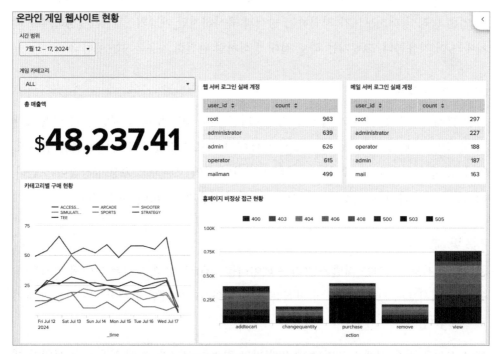

그림 4-38 대시보드 스튜디오 예제

대시보드 레이아웃 디자인

실습을 위한 대시보드는 그림 4-39와 같이 작성한다.

- **게임 카테고리 선택**: 웹 서버 로그 categoryId 필드 값을 이용하여 목록에서 선택할 수 있다. 대시보드가 처음 열릴 때는 모든 값이 선택됐지만 사용자는 원하는 카테고리를 선택할 수 있다.
- **총 매출액**: 시간 범위 내의 전체 매출액을 보여준다. 사용자가 카테고리를 선택하는 경우 해당 카테고리에 해당하는 매출액을 보여준다.

그림 4-39 대시보드 배치도

- **구매 이력 현황**: 시간 범위 내의 전체 구매 현황을 보여준다. 사용자가 카테고리를 선택하는 경우 해당 카테고리에 해당하는 구매 현황을 보여준다.
- **홈페이지 로그인 실패 계정**: 홈페이지 대상으로 로그인이 실패한 계정 목록을 보여준다. 실패 빈도가 높은 계정순으로 보여준다.
- **메일서버 로그인 성공 계정**: 메일 서버 대상으로 로그인이 성공한 계정 목록을 보여준다. 성공 빈도가 높은 계정순으로 보여준다.
- **비정상접근 현황**: 웹 서버에 비정상적인 접근 현황을 시계열로 보여준다. 비정상 접근은 상태코드가 400계열, 500계열을 의미한다.

새 대시보드 만들기

대시보드 > 새 대시보드 만들기를 클릭한다. 대시보드 스튜디오를 선택하면 그림 4-40과 같이 절대와 그리드 선택 화면이 추가로 보인다.

절대는 모든 레이아웃의 위치를 사용자가 직접 결정하는 것이고 **그리드**는 패널의 배치를 맞춰준다. **절대**를 선택하고 **만들기**를 선택한다.

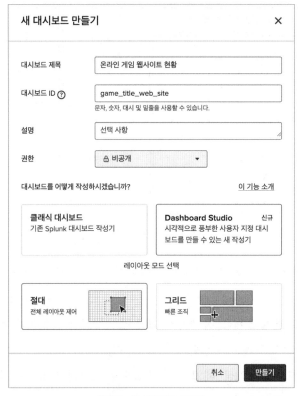

그림 4-40 대시보드 만들기

만들기를 클릭하면 그림 4-41과 같은 빈 대시보드가 생성된다.

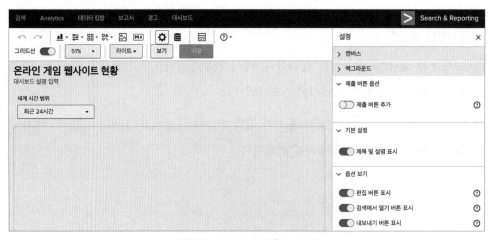

그림 4-41 대시보드 생성 후 초기 화면

클래식 대시보드와 다르게 화면 우측에 다양한 선택사항이 보이고 시간 범위 컨트롤도 자동으로 추가돼 있다. **제출 버튼 옵션**은 기본적으로 비활성화돼 있다. **제출 버튼 추가**를 선택하면 시간 컨트롤 옆에 제출 버튼이 활성화된다.

세계 시간 범위 아래 점선 사각형이 보인다. 이 사각형을 캔버스라고 하며 사용자가 작성하는 패널이 캔버스 안에 위치한다. 오른쪽 설정 창에서 **캔버스**를 선택하고 크기를 지정할 수도 있다.

백그라운드는 대시보드의 배경 색상을 지정하거나 사용자가 지정하는 그림을 대시보드 배경으로 설정할 수 있다.

세계 시간 범위 컨트롤을 선택하고 기본값은 **전체 시간**으로 설정한다. 예제에서 사용하는 튜토리얼 데이터는 최신을 반영하지 못하므로 최근 시간은 대시보드에서 데이터를 표현할 수 없기 때문이다. 실제 운영에서는 원하는 시간을 설정할 수 있다.

게임 카테고리 선택

카테고리 선택은 **드롭다운** 컨트롤을 이용해서 만든다. **드롭다운** 컨트롤은 사용자가 클릭할 경우 아래로 확장해 목록을 선택할 수 있게 한다. **드롭다운** 컨트롤은 그림 4-42와 같이 선택한다.

그림 4-42 드롭다운 컨트롤 선택

드롭다운 컨트롤을 선택하면 처음에는 **세계 시간 범위** 컨트롤 옆에 위치한다. 이 컨트롤을 캔버스 내부로 위치시켜서 다른 패널들과 위치시킬 것이다. 선택한 드롭다운 입력 컨트롤을 선택하면 오른쪽 설정 창이 해당 컨트롤에 맞는 환경으로 자동으로 보인다.

다음과 같이 값을 설정한다.

- **표시**: 캔버스 내
- **제목**: 게임 카테고리
- **토큰 이름**: category
- **기본 선택 값**: 기본 값 선택 - ALL

메뉴 설정을 위해서는 데이터 소스 편집이 먼저 필요하다. 게임 카테고리 목록은 로그에서 추출해서 목록을 반영해야 한다. 그래서 이 목록을 완성시킬 데이터를 먼저 추출해야 하기 때문이다.

설정 창에서 데이터 원본으로 이동하고 **+Set up primary data source**를 클릭한다.

설정 창이 데이터 원본 선택으로 변경되고 검색, 저장된 검색, 체인 검색 메뉴가 나타난다.

> **NOTE**
>
> Splunk는 한글 지원이 매우 훌륭한 프로그램이지만 +만들기 검색 용어를 보고 많이 당황스러웠다. 영문 버전의 설명인 **+Create Search**를 한글로 번역해서 **만들기 검색**으로 표시하기 때문이다. 다음 버전에서는 **검색 만들기**로 변경됐으면 하는 바람이다.

신규 검색을 만들기 위해서 **+만들기 검색**을 클릭한다. 데이터 원본 이름을 지정하고 SPL 쿼리에는 다음 검색어를 입력한다.

```
index=tutorial sourcetype=access_combined_wcookie action=purchase status=200
| stats count by categoryId
```

시간 범위는 Default를 선택하고 **적용 및 닫기**를 클릭해 데이터 원본을 저장한다. 데이터 원본 적용을 마무리하면 다시 드롭다운 컨트롤 설정 창으로 이동한다. 이제 메뉴 설정에서 **동적 메뉴 레이블 필드**를 클릭해서 categoryId (string)을 선택한다. **동적 메뉴 값 필드**도 동일하게 설정한다.

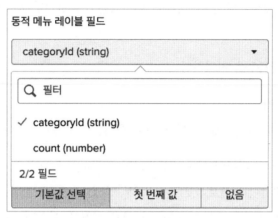

그림 4-43 동적 메뉴 레이블 필드 값 선택

이제 게임 카테고리 설정이 모두 완료됐다. 대시보드에서 **저장**을 클릭하고 보기를 선택해보자. 그림 4-44와 같이 **게임 카테고리** 드롭다운이 정상 동작하는 대시보드를 확인할 수 있다. 이제 다른 패널을 모두 완성시켜보자.

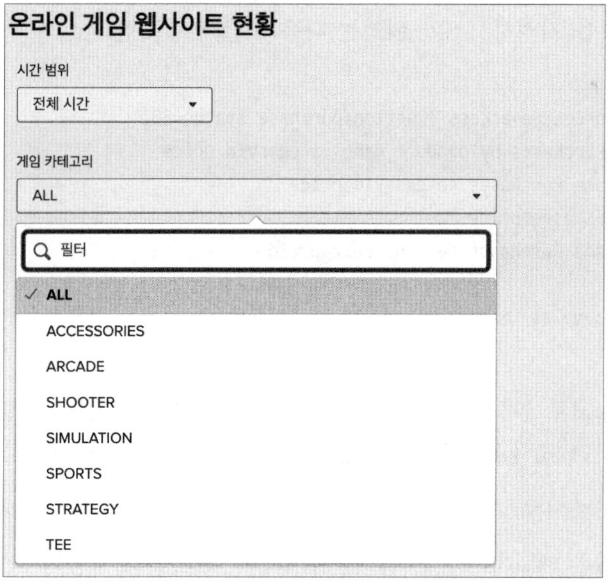

그림 4-44 게임 카테고리 드롭다운 컨트롤 동작

총 매출액 패널

총 매출액 패널은 단일 값 차트를 사용해 만든다. 차트에서 **Single Value**를 선택하면 패널이 추가된다. 마우스로 단일 값 패널을 드롭다운 컨트롤 밑으로 이동시키고 크기를 맞춘다.

설정 창에서 다음 항목들을 지정한다.

- **제목**: 총 매출액
- **데이터 표시**: Unit position – 이전, 단위 레이블 – $, 정밀도 – 2

앞서 **드롭다운** 컨트롤은 데이터 원본을 1개로 설정했지만 총 매출액 패널은 기본 검색과 체인 검색을 구분해서 설정해보기로 한다. 기본 검색으로도 충분하지만 체인 검색을 살펴보는 이유는 앞서 기술한 대로 검색 코드의 반복 제거와 재사용이 용이하기 때문이다.

데이터 원본에서 **+Set up primary data source**를 선택한다. 데이터 원본 창을 보면 검색에서 이미 작성한 search_category를 볼 수 있다. 이렇듯 대시보드에서 사용한 검색은 다른 패널에서도 재사용이 가능하다. 여기에서는 기본 검색을 작성하고 체인 검색을 추가로 작성해야 한다. 검색에서 **+만들기 검색**을 클릭한다.

데이터 원본 이름을 지정하고 SPL 쿼리는 다음과 같이 입력한다.

```
index=tutorial sourcetype=access_* action=purchase status=200
| stats count as Purchases by product_name categoryId price
| table product_name Purchases categoryId price
| eval Revenue=Purchases*price
| table product_name Purchases Revenue categoryId
| sort -Purchases
| rename product_name as "Game" categoryId as "Category"
```

시간 범위를 Default로 놓고 적용 및 닫기로 기본 검색을 저장한다. 패널에서 방금 저장한 검색어로 데이터 원본이 지정된다. 하지만 이 결과는 우리가 원하는 방식이 아니다. 아쉽게도 기본 검색어를 만들고 이후에 체인 검색어를 만든 다음에 선택하는 경로를 지원하지 않는다. 다른 패널에서 기본 검색어를 만들어 놨다면 재사용이 가능하지만, 지금과 같이 처음 기본 검색어를 만들어야 하는 상황이라면 원하지 않는 값이 설정되는 절차가 불편할 수 있다.

설정된 데이터 원본에서 **휴지통 아이콘**을 클릭해 기존 설정을 제거한 후 **데이터 원본 설정**을 다시 클릭한다.

이제 앞서 설정한 search_revenue가 검색 목록에 보일 것이다. 기본 검색이 목록에 보이므로 이제 **+만들기 체인 검색**을 클릭한다.

체인 검색 설정 창에서 데이터 원본 이름을 설정한다. 그리고 **상위 검색**을 클릭하면 이전에 만들었던 기본 검색어가 목록에서 보인다. search_revenue를 선택한다.

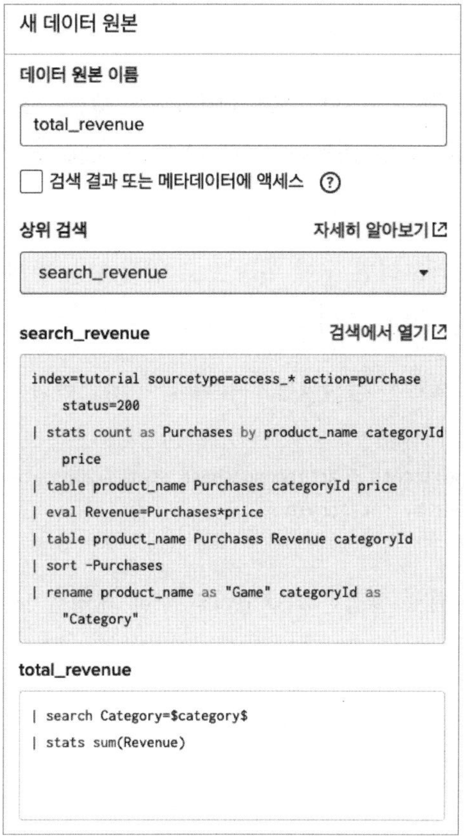

그림 4-45 체인 검색 추가

이제 재사용할 기본 검색어를 선택했으므로 우리가 원하는 검색어만 체인 검색어에 설정하면 된다. 다음의 코드를 입력한다.

```
| search Category=$category$
| stats sum(Revenue)
```

$category$는 게임 카테고리를 보여주는 드롭다운 컨트롤의 토큰명이다. 이 토큰명을 검색의 인자로 적용해서 매출액을 설정한다. 클래식 대시보드에서는 이러한 방식으로 적용하려면 드릴다운으로만 가능했지만, 대시보드 스튜디오에서는 이렇게 간단하게 설정할 수 있다.

구매 이력 현황

구매 이력 패널은 시간별로 얼마나 많은 구매가 발생했는지를 보여주려고 한다. 이를 가장 잘 보여주는 차트는 라인 차트다. 차트 메뉴에서 Line을 선택하고 크기와 위치를 알맞게 배치한다.

설정 창에서 제목을 '카테고리별 구매 현황'으로 입력한다. 범례에서 범례 표시를 위로 설정하고 나머지는 기본값으로 놓아둔다.

데이터 원본을 클릭하고 새로운 검색어를 다음과 같이 입력한다.

```
index=tutorial sourcetype=access_* action=purchase status=200 categoryId=$category$
| timechart span=12h count by categoryId
```

이 검색어는 12시간 단위로 설정한 카테고리의 구매 내역을 보여준다. 데이터 원본 설정을 마치면 바로 차트가 보인다.

지금까지 완성된 대시보드는 그림 4-46과 같이 보여야 한다.

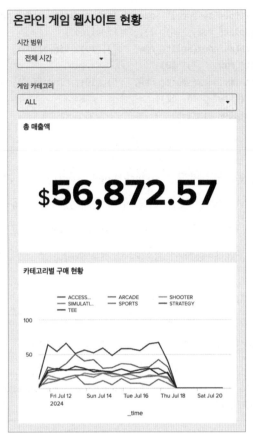

그림 4-46 대시보드 작성 중간 단계

홈페이지 로그인 실패 계정

로그인 실패와 로그인 성공 패널은 검색어가 거의 유사하다. 이 패널에서는 홈페이지 로그인에 실패한 사용자 계정과 실패 회수를 보여준다. 특정 필드만을 보여주는 테이블 패널이 전체 로그를 모두 보여주는 이벤트 패널보다 더 적합한 방식이다.

패널에서 테이블을 선택하고 크기와 위치를 배치도와 맞게 조정한다. 제목에는 웹 서버 로그인 실패 계정을 입력한다.

데이터 원본에는 검색어를 신규로 생성하고 다음 검색어를 입력한다.

```
index="tutorial" sourcetype="secure-2" source!="tutorialdata.zip:./mailsv/secure.log"
| where match(mvindex(split(_raw, " "), 7), "^[Ff]ailed")
| eval user_id= if(match(mvindex(split(_raw, " "), 10), "invalid"), mvindex(split(_raw,
" "), 12),mvindex(split(_raw, " "), 10))
| eval user_ip= if(match(mvindex(split(_raw, " "), 10), "invalid"), mvindex(split(_raw,
" "), 14),mvindex(split(_raw, " "), 12))
| top user_id showperc=false limit=5
| fields - _tc
```

예제 데이터에서 로그인 관련 로그는 sourcetype이 secure-2라는 파일에 저장돼 있다. 총 4개의 파일이 secure-2라는 소스 타입이 설정돼 있지만, 4개 중에 1개의 파일은 메일 서버의 로그인 정보를 포함하고 있다. 이 패널은 홈페이지 로그인만 검사하므로 해당 파일을 다음의 SPL문을 이용해서 검색에서 제외했다.

```
source!="tutorialdata.zip:./mailsv/secure.log"
```

나머지 검색어를 이해하려면 원본 로그의 형식을 알아야 한다.

```
Wed Jul 17 2024 17:15:45 www2 sshd[5755]: Failed password for invalid user zabbix from
117.21.246.164 port 2436 ssh2
```

원본 로그는 모두 띄어쓰기(스페이스)로 구분돼 있다. 우리가 주목할 정보는 계정명, 접속지인 IP 주소다. 해당 로그에는 이 정보만이 아니라 다른 로그도 포함돼 있기 때문에 우리가 원하는 로그는 실패를 의미하는 Failed를 포함한 로그를 추출하려고 한다.

```
| where match(mvindex(split(_raw, " "), 7), "^[Ff]ailed")
```

위의 검색어는 원본 로그(_raw)를 띄어쓰기로 분류해서 8번째 필드의 값이 Failed인지를 검사한다. mvindex() 함수는 0번부터 인덱스 값이 시작하므로 7이면 8번째를 의미한다.

match 함수는 해당 값을 정규 표현방식으로 검사한다. 그래서 대소문자를 명확하게 구분한다. Failed와 failed를 모두 검사하기 위해서 [Ff]로 설정했고 이 조합으로 시작해야 하므로 ^를 지정했다.

```
| eval user_id= if(match(mvindex(split(_raw, " "), 10), "invalid"), mvindex(split(_raw,
" "), 12),mvindex(split(_raw, " "), 10))
```

원본 로그에서 11번째 항목이 invalid라면 13번째를 추출하고, 그렇지 않으면 11번째
를 추출해 user_id에 할당한다.

```
| eval user_ip= if(match(mvindex(split(_raw, " "), 10), "invalid"), mvindex(split(_raw,
" "), 14),mvindex(split(_raw, " "), 12))
```

원본 로그에서 11번째 항목이 invalid라면 15번째를 추출하고, 그렇지 않으면 13번째
를 추출해 user_ip에 할당한다.

```
| top user_id showperc=false limit=5
```

이후 가장 많은 사용자 5명을 top 명령어로 추출한다.

```
| fields - _tc
```

top 명령을 수행하면 테이블에서 전체 숫자를 의미하는 _tc 필드가 자동으로 보인다. 이
숫자는 테이블에서 필요가 없기 때문에 해당 필드를 제거한다.

메일 서버 로그인 실패 계정

홈페이지 로그인 실패와 메일 서버 로그인 실패는 검색어가 완전히 동일하다. 다른 점
은 검색 대상인 로그 파일만 다르다. 이전에는 메일 서버의 로그를 제외하고 검색했지
만 이제는 메일 서버의 로그만 검색해야 한다. 이렇게 모든 상황이 유사하다면 새로 만
드는 것보다 기존 것을 복사해 수정하는 것이 더 편리하다.

대시보드 편집모드에서 웹 서버 로그인 실패 계정 패널에 마우스를 올리면 데이터 아래
에 그림 4-47과 같은 아이콘 그룹이 보인다.

그림 4-47 패널 관리용 아이콘

가장 왼쪽 아이콘은 패널과 이미지와 같은 객체 간에 겹침 순서를 조정할 수 있다. 파워포인트의 슬라이드 작업에서 객체 간에 앞, 뒤로 조정해서 겹침 효과를 조정하는 것과 동일하다.

가운데 아이콘은 해당 패널을 복사하는 것이며, 가장 오른쪽 아이콘은 패널을 삭제할 때 사용한다.

이제 웹 서버 로그인 실패 계정에서 가운데 아이콘을 클릭해 복사본을 만든다. 복사본 생성 후 패널을 배치하고 제목을 메일 서버 로그인 실패 계정으로 변경한다.

데이터 원본을 변경하는 것은 매우 중요하다. copy 1으로 끝나는 복제 데이터 원본의 연필 모양의 수정 버튼을 클릭한다.

SPL 쿼리에서 변경할 부분은 다음과 같다.

◎ **변경 전**

```
index="tutorial" sourcetype="secure-2" source!="tutorialdata.zip:./mailsv/secure.log"
```

◎ **변경 후**

```
index="tutorial" sourcetype="secure-2" source="tutorialdata.zip:./mailsv/secure.log"
```

source 필드에서 !를 제거하는 것으로 변경이 종료된다. 홈페이지 검색에서는 메일서버를 포함시키지 않았고, 메일 서버 검색에서는 메일 서버만 포함시킨 것이다.

데이터 원본을 적용하면 달라진 데이터가 테이블에 반영된다.

비정상 접근 현황

비정상 접근은 홈페이지에 접근한 사용자가 요청하는 상태가 일반적인 웹 서버 접근과 다르다는 것을 보여주는 패널로 작성한다. 웹 서버 로그에서 상태코드를 사용한다. 구매 이력에서 상태코드가 200인 로그를 보았다면 비정상 접근은 200이 아닌 것을 위주로 살펴보면 비정상 접근을 파악할 수 있다.

비정상 접근 역시 시간대별로 정보를 파악할 수 있게 작성한다. 여기서는 세로 막대 그래프를 이용해서 표현해보자.

차트에서 Column을 선택하고 로그인 실패 계정 밑에 위치시킨다. 제목에는 '홈페이지 비정상 접근 현황'이라고 입력한다. 데이터 원본에서 검색어는 다음과 입력한다.

```
index=tutorial sourcetype="access_combined_wcookie" (status=4* OR status=5*)
| chart count over action by status
```

검색어는 생각보다 단순하다. 상태코드가 400계열 또는 500계열을 검색한다.

```
| chart count over action by status
```

chart 명령어는 두 필드를 기반으로 피벗 연산이 가능해 유용한 결과를 보여준다. 이 명령어는 action 필드 값을 기준으로 각 status 필드 종류별 개수를 반환한다.

이런 유형의 데이터는 스택형 막대그래프로 표현하는 것이 가장 가독성이 좋다.

이제 해당 패널의 설정을 마무리하자. 데이터 원본을 저장하고 패널 설정창으로 돌아와서 다음 항목들을 추가로 설정한다.

- **데이터 표시**: 정적 모드 – 스택형
- **데이터 값 표시**: *끄기*
- **마우스 오버 시 툴 팁 표시**: 선택
- **범례**: 범례 표시 – 위, 범례 모드 – 표준

마지막 패널의 모든 설정을 완료하고 대시보드의 **저장** 버튼을 클릭한다. 저장의 왼쪽에 위치한 **보기**를 클릭하면 완성된 대시보드를 볼 수 있다. 완성된 예제는 그림 4-48과 동일한 것을 확인할 수 있다.

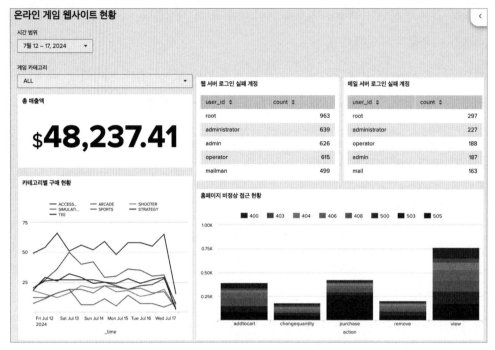

그림 4-48 완성된 대시보드

4.5 요약

지금까지 보고서, 대시보드를 알아보고 입력 값에 따른 동적 대시보드 설정도 살펴봤다. 입력 컨트롤에서 토큰으로 지정한 값을 $로 감싸면 사용자가 사용할 수 있는 변수로 동작하며 어떤 입력 컨트롤이더라도 똑같이 적용된다. 다양한 입력 값을 사용해 동적 대시보드를 사용한다면 사용자에게 더 편리한 대시보드 화면을 제공할 수 있다.

Splunk의 새로운 기능인 대시보드 스튜디오가 제공하는 기능을 살펴봤다. 이후 대시보드 스튜디오가 제공하는 기능을 이용해 예제를 만들어봤다. 5장에서는 이러한 기능을 이용해서 전용 SIEM을 만들어보도록 한다.

SIEM이란?

5.1 소개

5장에서는 SIEM을 알아본다. 기존 보안 장비의 로그를 수집하는 방법과 SIEM은 어떤 차이가 있는가? 또한 SIEM이 보유해야 하는 필수 기능을 살펴보고 필수 기능이 필요한 이유를 살펴본다. 필수 기능이 Splunk에서 어떤 방식으로 적용하는지를 살펴본다.

5장을 학습하면 다음 항목을 이해할 수 있다.

- SIEM의 특징, 주요 기능
- 로그 수집 전략, 로그 수집 용량 산정
- 수집 및 분석 대상의 로그 선정 방식
- Splunk를 활용한 SIEM 구축 방안

5.2 SIEM의 이해

5.2.1 SIEM의 정의

SIEM은 보안 관련 정보를 관리하는 보안 도구다. 로그를 정규화하고 원하는 로그를 수집할 수 있도록 필터링할 수 있으며, 상관분석 등 다양한 로그 분석을 가능하게 한다. 많은 운영 이벤트, 경고, 대응, 분석을 통합 관리할 수 있다. SIEM은 하드웨어 혹은 소프트웨어나 가상 시스템 형식으로 구현할 수 있으며, 구축 방식은 제조사마다 다르다.

SIEM의 가장 범용적인 정의 두 가지를 살펴보자.

> 보안 정보 관리^{Security Information}와 보안 이벤트 관리^{Security Event Management}를 통합한 소프트웨어 제품이다. SIEM은 앱과 네트워크 하드웨어 등이 생산한 보안 경보의 실시간 분석을 제공한다.[1]

유명한 네트워크 및 보안 회사인 주니퍼^{Juniper}는 다음과 같이 정의한다.

> SIEM 소프트웨어는 네트워크 경계부터 최종 사용자까지 로그를 중앙에 수집, 저장, 분석한다. SIEM은 통합된 보안 보고와 컴플라이언스 관리를 통해 신속한 공격 탐지, 차단과 대응을 위해 실시간으로 보안 위협을 모니터링한다.[2]

위키^{Wiki}는 SIEM의 로그 분석 기능에 초점을 두고 있다. 반면 주니퍼의 정의는 네트워크 전 계층의 로그를 수집, 관리와 분석까지 말하고 있다. 두 정의에 모두 실시간^{real-time}으로 수집과 분석을 표현하는 것을 보면, 다양한 보안 위협을 중앙으로 수집하고 이를 매우 빠르게 분석해서 보안 위협을 무력화시키는 것이 SIEM의 가장 큰 목표라고 할 수 있다.

실시간이라는 용어를 고민해보자. 실시간이라는 것은 어느 정도 값이어야 할까? 대부분 사용자는 실시간이란 발생 즉시로 생각한다. 즉, 보안 이상징후가 발생하는 즉시 탐지

---

1 https://en.wikipedia.org/wiki/Security_information_and_event_management

2 https://www.juniper.net/us/en/products-services/what-is/siem/

하고, 대응할 수 있어야 한다. 보안 위협 발생 즉시 곧바로 탐지하고, 위협까지 제거한다면 대단히 효과적인 대응 방안이다. 그리고 모든 보안 담당자가 원하는 내용이기도 하다. 문제는 모든 보안 위협의 탐지가 과연 가능한가다. 또한 탐지한 내역이 오탐이 아닌 100% 정확한 탐지일까?

탐지는 정보보안 분야에서 가장 어려운 분야이면서도 대표적으로 부정확한 분야이기 때문이다. 이런 이유로 탐지와 대응의 완전한 자동화는 분명히 한계가 존재한다. 지금도 수많은 보안 전문가가 이런 오류를 조금이라도 감소시키기 위해 많은 노력을 하고 있다.

5.2.2 주요 기능

SIEM의 주요 기능은 다양한 이기종 장비에서 발생하는 로그를 통합 수집하고 네트워크, 보안, 사용자 행위를 모니터링해서 보안활동에 도움을 주는 것이다. 이렇게 방대하고 다양한 소스에서 수집하는 로그를 수작업으로 관리, 점검하는 것은 매우 비효율적이고, 분석 속도도 느리며 사용자의 실수가 자주 발생할 수 있다. 그 결과 신속하고 정확성을 요구하는 보안 운영에 나쁜 영향을 줄 수 있다.

최근 많은 보안 장비가 하드웨어 장비에 탑재된 전용 장비로 운영되는 중이다. 이런 장비의 문제는 소규모의 로그 저장 장치만을 갖추고 있어서 매우 빠르게 과거 로그가 새 로그로 덮어 써진다는 것이다. 그러므로 장비 외부에 로그를 보관하지 않는다면 보안 문제를 해결할 방법 역시 영원히 사라질 것이다.

로그를 수집하고 관리하는 것이 SIEM의 가장 중요한 기능이므로, SIEM을 운영하는 사용자는 어떤 로그가 자신의 운영 환경에서 생성되는지 그리고 생성된 로그를 어떻게 추출하고 SIEM으로 전송해서 수집해야 할 것인지를 아는 것 역시 매우 중요하다. 예를 들어, 하드웨어 일체형 방화벽 장비를 운용하고 있다면, 해당 방화벽에서 어떤 로그를 저장하고 있는지, 외부로 로그를 전송할 수는 있는지, 저장하고 있는 로그 형식은 무엇인지 등을 알고 있어야 한다. 이런 정보는 장비 제조사가 제공하는 운영설명서에서 찾을 수 있다.

로그를 분석해서 보호 대상의 전산 환경에 발생하는 문제, 각종 공격과 정책의 위반을 탐지하는 것 역시 SIEM의 주요 기능이라고 할 수 있다.

SIEM에서 탐지하는 사안은 사전에 설정한 규칙이나 조건에 맞을 때 발생한다. 이러한 탐지 규칙은 임곗값을 초과하거나 통계 기반의 사용자 행위를 분석하는 복잡한 방법 등에 사용된다. 임곗값은 대부분 과거의 정보를 분석해서 추출하는 정책을 사용하고 사용자 행위에서는 비정상적인 사용자 형태를 탐지하는 방법을 사용한다. 당연한 얘기지만 SIEM은 두 가지 방식의 규칙을 모두 적용할 수 있어야 한다.

경고[alert]도 SIEM을 얘기할 때 빼놓을 수 없다. 경고란 보안 담당자의 검토가 필요하다는 의미이고 자동 기능으로 편리한 운영을 제공한다. SIEM이 정책 위반을 탐지하면 곧 경고를 생성하고 보안 담당자에게 통보한다. 경고를 발생시키는 정책은 SIEM을 운영하는 기업이나 기관의 관심 사안에 따라 다르다. 즉, 정책은 조직이 처한 특정 문제 또는 운영 시나리오의 일부일 수 있다. 다양한 소스에서 로그를 수집하고 분석한 후 다음에 정해진 규칙에 따라 경고를 발령한다. 경고는 중요도를 부여할 수 있어야 하며 중요도는 해당 경고를 향후 상세 분석을 할 것인지를 결정하는 기준으로 사용할 수 있다.

마지막으로 보고서 생성을 들 수 있다. SIEM은 수많은 로그를 수집하고 분석하면서 탐지와 경고에 최적화된 로그를 생성한다. 이러한 로그는 보고서로 변환될 수 있다. 얼마나 많은 접속이 발생했는가? 가장 많은 접속을 일으키는 호스트는 어떤 것인가? 가장 많은 데이터를 인터넷으로 전송한 내부 호스트는 무엇인가? 그리고 그 호스트를 사용하는 사용자는 누구인가? 이렇듯 탐지 규칙은 보안 이상징후 보고서로 활용할 수 있다. 보안 보고서 외에도 네트워크 현황, 호스트 현황 등의 보고서는 자산의 현행을 파악하는 데도 훌륭한 근거 자료로 활용할 수 있다.

5.2.3 구성 요소

SIEM은 하나의 단일 프로그램으로 구성되지 않는다. 앞서도 얘기했듯이 각종 이 기종 장비로부터 로그를 수집하고, 수집한 로그를 색인, 검색, 사전 설정 규칙에 맞춰서 분석하는 등, 다양한 기능을 포함하기 때문이다. 대부분의 SIEM은 수집, 색인, 검색, 경고 기능으로 구성되고, 수집개소가 많은 환경을 고려해서 중간 계층의 로그 통합 기능을 포함한다. 대량 환경 구성을 지원하기 위해서 동일 SIEM 서버를 엮는 클러스터링 기능을 제공하기도 한다.

로그 수집은 SIEM의 가장 첫 번째 단계다. 로그 없는 분석은 불가능하기 때문이다. 그림 5-1에서 로그 통합 계층은 선택사항이다. 소규모인 경우 수집 로그는 Splunk 색인시스템에 직접 저장할 수 있지만 대규모 환경에서는 수집의 안정성을 고려해 로그 통합 계층을 별도로 구축하는 것을 권고한다.

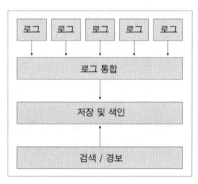

그림 5-1 SIEM 구성과 동작 방식

그 이유는 다음과 같다.

- **분석 성능 확보**: 대용량 수집 환경에서 SIEM이 수집과 분석을 동시에 수행하는 경우 분석 성능 저하를 예상할 수 있다.
- **접근통제 정책 간소화**: 많은 호스트에서 SIEM으로 접속하는 보안 정책을 간소화시킬 수 있다.
- **로그 수집 안정성 강화**: SIEM 서버 점검 중에도 로그를 중단 없이 수집할 수 있다.

로그 통합 기능은 리눅스에서 기본으로 제공하는 syslog를 활용할 수 있다. syslog는 전송과 수신을 모두 할 수 있다. 그러므로 리눅스와 유닉스를 운영체제로 사용하는 서버 또는 리눅스 기반의 하드웨어 장비는 이 기능을 이용해서 로그를 외부로 전송할 수 있다.

반면 윈도우 운영체제는 저장 로그를 외부로 전송하는 syslog와 같은 기능이 없다. 그러므로 별도의 앱을 설치해서 로그를 외부로 전송해야 한다. 다행히 대부분의 SIEM 제조사는 윈도우 로그 수집을 위한 전용 프로그램을 제공하므로 이를 걱정할 필요는 없다. Splunk 역시 Splunk 유니버셜 포워더^{Splunk Universal Forwarder}라는 로그 수집 프로그램을 제공한다. 이 프로그램은 나중에 자세히 살펴볼 것이다.

syslog를 이용해서 직접 색인시스템으로 전송하는 방식과 전용 수집 프로그램을 이용해서 수집하는 방법은 각각의 장단점이 존재한다.

우선 syslog를 이용하는 방법의 장점으로는 로그 생성 계층에서 전용 수집 프로그램의 설치가 필요 없다는 점이다. 규모가 큰 전산환경에서는 특정 기능의 프로그램을 모든 운영 서버에 별도로 추가한다는 것이 결코 쉬운 일이 아니다. 운영체제에서 기본으로 제공하는 프로그램을 사용한다면 빠른 환경설정이 가능하고 유지보수가 용이하다는 장점이 있다. 이미 안정성이 검증됐다는 점 역시 무시 못할 장점이다.

단점으로는 syslog가 보내는 정보량에 한계가 있다. 그리고 syslog는 UDP를 이용하기 때문에 전송 과정의 신뢰성을 보장할 수 없다. 네트워크가 불안정하면 전송과정에서 데이터가 유실될 가능성이 존재한다.

전용 프로그램을 이용해서 데이터를 수집하는 방식의 장점은 로그 처리에 다양한 유연성이 가능하다는 것이다. 저장한 로그는 전용 프로그램이 중앙으로 전송하는 방식을 취하므로, 전용 프로그램의 장애가 발생해도 원본 로그는 저장돼 있다는 점이다.

단점으로는 전용 프로그램의 관리가 어렵다는 점이다. 내부 사용자의 PC에 전용 프로그램을 설치해서 수집한다고 가정해보면 사용자의 수만큼 관리 대상이 신설된다는 의미이므로 자동화가 미비한 전산환경에서는 관리자의 업무 부담이 커질 수 있다.

또한 전용 프로그램 자체가 공격 대상이 될 수 있으며, 수집 프로그램이 손상되거나 오동작하는 경우를 고려해서 운영해야 한다는 점이다. 어느 방식이나 장점과 단점이 존재하므로 보안관리자는 두 방법 중 가장 유리한 방법을 선택해야 한다.

SIEM을 구축하는 경우에는 두 방식 중에 하나를 선택하는 것이 아니라 두 방식을 모두 사용해야 하는 경우가 대부분이다.

네트워크 장비인 라우터, 스위치 그리고 네트워크 보안 장비의 대표격인 방화벽은 생성된 데이터를 네트워크로 전송하는 기능이 있다. 네트워크 장비는 대부분 하드웨어 일체형으로 구성돼 있어 전용 수집 프로그램을 설치할 수 없기 때문이다.

반면 사용자 PC는 윈도우 계열인 경우가 대부분이다. 잘 알다시피 윈도우는 외부로 로그를 전송하는 기능이 없다. 다행인 것은 전용 프로그램 설치가 어렵지 않다는 것이다. 그래서 서버나 PC는 전용 프로그램을 설치해서 수집하는 방식을 주로 사용한다.

SIEM을 설계하는 보안 담당자는 특정 방식을 고수할 것이 아니라 수집 대상이 지원하는 다양한 방식을 SIEM에서 어떻게 수용할 것인지를 고민해야 한다. 그러므로 SIEM 자체가 다양한 수집 방식을 지원해야 하며, 상용 SIEM이나 오픈소스를 사용한다고 하더라도 이 기능을 충분히 검토해야 한다. Splunk는 앞서 설명한 두 방식을 모두 수용할 수 있으며 환경설정도 매우 간편하기 때문에 훌륭한 SIEM 구축 도구로 활용할 수 있다. 또한 원격에서 로그를 수집할 수 있는 전용 프로그램인 유니버설 포워더를 별도 비용 없이 무제한 사용할 수 있다는 것은 큰 장점이다.

5.3 SIEM 구축

5.3.1 구축 전 고려사항

SIEM을 구축하는 것은 단순히 하나의 보안 장비를 운용하는 것이 아니다. 이전부터 운용 중인 모든 보안 장비의 로그를 SIEM에 저장함으로써 통합화를 추진할 수 있고, 수집된 로그를 자동 분석할 수 있는 자동화 기능과 대시보드를 이용한 시각화를 동시에 구축할 수 있게 된다. 이런 다양한 기능을 기업에서 제대로 활용하려면 어떠한 기능을 가진 SIEM을 도입할 것인지 충분히 고려해야 한다. 다음 항목은 SIEM 선택에 도움을 주는 내용이다.

단일 기능의 SIEM을 도입하지 않기

SIEM은 로그 수집과 분석, 경고 발생, 대시보드 구성 등 다양한 기능이 필요하다. 그리고 많은 이기종 장비에서 발생하는 비정형 로그를 수집할 수 있도록 유연성이 뛰어나야 한다. 로그 수집에 강점이 있거나 혹은 로그 분석에 강점이 있는 제품이 존재할 수 있다. SIEM은 보안 로그 분석 기능과 향후 새로이 등장할 수 있는 보안 장비의 로그를 수집하는 확장성을 반드시 고려해야 한다.

SIEM을 통해 얻고자 하는 것 확인하기

관리자는 SIEM에서 수집하는 데이터에서 어떤 항목을 보고 싶은지를 사전에 정의해야 한다. 대부분 이런 내용은 시나리오, 보안 규칙, 탐지 규칙, 보안 정책 등 다양한 이름으로 불린다. 예를 들어 외부로 데이터를 많이 전송하는 사용자를 탐지한다, 토렌토를 사용하는 내부 사용자를 탐지한다 등의 보안 규칙을 먼저 정의해야 한다.

그리고 해당 목적을 달성하려면 어떤 정보가 필요한지 목록화하고 해당 정보를 포함한 로그를 SIEM 환경으로 수집해야 하는 것을 명확하게 목록화해야 한다. 이때 SIEM이 이러한 정보의 수집과 분석이 가능한지 판단해야 한다. 예를 들어, 외부로 데이터를 많이 전송하는 사용자를 탐지하는 데 필요한 정보는 다음과 같다.

시간, 사용자 정보, 목적지 IP 주소, 외부 전송 데이터 용량

위의 정보가 포함된 로그는 방화벽, 웹 프록시, 플로우 등이 있다. 관리자는 여러 소스에서 수집 대상을 결정할 수 있다. SIEM은 여러 소스에서 제한 없이 로그를 수집할 수 있어야 하고 시간별 데이터 총량을 구하는 총합 기능, 사용자별로 총합을 구하는 분류 기능 등을 제공해야 한다.

외부 위협정보 활용 필수

외부 위협정보는 이미 악성이나 위협으로 분류된 일종의 정답지와 같은 역할을 한다. 이런 위협정보를 지속적으로 업데이트하면서 SIEM에서 수집한 정보와 비교 분석을 수행하는 것은 보안 위협의 사전 차단에 많은 도움을 준다. PC에 설치한 백신이 악성코드 패턴 목록을 지속해서 업데이트하는 것과 같은 원리다.

관리자가 SIEM을 운영할 때 이 기능을 활용할 것을 강력하게 권고한다. 이를 위해서 SIEM은 로그 분석 결과를 외부 위협정보와 비교하는 기능을 가져야 한다. Splunk는 룩업이라는 아주 매력적인 기능을 제공하며, 이를 간단하게 구현할 수 있다.

이 세 가지 외에도 SIEM을 도입하기 전에 고려해야 하는 많은 항목이 있다. 탐지규칙 설정의 용이성, 경고 설정의 용이성, 다양한 경고 전송 기법, 편리한 시각화 구현 제공 등이 대표적인 예다. 이러한 항목에서 관리자가 사용하기 편리하고 기능 완성도가 높은 제품을 선정해야 한다.

5.3.2 로그 수집 전략

로그를 수집할 때 syslog를 사용하는 방법과 전용 수집 프로그램을 사용하는 방법을 알아봤다. 여기에서는 개별 수집 외에 네트워크 구간에서 통합해서 수집하는 방안을 살펴본다. 개별 수집 프로그램이나 syslog를 이용해서 로그를 전송하고 수집하는 방법은 다중 지점 수집 방법으로 볼 수 있다. 이 방식은 내부에서 운영하는 앱이 개별적으로 로그를 전송한다. 즉, DNS 서버는 DNS 관련 데이터를 생성하고, 메일 서버는 메일, 웹 서버는 웹 접속 로그를 생성하기 때문에 데이터의 의미를 부여하고자 개별적으로 데이터를 수집한다. 그림 5-2는 이러한 방식을 보여준다.

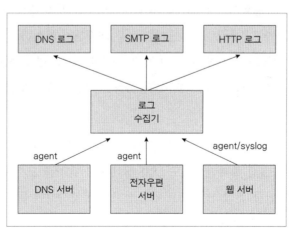

그림 5-2 다중 지점 로그 수집 방안

장점	단점
• 이해하기 쉽다. • 단순한 구축이 가능하다. • 네트워크 구조에 비의존적이다.	• 시스템 관리가 어렵다. • 관리자가 아는 항목만 수집한다. • 별도 서비스마다 수집해야 한다. • 서비스별 로그 형식이 다르다.

이와 달리 그림 5-3은 단일 지점 수집 구성을 보여준다.

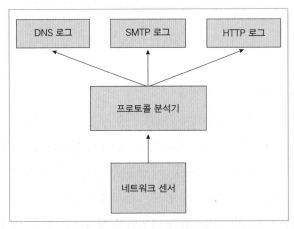

그림 5-3 단일 지점 로그 수집 방식

단일 지점 수집 방식은 네트워크 센서에서 트래픽을 직접 입력받아 로그를 생성하고 이를 색인시스템으로 전송한다. 네트워크 센서는 프로토콜 분석까지 수행하고 서비스별 로그를 생성한다. 그러므로 네트워크 센서는 응용 계층까지 분석하는 기능이 반드시 제공돼야 한다. 오픈소스 Zeek는 이 기능에 가장 충실한 프로그램 중 하나로 네트워크 트래픽을 입력받아 응용 프로토콜의 헤더까지 분석한 다음에 프로토콜별로 로그 파일을 생성한다.

다중 지점 수집이 DNS 서버, 메일 서버, 웹 서버와 같은 응용 서버에서 로그를 각각 수집했다면 Zeek 프로그램 하나만으로도 DNS, SMTP, HTTP를 모두 분석할 수 있어 관리자 입장에서는 대단히 편리하다. 네트워크 센서를 설치하려면 네트워크의 구성을 변경해야 하는 경우도 발생할 수 있다.

장점	단점
• 네트워크를 지나는 모든 데이터를 로그로 생성할 수 있다. • 다수 서비스를 단일 센서로 처리한다. • 생성 로그 형식이 동일하다. • 로그를 위해서 서비스를 변경할 필요가 없다.	• 네트워크 가시성을 이해해야 한다. • 네트워크 트래픽 처리를 위한 추가 서버가 필요하다. • 네트워크 가시성은 복잡도를 증가시킨다.

SIEM은 로그를 수집하고 분석한 후에 경고를 발생하는 소프트웨어 기능이 있다. 그렇다면 분석을 위한 데이터를 수집해야 한다. 분석 대상인 데이터는 어떻게 수집해야 하는가?

기본적으로 데이터를 보유하는 것에 대한 준수사항이 존재하는지 확인해야 한다. 운영하는 전산 시스템이 특정 컴플라이언스에 해당하면 IT 운영 담당자는 제도에 맞춰 로그를 수집하고 보관하기 때문이다. 컴플라이언스를 준수한다는 용어를 많이 사용한다.

컴플라이언스에서 제시하는 보유 기간은 최소 기간을 의미한다. 그러므로 각 보유 기간보다 더 길게 보관해도 전혀 문제가 되지 않는다. 컴플라이언스는 보유 기간을 정하는 것에 추가로 수집 범위도 제시하기 때문에 이를 적용해 수집할 수 있다. 개별 컴플라이언스에 특별히 적용받지 않는다면 다음과 같은 수집 방법을 고려할 수 있다.

- **입력 기반 수집**: 발생하는 모든 로그를 수집한다.
- **출력 기반 수집**: 오직 분석에 필요한 로그만을 수집한다.
- **하이브리드 수집**: 발생하는 모든 로그를 수집하지만 당장 분석하지 않는 데이터는 자동으로 제거한다.

입력 기반 수집의 장점으로는 발생하는 모든 로그를 수집하므로 다양한 관점의 분석이 가능하다는 점이다.

하지만 모든 로그가 수집되므로 양이 방대해서 원하는 내용을 쉽게 찾기가 어렵다는 단점이 있다. 또한 검색 응답이 느릴 수 있으며 운영에 많은 비용이 필요하다.

출력 기반 수집은 보안 담당자가 인지하는 사안에 집중할 수 있는 점과 입력 기반에 비해서 상대적으로 비용이 저렴하다는 장점이 있다. 그리고 입력 기반 수집보다 상대적으로 로그가 적으므로 검색 성능을 높일 수 있다.

단점으로는 담당자가 인지하지 못하면 로그 수집 자체가 불가능하다. 즉, 로그 미수집은 미탐지 영역으로 남을 수 있다.

하이브리드 기반 수집/분석은 당장 분석 대상이 아니라도 데이터를 보관해서 향후 분석을 할 수 있다. 지속적인 관리와 유지보수가 필요해서 비용이 발생한다.

해당 IT 시스템 관리자가 정답을 찾아야 한다. 이 말은 각자의 환경에 맞게 데이터 수집 전략을 수립해야 한다는 의미다.

수집 범위, 대상

안타깝게도 수집 대상 로그를 선택하는 것은 어디에나 적용할 수 있는 정답이 존재하지 않는다. 기업마다 운영하는 보안 장비가 다르고, 네트워크 구조가 모두 다르기 때문이다. 로그 수집의 선택사항 중 가장 첫 번째는 관련 제도, 규제를 들 수 있다. 각 규제나 제도마다 컴플라이언스는 로그 종류와 저장 기간을 명시하기 때문이다.

분석을 위한 로그는 많이 수집할수록 좋다. 그 이유는 각 영역, 보안 장비가 담당하는 계층을 상세하게 모니터링할 수 있기 때문이다. 로그가 없으면 상황을 파악할 수 없으므로 탐지도 불가능하다.

SIEM의 원본 수집 대상은 정해진 것이 없지만 보안 담당자는 다음 목록을 참고할 수 있다.

- **운영체제**: 윈도우, 리눅스, 유닉스, 임베디드 장비, IoT 디바이스
- **네트워크 장비**: 라우터, L4, L3, L2 스위치
- **네트워크 보안 장비**: 방화벽, IDS/IPS, VPN
- **호스트 보안 장비**: 백신 프로그램, 데이터 유출 방지, PC 보안
- **앱**: 웹 서버, 웹 프록시, 데이터베이스, 보안 운영체제
- **취약점 스캐너**: 네트워크 스캐너, 호스트 스캐너, 웹 스캐너
- **무결성 점검**: 파일 무결성, 소스코드 무결성 스캐너

수집 로그 용량 산정

수집 데이터 용량은 SIEM 저장 공간과 시간별 수집 규모를 설계하기 위해 필요하다. IT에서 수집 로그 용량을 산정하는 방식은 EPS$^{Event Per Second}$를 가장 많이 사용한다. 용어에서 알 수 있듯이 초당 얼마나 많은 이벤트가 생성되는지 계산한다.

이벤트는 로그의 개별 단위로서 보통 새로운 줄 구분자 또는 로그 시간 정보로 구별한다. 하지만 이 단위가 절대적인 것은 아니다. 나중에 살펴보겠지만 리눅스의 경우 로그가 줄 단위로 저장되는 것에 반해 윈도우는 XML 태그를 이용해서 하나의 이벤트를 여러 줄에 걸쳐서 저장하기 때문이다. SIEM의 분석 대상은 수집하는 개별 이벤트 모두다. SIEM은 수집 대상의 EPS보다 충분한 여유를 갖고 대응할 수 있어야 한다.

만일 SIEM 서버가 수집해야 하는 EPS에 비해 적은 수집 능력을 보유하고 있다면 로그의 유실이 발생할 수 있으므로 수집 서버를 증설해야 한다. 반대로 분석 능력이 부족한 경우 계산 노드를 증설해 실시간 분석 능력을 확보해야 한다.

EPS 계산은 생각보다 그렇게 복잡하지는 않다. 로그 수집 서버가 하루에 100만 줄의 로그를 수신할 수 있다면 EPS는 간단한 수식으로 구할 수 있다.

```
1,000,000(EPD) / 86,400 = 11,574(EPS)
```

86,400은 하루 24시간을 초로 환산한 수다. 그러므로 EPD$^{Event Per Day}$를 86,400으로 나누기만 하면 손쉽게 EPS를 얻을 수 있다.

이 수치는 로그 수집량의 가장 기본적인 단위지만 안타깝게도 이런 방식이 실제 환경의 로그 생성량과 반드시 일치하지 않는다.

우선 모든 시스템에서 생성되는 로그는 매 초, 매 분 일정하게 생성되지 않는다. 하루 24시간 중에도 로그가 집중적으로 생성되는 시간이 있고 적게 생성되는 시간이 존재한다. 이렇게 로그 생성량이 시간마다 다른 이유는 기업의 업무시간, 사용자의 네트워크 사용 요인 때문이다.

그 예로, 기업의 업무망은 업무 시작 전 오전 8시 30분부터 네트워크 사용량이 서서히 증가하기 시작해서 업무가 종료되는 6시 이후를 기점으로 사용량이 줄어든다.

이러한 원리를 적용하면 기업에서 직원이 사용하는 업무망의 경우 밤 9시부터 다음 날 아침 7시까지는 사용량이 근무시간에 비해서 적다고 볼 수 있다.

그러므로 아침 9시부터 오후 6시까지 생성되는 로그의 양이 전체의 대부분을 차지하기 때문에 해당 시간 동안 생성된 로그의 양을 환산하는 방법을 차등 적용해야 할 것이다. 또 다른 고려사항은 최대 사용량이다. 보통 피크peak 값이라는 용어를 사용한다. 피크 값이란 오랜 시간에 걸쳐서 발생하는 것이 아니라 짧은 시간에 급격히 증가하는 사용량을 의미한다. 문제는 피크 값을 수용할 수 있는 시스템을 구성해야 한다는 것이다. 이런 현상을 보면 피크 값과 최솟값 차이가 적은 시스템이 용량 산정을 쉽게 할 수 있다.

두 값의 차이가 크다면 피크 값에 맞춰서 구축한 시스템이 많은 유휴시간을 갖게 되므로 하드웨어 자원을 효율적으로 사용하기 어렵다.

5.3.3 로그 검색 및 분석 전략

검색은 SIEM에서 이상징후를 탐지하거나 알려진 위협을 찾는 방법으로 매우 중요한 기능이다. 정보보안 분야에서 가장 어려운 것은 위협을 탐지하는 것이다. 최근에는 인공지능을 사용해서 위협을 탐지하는 기술이 많이 언급되고 있지만 아직 인간의 분석 능력을 대신하기는 어렵다. 현재는 숙련된 보안 담당자가 규칙을 생성하고 탐지 내역을 결정한 다음에 이를 자동화시키는 방법을 사용한다. 물론 언젠가는 인공지능이 이러한 일을 대체할 것이다.

보안 위협을 탐지하는 방법은 블랙리스트 탐지 방법, 화이트리스트 탐지 방법, 이상징후 탐지 방법 등 여러 가지가 있다.

우선 블랙리스트 탐지 방법은 지명수배범을 잡는 방법과 유사하다. 보안 문제가 있는 정보를 저장하고 그 정보에 일치하는 검색 결과를 찾는 것이다.

공격자가 감염 PC를 조종할 때 사용하는 명령제어C2, Command & Control 서버의 도메인 또는

IP 주소, 공격자가 배포하는 악성코드의 해시 값 등을 이용해서 탐지하는 방법이 대표적인 예라고 할 수 있다.

손쉽게 적용할 수 있고 탐지 결과가 정확하다는 장점이 존재하지만 블랙리스트 정보를 최신 상태로 유지해야만 그 효과를 기대할 수 있다. 그 외에 공격자의 우회가 쉽다는 것도 단점이 될 수 있다.

화이트리스트 탐지 방법은 보안 담당자가 안전하다고 지정한 것 외에는 모두 위협으로 탐지하는 방법이다. 이 정책을 사용하려면 보안 담당자는 보호 대상의 이해도가 대단히 높아야 한다. 그 이유는 안전한 것을 명확하게 지정해야 하기 때문이다. 명백히 허용하는 것 이외에는 모두 보안 위협으로 간주하므로 알려지거나 알려지지 않은 위협에 모두 대응할 수 있다는 장점이 있다. 보호 대상의 이해도가 높으므로 보안 문제 탐지는 매우 정확하다.

다만 항상 최신 정상 상태를 유지하기에 큰 비용과 노력이 든다는 단점이 있으며, 모든 데이터에 이 방식을 적용할 수는 없다. 웹 서비스를 제공하는 기업이 프로그램 자체의 취약점이 아니라 개발과정의 처리 절차의 문제점이 발생한다면 이 방식으로 보안 이상 탐지를 기대하기는 어렵다.

이상징후 탐지 방법은 화이트리스트 탐지 방법과 유사한 기법이라고 볼 수 있다. 정상 행위를 정의하고 이 정상 행위를 벗어나는 모든 행위를 탐지하는 것이다. 그러므로 이 기법을 적용하려면 반드시 정상이 무엇인지 먼저 알고 있어야 한다. 그래야만 정상의 범위에 속하지 않는 것을 비정상으로 분류할 수 있다. 또 다른 탐지 방법은 일반 사용자와 자동화 프로그램의 차이를 이용하는 것이다.

장점으로는 알려지지 않은 위협을 탐지할 수 있고, 사용자의 환경설정 오류 등도 탐지할 수 있다. 예를 들면 잘못된 방화벽 정책 적용으로 접속 포트가 개방되는 경우도 이상 징후로 판별할 수 있다.

단점으로는 생각보다 정상을 정의하기가 어렵다는 점이다. 또한 정상을 정의해도 수동 분석을 활용한 예외처리가 반드시 수반돼야 한다. 너무 엄격하게 정상을 정의하면 서비스 제공에 영향을 줄 수도 있다.

5.3.4 경고 구축 전략

경고는 사용자에게 다시 한번 검토해달라는 SIEM의 요청이다. 일반적으로 SIEM 관리자가 경고 발령 조건을 설정한다. 이후 검색 결과가 조건에 맞으면 경고를 발생시킨다.

경고를 생성시키는 조건은 다양하게 설정할 수 있어야 한다. 검색 결과가 일정 개수 이상 또는 1개 이상 나타나는 경우, 아니면 하나도 발생하지 않는 경우도 경고를 발령할 수 있으면 더욱 좋다. 일정 개수 이상 발생은 특정 악성코드에 감염된 PC의 수 등과 같이 보안 위협 사항에 주로 설정한다. 검색 결과가 하나도 나타나지 않는데도 경고를 발령해야 할까? 이런 경우는 로그 수집이 안 되는 사례를 들 수 있다. 최근 10분 내에 로그 수가 1개도 없다면 로그 수집이 제대로 동작하지 않는지를 살펴볼 필요가 있다.

이전보다 급증하는 경우, 또는 급감하는 경우도 경고로 설정할 수 있으며, 블랙리스트 기반 탐지와 같이 특정 정보와 일치할 때도 경고를 발령할 수 있다.

경고가 발생한다면 이를 관리자 또는 지정한 보안 담당자에게 통보하는 방법 역시 설정해야 한다. 가장 일반적인 방법은 이메일로 담당자에게 전송하는 방법이다. 최근 업무용 메신저의 발전으로 인해서 메신저에게 경고를 발령하는 방법도 많이 사용한다. 이 경우 해당 메신저가 API^{Application Programming Interface}를 제공해야 한다.

5.4 Splunk SIEM 구축 방안

지금까지 SIEM의 목적, 필요한 기능 등을 살펴봤다. 이제 독자는 수집, 분석, 경고가 SIEM의 핵심이라는 것을 충분히 이해했을 것이다. 그렇다면 이러한 핵심 기능을 Splunk로 어떻게 구현할 것인지 전략을 수립해보자.

5.4.1 로그 수집

SIEM에서 수집은 분석을 위한 기본 준비사항이다. 과거의 통합보안시스템^{ESM, Enterprise Security Management}이나 초기 SIEM은 로그를 데이터베이스에 저장했다. 이전에는 대용량 로그를 저장, 검색을 수행할 수 있는 시스템이 오라클, MS-SQL과 같은 관계형 데이터베이스밖에 없었기 때문이다.

수집한 로그를 데이터베이스에 저장하려면 반드시 거쳐야 하는 절차가 있다. 그것은 바로 로그 파싱이다. 데이터베이스는 로그 저장 공간으로 테이블이라는 데이터 구조를 미리 설정하고 이 구조에 맞춰서 로그를 입력해야 한다. 하지만 수집 로그는 테이블 정의에 맞춰서 전달되지 않으므로 테이블의 필드에 맞게 로그를 분할하고 입력 SQL문을 생성한 후에 테이블에 입력한다.

신규 로그가 원격 로그 수집 서버에 전송되면 수신 측은 필드별 분할 → SQL문 생성 → 테이블 입력을 무한 반복해야 한다. 문제는 입력만이 아니라 검색이나 경고를 위해서라도 데이터베이스는 계속 접근이 된다는 점이다. 데이터 정합성을 위해서 입력과정에서 테이블 잠금과 해제가 반복되고, 이는 검색 성능 저하를 가져온다.

신규 장비에서 로그를 입력받으려면 테이블을 먼저 생성하고 신규 로그를 파싱하는 규칙을 생성해야 한다. 그렇지 않으면 로그를 저장할 수 없다. 무시할 수 없는 부분이 하나 더 있다면 데이터베이스 라이선스 비용이다. 데이터베이스를 별도로 구입해야 하기 때문이다. 이는 자연스럽게 비용 증가로 연결된다.

Splunk를 이용해서 로그를 수집하면 이런 고민을 하지 않아도 된다. 우선 Splunk는 데이터를 저장할 때 테이블 기반 구조인 관계형 데이터베이스를 사용하지 않는다. 자체적인 파일 저장 시스템을 운영하고 있어서 추가 비용을 투입하지 않아도 된다.

Splunk는 로그를 저장할 때 필드별 파싱을 하지 않는다. 오히려 입력받은 로그 전체를 통째로 색인한다. 그리고 검색엔진처럼 찾고 싶은 단어를 입력하면 해당 단어가 포함된 로그를 찾아준다.

그렇다고 데이터베이스의 필드 연산처럼 특정 필드에 있는 값을 기준으로 검색할 수 없는 것은 아니다. Splunk는 이를 필드 추출이라 해서 인덱싱을 한 이후에 수행할 수 있다. 즉, 데이터베이스를 사용하는 시스템은 로그에서 필드별 값을 먼저 추출한 다음 데이터베이스에 입력했다면, Splunk는 데이터를 먼저 인덱싱하고 검색할 때 필드 기반 로그 검색 결과를 반환한다. Splunk에서 로그 수집은 데이터베이스 방식과는 다르게 동작한다고 할 수 있다.

syslog를 이용해서 Splunk로 직접 데이터를 전송할 수 있다. Splunk는 syslog로 전송되는 로그를 직접 수집할 수 있다. UDP/TCP를 모두 지원하고 수집 포트는 아주 간단하게 마우스 클릭 한 번으로 개방할 수 있다.

윈도우나 리눅스 서버의 로그를 수집하려면 Splunk에서 제공하는 Splunk 유니버셜 포워더를 이용하면 간단하게 로그를 수집할 수 있다. 이 프로그램은 Splunk 전용 로그 수집 프로그램이며, 추가 비용은 발생하지 않는다.

5.4.2 로그 검색/분석

수집한 데이터를 분석하는 일은 SIEM에서 큰 영역을 차지한다. 보안 담당자는 수집한 데이터에서 검색과 분석 기능으로 이상징후을 찾아야 하기 때문이다. 데이터베이스라면 SQL문을 써서 보안 담당자가 원하는 값을 추출해야 한다.

Splunk는 검색을 위해서 2장에서 살펴본 SPL^{Search Processing Language}을 제공한다. SQL문과는 달라 보이지만 사실은 비슷한 점이 많은 이 언어는 Splunk에서만 사용하는 검색 전용 언어다. 2장에서 많은 함수와 검색 방법, 필드 검색 등을 살펴봤다. 개인적인 의견으로는 SQL문보다 더 직관적이고 원하는 값을 찾을 때 쉽게 익힐 수 있어서 로그를 분석하는 데 큰 도움을 준다.

Splunk는 SPL을 저장해서 나중에 재사용할 수 있다. 지식 객체에서 살펴본 매크로를 이용하면 사용자의 입력을 받아서 조건부 검색을 수행할 수 있다.

검색과 분석은 엄연히 다른 기능이다. 그러면 Splunk에서 로그 분석은 어떻게 수행해야 할까? 검색된 결과를 갖고 각종 통계기능 함수를 이용해서 데이터를 분석할 수 있다. 필요한 경우 Splunk가 지원하는 머신러닝^{machine learning} 함수를 사용해서 분석할 수도 있다.

검색에서 파이프라인을 이용해서 복잡한 SPL을 구성하고 이를 저장해서 계속 재사용할 수 있는 것이다.

또 하나 중요한 것은 이렇게 저장한 SPL문은 대시보드나 보고서에서 그대로 사용할 수 있다는 점이다. 보안 담당자가 작성한 SPL문을 보고서로 저장해서 주간, 월간 같은 보고서에서 결과를 사용할 수 있다. 대시보드를 이용해서 시각화 패널을 구축하고 이를 보안 모니터링 화면에서도 그대로 사용할 수 있다.

이렇게 Splunk의 검색 기능은 분석을 넘어서 대시보드와 같은 시각화 작업까지 연결되므로 핵심 중의 핵심이라고 할 수 있다. 본인이 원하는 어떤 검색이라도 프로그래밍 언어 수준의 SPL이 지원하므로 Splunk는 SIEM을 구축하는 데 훌륭한 프로그램이라 할 수 있다.

5.4.3 경고

Splunk가 수집과 검색만을 지원하고 경고 기능을 지원하지 않는다면 SIEM으로 활용하는 것은 불가능할 것이다. 경고가 없다면 모든 이상징후는 담당자의 수동 작업에 의해서만 탐지되기 때문이다. 이렇게 비효율적인 일은 절대로 하지 말아야 한다.

Splunk는 검색을 기반으로 경고를 발령하는 기능을 지원한다. 이 기능의 핵심은 Splunk 기본 메뉴 구성에서도 알 수 있다. 검색과 경고가 동일한 수준의 메뉴이기 때문이다.

경고를 구성하는 방법 역시 검색에 연결돼 있다. 보안 담당자는 검색어를 작성하고 바로 경고로 저장할 수 있다. 경고는 주기적인 검사, 실시간 검사 등으로 설정할 수 있다. 보다 큼, 보다 작음 등 경고가 발생하는 여러 조건도 설정할 수 있어서 관리자는 다양한 환경에서 지정할 수 있다. 경고가 발령되면 이후 동작을 어떻게 진행할 것인지도 설정할 수 있다. 경고는 이메일로 담당자에게 전송할 수 있으며, Slack과 같은 메신저에게 탐지 내역을 전송할 수도 있다. 특정 스크립트를 실행시키거나 특정 HTTP 링크에 검색 결과를 POST 방식으로 전송할 수도 있다.

5.5 요약

지금까지 SIEM의 기본적인 내용을 살펴봤다. SIEM의 핵심 기능은 수집, 분석, 경고라고 할 수 있다. 어느 기능이 특별히 강조되는 것이 아니라 모든 기능이 균형 있게 동작해야 SIEM의 효과를 볼 수 있다. 그럼에도 로그 수집은 매우 중요하다. 로그가 없다면 SIEM은 분석도 경고도 할 수 없기 때문이다.

Splunk는 수집, 분석, 경고 기능을 모두 포함하고 있어 SIEM으로 운영하기에 최적의 프로그램이라고 할 수 있다. 6장에서는 SIEM의 핵심 기능인 로그 수집을 알아본다.

6

로그 수집

6.1 장 소개

6장에서는 SIEM의 가장 기본 기능인 로그 수집을 Splunk 관점에서 살펴본다. 수집 방법은 로그 위치에 따라 각기 다른 방식으로 Splunk에 적재한다. 우선 Splunk를 구동하는 서버에서 로그를 직접 수집하기도 하는데 Splunk는 이를 로컬 입력이라고 한다. 다른 곳에 위치한 로그를 수집하는 경우는 전달된 입력이라고 한다.

로컬 입력과 전달된 입력을 설정하는 법을 알아보고 실제 두 환경을 설정해본다. SIEM 구축을 위한 주요 정보로 네트워크 계층 로그를 생성할 수 있는 Zeek를 설치하고 로그를 추출해본다. 엔드포인트 계층 로그는 마이크로소프트에서 제공하는 Sysmon을 윈도우에 설치해서 로그를 수집한다.

원격 로그를 수집하는 경우 모두 Splunk가 지원하는 유니버셜 포워더를 이용해서 Splunk로 로그를 전송한다. 6장을 학습하면 다음 항목을 이해할 수 있다.

- Zeek 이해, 설치, 운영 및 네트워크 응용 계층 로그
- Sysmon 이해, 설치, 운영 및 윈도우 시스템 로그

- Splunk 유니버셜 포워더 설치 및 환경설정
- Splunk 로그 수집 방식, 환경설정

로그 수집을 생각하기 전에 수집 대상을 먼저 생각해보자. 수많은 전산 장비가 동작하지만, 로그의 분류는 크게 네트워크와 엔드포인트 두 종류로 구분할 수 있다. 네트워크 로그는 라우터, 스위치, 방화벽 등과 같이 네트워크 계층에서 로그를 수집하는 것이다. 엔드포인트 계층이란 하위 연결이 더 이상 없는 것을 말하며 일반적으로 PC, 서버 등을 얘기한다.

당연한 말이지만 보안 관점에서는 네트워크 계층과 엔드포인트 계층 로그를 모두 수집해야 공격자의 행위를 연계해서 추적할 수 있다. 두 계층의 로그는 다음과 같은 특징이 있다.

표 6-1 네트워크와 엔드포인트의 특징

네트워크	엔드포인트
비교적 소수의 장비 관리가 용이하다.	많은 수의 장비 관리가 어렵다.
데이터 접점이 적다.	데이터 접점이 많다.
암호화 패킷을 분석할 수 없다.	엔드포인트에서는 암호가 해제된다.

실습을 위해 네트워크와 엔드포인트 계층의 대표적인 오픈소스에서 추출한 로그를 그림 6-1과 같이 SplunK에 적재한다. 이후 이상징후를 추출하고 탐지해본다.

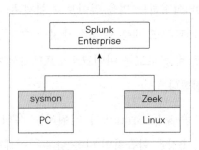

그림 6-1 실습 환경 구성

네트워크 계층의 로그는 오픈소스인 Zeek에서 수집한 로그를 사용한다. PC에서 발생하는 이벤트는 마이크로소프트에서 제공하는 Sysmon을 이용해서 추출한다. 이렇게 생성된 로그는 Splunk에서 제공하는 로그 수집 전용 프로그램인 유니버셜 포워더를 이용해서 Splunk 서버에 전송하고 적재할 것이다.

많은 기업은 방화벽, IPS^Intrusion Prevention System, 백신과 같은 보안 장비를 운영 중이다. 이런 하드웨어형 보안 장비가 생성하는 로그 역시 syslog를 이용해서 Splunk로 전송할 수 있다. 장비 로그를 Splunk로 전송하는 방법은 제조사마다 차이가 있다. 이 부분은 해당 장비 관리자에게 Splunk 서버의 IP 주소를 알려주고 로그전송 장비와 연동해서 해결해야한다. 먼저 네트워크 계층 로그를 생성하는 Zeek를 살펴보자.

6.2 Zeek

Zeek는 응용 프로토콜 수준에서 네트워크를 모니터링할 수 있는 오픈소스 프로그램이다. 다음 사이트(https://www.zeek.org)에서 프로그램을 다운로드할 수 있다. Zeek는 이전에 Bro라는 이름을 사용했으며, 분류도 침입 탐지 시스템이었다. 하지만 최근에는 프로토콜 분석기라는 이름을 더 많이 사용한다. Zeek는 네트워크 트래픽을 직접 입력받아서 프로토콜별로 텍스트 로그를 생성한다. IP 헤더와 TCP 헤더 부분은 공통 형식을 사용하고 서비스 계층인 응용 프로토콜은 각각의 헤더 정보를 저장한다. 이런 저장 방식은 분석가 입장에서 매우 편리한 방식이다. IP 주소와 TCP 헤더 부분이 항상 동일한 형식의 로그로 생성되므로 응용 프로토콜에서 추가된 헤더 필드만 관심을 가지면 되기 때문이다. Zeek는 많은 프로토콜을 분석하고 로그를 생성할 수 있다. 다음은 Zeek가 생성할 수 있는 프로토콜 목록이다.

Connection, DNS, FTP, SSH, HTTP, SSL, Files, IRC, RDP, SMTP, Software, X509, Kerberos 등

모든 프로토콜을 일일이 설명하는 것은 이 책의 범위를 벗어나므로 상세한 내용은 Zeek 홈페이지에 접속해서 관련 문서를 확인하자. 몇몇 프로토콜은 이후에 살펴보고, 우선 로그를 생성하기 위한 Zeek의 설정을 살펴보자.

6.2.1 Zeek 설치 및 운영

오픈소스인 Zeek는 그림 6-2 또는 그림 6-3의 방식으로 구성할 수 있다. 첫 번째 방법은 백본 스위치에서 미러링 포트를 설정하고 해당 포트에서 Zeek 서버로 전달하는 것이다. 이 방식은 별도의 탭 스위치를 필요로 하지 않기 때문에 설정이 바로 가능하다는 장점이 있다. 하지만 백본 스위치에서 모든 트래픽을 SPAN 포트로 복사하는 것은 일정 부분 스위치의 자원을 사용하는 것이기 때문에 일부 네트워크 관리자는 이런 방식을 원하지 않을 수도 있다.

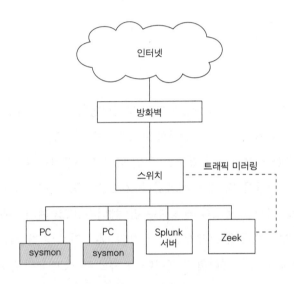

그림 6-2 Zeek 설치 방법 1

두 번째 방법은 네트워크 탭 스위치를 사용하는 방법이다. 이 구성방식은 스위치에서 SPAN 기능을 가동시킬 필요가 없다는 점에서 네트워크 트래픽을 모니터링하는 좋은 방법이다. 다만 별도의 네트워크 탭 장비를 도입해야 하고 설치 시 네트워크 단절이 한 번은 발생한다는 것을 고려해야 한다.

그럼에도 저자는 두 번째 방법을 권고한다.

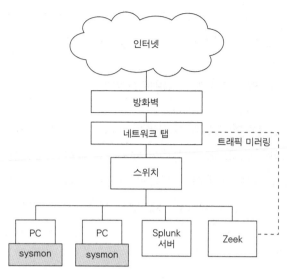

그림 6-3 Zeek 설치 방법 2

우선 네트워크 탭 장비 가격이 많이 저렴해져서 더 이상 고가의 장비가 아니다. 그리고 구형 네트워크 탭은 1~2개의 수집 포트를 갖고 있었지만 최근 네트워크 탭은 스위치처럼 12포트, 24포트가 있어 많은 수의 장비를 동시에 사용할 수 있다. 네트워크 트래픽을 복제하면 보안뿐만 아니라 장애처리 등에도 매우 유용하게 사용할 수 있다.

만일 전체 트래픽을 필요로 하는 장비를 추가하더라도 스위치에서 별도 조작 없이 탭에서 바로 패킷을 수집할 수 있으므로 여러모로 도움이 된다.

이 책에서는 리눅스 배포판 중의 하나인 우분투^{Ubuntu} 서버에 설치해서 실습을 진행한다. 우분투 패키지 관리자인 apt를 이용해서 바이너리를 설치하는 방법과 소스코드를 다운로드해서 직접 컴파일하는 방법이 있다. 최신 안정화 버전의 소스코드를 이용해서 컴파일하는 방법을 소개한다. 당연한 이야기지만 리눅스 서버는 인터넷에 연결돼 있어야 한다.

우선 필수 라이브러리를 먼저 설치하고 리눅스 터미널 창에 다음과 같이 입력한다.

```
sudo apt-get install cmake make gcc g++ flex libfl-dev bison libpcap-dev libssl-dev
python3 python3-dev swig zlib1g-dev
```

모든 라이브러리의 설치를 완료하면 이제 소스코드를 내려받아야 한다. 다운로드할 디렉터리로 이동한 다음 git 명령어의 clone 옵션으로 소스코드를 로컬 디스크에 복제한다.

```
git clone --recurse-submodules https://github.com/zeek/zeek
```

소스코드 복제를 완료하면 코드를 내려받은 zeek 디렉터리로 이동한다. 설치대상 디렉터리를 지정하려면 configure를 실행할 때 prefix 옵션을 사용한다. 예를 들어 zeek를 /app/zeek 디렉터리에 설치하고 싶다면 다음과 같이 지정한다. 아무런 옵션을 주지 않으면 설치 스크립트는 /usr/local/zeek를 기본 설치 디렉터리로 설정한다.

```
./configure --prefix=/app/zeek
```

configure 명령어가 성공적으로 종료되면 스크립트는 동일한 디렉터리에 Makefile을 생성한다. 이제 make 명령어를 이용해서 소스코드를 빌드하고 설치까지 마무리한다.

```
make
make install
```

install은 prefix에서 제공한 디렉터리에 프로그램을 설치하는 명령어다. 설치 대상 디렉터리 위치에 따라 관리자 권한이 필요할 수도 있다. 이때는 make 앞에 sudo를 붙이고 실행시키면 문제없이 설치할 수 있다.

컴퓨터 성능에 따라 컴파일 및 설치 시간이 다를 수 있다. Zeek가 매우 복잡한 프로그램이므로 생각보다 오래 걸리는 편이다. 설치가 끝나고 Zeek를 실행시키기 전에 먼저 운영 환경을 설정하자.

6.2.2 환경설정 및 실행

Zeek 설치 디렉터리로 이동한다. /app/zeek/etc에 구동 관련 환경설정 파일이 있다. etc 디렉터리에는 zeekctl.cfg, networks.cfg, node.cfg 총 3개의 파일이 있다. 각 파일의 용도는 다음과 같다.

- **zeekctl.cfg**: Zeek 운영 관련 기본 환경설정 파일
- **networks.cfg**: 내/외부망 네트워크 주소설정 파일
- **node.cfg**: 트래픽 수집 인터페이스 설정, 다중 센서 설치 관련 환경설정

Zeek는 단독으로 사용하는 standalone 방식과 여러 개의 Zeek를 동시에 운영하는 clustering 방식이 존재한다. 이 책은 standalone 방식을 설명한다. zeekctl.cfg는 큰 수정사항이 필요하지 않으며 Zeek 관련 사항을 메일로 발신하는 옵션을 수정한다. 파일을 vi나 nano와 같은 텍스트 편집기로 열어서 관련 내용을 수정한다. zeekctl.cfg 파일을 살펴보자.

```
# Mail Options
# Recipient address for all emails sent out by Bro and BroControl.
MailTo = root@localhost
```

MailTo에는 보안 담당자가 수신할 메일 주소를 적는다. Logging Options 섹션에서는 로그 저장 방식을 설정한다.

```
# Logging Options
# Rotation interval in seconds for log files on manager (or standalone) node.
# A value of 0 disables log rotation.
LogRotationInterval = 3600
```

특별히 수정할 내용은 없지만 LogRotationInterval 옵션을 살펴보자. 기본 값은 3600이며 단위는 초다. 즉, 1시간 단위로 로그가 로테이트된다는 설정이다. 이 설정 값으로 Zeek는 매 시간 로그 파일을 새로 생성한다. Zeek가 정상적으로 동작한다면 프로토콜별 로그 파일은 시간당 1개, 하루에 총 24개가 생성돼야 정상이다.

Other Options 부분은 로그 저장 위치를 설정한다. zeekctl.cfg 파일 아래 부분에 다음과 같은 내용이 있다.

```
# Location of the log directory where log files will be archived each rotation
# interval.
LogDir = /app/zeek/logs

# Location of the spool directory where files and data that are currently being
# written are stored.
SpoolDir = /app/zeek/spool
```

LogDir은 Zeek가 생성한 로그를 저장하는 곳이다. SpoolDir은 현재 저장 중인 로그 파일이 위치하는 공간이다.

앞에서 로그는 1시간마다 로테이트된다고 했다. 저장 간격이 3600이라는 것은 1시간 단위를 의미하지 프로그램 실행 후 1시간이라는 의미가 아니다.

즉, Zeek를 13:30분에 실행하더라도 로그 파일은 13시 30분에서 13시 59분까지만 저장한다. 다음 로그 파일은 14시에 새로 생성되고 14시 59분까지 저장된다. 그러므로 로테이트되기 전의 파일은 SpoolDir에 위치한 임시 파일에 계속 추가된다. Zeek는 새롭게 로그 파일을 생성하는 순간 파일을 닫고 gzip으로 압축한 다음에 LogDir에 설정된 디렉터리로 압축한 로그 파일을 이동시킨다. 로그를 저장할 때는 날짜별로 디렉터리를 생성하고 저장하며 디렉터리 이름의 형식은 YYYY-MM-DD다.

예를 들어 2024년 6월 30일 13:00부터 13:59까지 저장한 FTP 로그 파일은 다음 경로에 해당 파일명으로 저장된다.

```
/app/zeek/logs/2024-06-30/ftp.13:00:00-14:00:00.log.gz
```

분석하는 프로토콜이 많으면 많을수록 로그 디렉터리에는 많은 로그 파일이 남는다.

두 번째로 수정하는 환경설정 파일은 networks.cfg다.

```
# List of local networks in CIDR notation, optionally followed by a
# descriptive tag.
# For example, "10.0.0.0/8" or "fe80::/64" are valid prefixes.

10.0.0.0/8          Private IP space
```

```
172.16.0.0/12        Private IP space
192.168.0.0/16       Private IP space
```

이 파일은 네트워크 주소를 설정하면서 업무망과 인터넷을 구분하는 역할을 한다. 기업 업무망은 주로 사설 주소를 사용한다. 파일의 첫 번째 주석을 보면 local 네트워크를 명시하라고 돼 있다. Zeek는 이 파일에 명시한 사설 주소를 로컬 네트워크로 인식한다는 의미다. 로컬 네트워크에서 192.168.0.0/16만을 사용하고 있다면 다른 주소를 삭제해도 무방하다. DMZ 영역에 Zeek를 설치해서 모니터링을 하고 싶다면 이 파일에 DMZ가 사용하는 네트워크 주소 대역을 명시하면 된다. 이 파일에 반드시 사설주소만 써야 하는 것은 아니기 때문이다.

networks.cfg에 주소를 명시하면 Zeek는 이 주소를 기반으로 통신의 방향성을 구분한다. networks.cfg에서 지정한 주소가 출발지 주소이면 이 로그는 로컬에서 시작된 통신이라는 것을 로그에 저장한다. 이런 로그 필드 값은 외부행outbound 로그와 내부행inbound 로그를 구분하는데 직관적이고 편리한 방법을 제공한다.

마지막으로 살펴볼 설정 파일은 node.cfg 파일이다.

```
# This is a complete standalone configuration.  Most likely you will
# only need to change the interface.
[zeek]
type=standalone
host=localhost
interface=eth0
```

파일에서 첫 번째 부분인 [zeek] 섹션을 살펴보자. 주석에서 얘기하고 있듯이 standalone으로 운영한다면 크게 수정할 부분은 없다. 마지막 interface가 유일하게 수정할 부분이다. 이 값은 Zeek가 트래픽을 읽는 네트워크 인터페이스를 지정하는 것이다. 앞에서 Zeek를 구성하는 두 가지 방법을 살펴봤다. 백본 스위치의 SPAN 포트 또는 네트워크 탭 스위치에서 트래픽을 입력받을 수 있다고 했다. interface 값은 트래픽을 수집하는 인터페이스를 지정한다. 기본 설정 값인 eth0은 리눅스에서 이더넷 네트워크 인터페이스를 표시하는 디바이스명이다. 하지만 최근 우분투 버전은 이 이름을 더 이상 사용하지 않는다. 서버 혹은 PC, 그리고 시스템마다 네트워크 인터페이스 이름이 다르게 나올 수 있다.

우분투 리눅스에서 네트워크 인터페이스를 확인하는 명령어를 확인하고 이를 환경설정 파일에 저장한다.

```
ubuntu:/usr/local/bro/etc$ ip address
1: lo: <LOOPBACK,UP,LOWER_UP> mtu 65536 qdisc noqueue state UNKNOWN group default qlen 1000
link/loopback 00:00:00:00:00:00 brd 00:00:00:00:00:00
inet 127.0.0.1/8 scope host lo
valid_lft forever preferred_lft forever
2: ens33: <BROADCAST,MULTICAST,UP,LOWER_UP> mtu 1500 qdisc fq_codel state UP group default qlen 1000
link/ether 00:0c:29:11:09:db brd ff:ff:ff:ff:ff:ff
inet 172.16.65.160/24 brd 172.16.65.255 scope global dynamic noprefixroute ens33
valid_lft 1201sec preferred_lft 1201sec
inet6 fe80::474a:3642:dc4e:169f/64 scope link noprefixroute
valid_lft forever preferred_lft forever
```

실습에 사용한 리눅스 서버는 네트워크 인터페이스가 1개이며 인터페이스 이름은 ens33이다. 이 값을 interface에 할당한다. 하지만 Zeek의 성능을 고려해서 최소한 인터페이스가 2개 이상인 서버에서 Zeek를 구동하는 것을 권고한다. 워크스테이션급 컴퓨터라면 2개 이상의 네트워크 인터페이스가 있을 것이므로 큰 문제는 되지 않는다.

최소 2개를 권고하는 이유는 트래픽 수집용에 1개를 할당하고 Splunk 서버와의 통신에 나머지를 할당하는 것이 더 좋은 성능을 얻을 수 있기 때문이다. 대량의 트래픽을 수집하는 네트워크 인터페이스가 다른 서버와 통신 업무까지 담당한다면 트래픽 유실 가능성이 발생할 수도 있다. 외부 서버 통신용 인터페이스와 트래픽 수집용 인터페이스를 별도로 운영하는 것을 권고한다. 트래픽을 수집하는 인터페이스에는 IP 주소를 할당할 필요가 없다.

환경 파일의 설정을 마쳤으면 이제 Zeek를 실행할 수 있다. /app/zeek/bin으로 이동하고 Zeek를 실행하는 파일은 zeekctl이다. Zeek는 네트워크 카드의 무차별 모드promiscuous mode에서 트래픽을 수집해야 하기 때문에 관리자 권한이 필요하다. 실행 전 최종적으로 환경설정을 검사하고 다음 명령어를 실행한다.

```
sudo ./zeekctl deploy

checking configurations ...
installing ...
creating policy directories ...
installing site policies ...
generating standalone-layout.zeek ...
generating local-networks.zeek ...
generating zeekctl-config.zeek ...
generating zeekctl-config.sh ...
stopping ...
stopping zeek ...
starting ...
starting zeek ...
```

명령어를 실행하고 프롬프트가 나오면 정상적으로 실행한 것이다. Zeek 프로세스를 검색하거나 zeekctl 콘솔에서 현재 상태를 확인할 수 있다.

```
sudo ./zeekctl
Welcome to ZeekControl 2.0.0-25
Type "help" for help.

[ZeekControl] > status
Name        Type       Host       Status    Pid     Started
zeek        standalone localhost  running   65869   07 Dec 06:45:03
```

zeekctl 콘솔에서 status 명령을 입력하면 현재 Zeek의 상태를 보여준다.

6.2.3 Zeek 로그 형식

Zeek는 실행 후 입력 트래픽에서 프로토콜마다 로그 파일을 생성한다. 생성하는 파일명은 [프로토콜 이름].log다. DNS 관련 로그는 dns.log, HTTP는 http.log로 생성한다. 기본 설정에서 모든 로그는 1시간마다 로테이트가 된다고 이미 설명했다. 만일 10개의 프로토콜을 분석한다면 Zeek는 24×10으로 총 240개의 로그 파일을 매일 생성한다. Zeek가 생성하는 로그는 텍스트 파일 형식이므로 vi와 같은 텍스트 편집기를 이용해서 읽을 수 있다. 모든 로그 파일은 다음 형식의 헤더 필드를 로그 파일 처음에 저장한다.

```
#separator \x09
#set_separator  ,
#empty_field    (empty)
#unset_field    -
#path   dns
#open   2023-12-29-07-00-08
#fields ts      uid     id.orig_h       id.orig_p       id.resp_h       id.resp_p
proto   trans_id        rtt     query   qclass  qclass_name     qtype   qtype_name
rcode   rcode_name      AA      TC      RD      RA      Z       answers TTLs    rejected
#types  time    string  addr    port    addr    port    enum    count   interval
string  count   string  count   string  count   string  bool    bool    bool    bool
count   vector[string]  vector[interval]        bool
```

- separator: 로그 필드간 구분자. 기본 설정 값은 tab이다.
- set_separator: 하나의 필드에 여러 개의 값이 존재하면 , 로 구분한다.
- empty_field: 필드에 값이 없으면 (empty)값으로 저장한다. 괄호까지 포함한다.
- unset_field: Zeek 프로그램이 해당 필드를 저장하도록 설정하지 않았으면 필드 값으로 -이 저장된다. (empty)와는 다른 개념이다.
- path: 로그 파일명을 의미한다.
- open: 로그 파일이 생성된 일시다. 2023-12-29-07-00-08은 Zeek가 2023년 12월 29일 07시 00분 8초에 이 로그 파일을 새로 생성했다는 의미다. 즉, 07시 00분에 신규로 로테이트한 로그 파일이다.
- fields: 개별 필드 값이다. 모든 Zeek 로그는 다음과 같은 공통 필드를 가진다. ts, uid, id.orig_h, id.orig_p, id.resp_h, id.resp_p
- ts: 로그가 생성된 시간이며 유닉스 시간 형식으로 저장한다.
- uid: 로그를 유일하게 구별하는 로그 id다.
- id: 이 정보는 통신 당사자 간의 연결 정보다. orig는 출발지를 나타내고 resp는 목적지를 의미한다. h는 호스트이며 p는 포트 정보다. 그러므로 orig_h는 출발지

호스트이고 orig_p는 출발지 포트다. 이 정보는 IP 헤더와 TCP 헤더에 있는 정보를 보여주는 것이다.

Zeek는 로그 한 줄에 하나의 세션 정보를 저장한다. 그러므로 한 줄만 분석해도 출발지와 목적지 분석을 모두 수행할 수 있다.

이후 필드는 프로토콜마다 다르다. HTTP, SSL, FTP마다 응용 프로토콜이 다르므로 저장하는 정보 역시 다르다. 하지만 처음 6개의 필드는 모든 Zeek 로그가 동일하다.

- types: 개별 필드가 저장하는 데이터 형식이다. 필드 값이 시간정보이면 timestamp를, 인터넷 주소형이면 addr로, 문자형이면 string을 표시한다. 이 필드를 이용하면 해당 필드가 어떤 데이터 형식으로 값을 저장하는지 알 수 있다.

이런 방식으로 로그를 저장하는 것은 보안 담당자 입장에서 대단히 편리하다. 프로토콜을 분석하는 L7 계열의 장비인 L7 방화벽, 침입방지시스템, 웹 프록시 등을 별도로 운영한다면 모두 다른 형식의 로그가 저장된다. 하지만 Zeek는 이런 로그를 공통 포맷과 프로토콜의 헤더 값을 기본으로 저장하므로 보안 담당자는 제품 특성이 아닌 프로토콜을 이해하는 것으로 충분하기 때문이다.

이제 Zeek가 저장하는 기본 로그 형식을 이해할 수 있다. 그러나 Zeek가 매우 훌륭한 프로토콜 분석기이지만 대량의 로그를 검색하고 분석하는 기능은 제공하지 않는다. 그래서 이 로그를 Splunk로 전송하고 인덱싱한 후에 검색과 분석을 실행할 것이다.

6.3 Sysmon

기업이나 일반 사용자 대부분은 업무 환경에서 마이크로소프트의 윈도우를 사용한다. 사용자가 많다 보니 공격자의 공격 역시 윈도우를 대상으로 공격을 실행한다. 대표적인 PC 보안 프로그램으로는 백신을 생각할 수 있다. 백신은 알려진 악성코드의 특징을 저장하고 있다가 이와 동일한 패턴을 보이는 파일을 탐지해서 삭제하는 동작 방식을 취하고 있다.

하지만 최근 공격자는 백신을 회피하는 다양한 기법을 이용해 PC를 공격하고 있다. 백신 제조사는 악성코드 샘플을 수집하고 이를 분석한 후에 백신의 탐지 규칙을 갱신한다. 그러나 악성코드 샘플을 수집하지 못하면 패턴을 만들 수 없으니 탐지도 불가능하다. 최근의 백신은 악성행위에 대처할 수 있도록 기능을 보유하고 있지만 역시 정확한 것은 샘플 분석에 기반한 패턴으로 탐지하는 것이다.

이를 두고 간혹 백신 무용론을 얘기하는 담당자도 있다. 하지만 애초에 백신은 알려진 위협을 탐지하는 것이지 발생하지도 않은 미래의 위협까지 대응하는 것은 아니었다. 그리고 만일 백신을 사용하지 않는다면 이미 알려진 위협에 노출되므로 PC에는 반드시 백신을 사용해야 한다.

백신은 보안 제품 중에서도 대표적인 이벤트 기반 보안 장비라고 할 수 있다. 이벤트 기반이란 이벤트를 중심으로 보안 대응을 수행한다는 의미다. 백신은 악성코드를 찾았을 때만 파일을 삭제하거나 격리하는 등의 보안 행동을 수행한다. 즉, 파일이 정상이라면 아무 일도 하지 않는다. 하지만 파일의 정상 유무는 매우 어려운 문제이므로 백신의 탐지는 분명한 한계가 존재한다. 이런 문제를 해결하고자 최근에는 EDR[Endpoint Detection & Response]이 PC 계층의 신규 보안 제품으로 주목받고 있다.

EDR은 백신과 같이 이벤트 기반으로 동작하는 것이 아니라 행위 기반으로 동작한다고 이해하면 된다. PC에서 발생하는 각종 시스템 이벤트를 분석해서 공격 행위를 탐지하는 것이다. 이 경우 악성코드의 패턴을 알지 못해도 악성코드가 실행된 다음에 발생하는 시스템 호출, 임시파일 생성, 네트워크 접속 행위 등을 이용해서 악성 행위를 탐지하는 것이다.

다만 앞에서 말한 것과 같은 방식으로 공격 행위를 탐지하려면 백신과 같은 정형화된 이벤트가 아니라 운영체제에서 발생하는 로그를 수집해야 한다. 수집 대상은 주로 프로세스 상태, 프로세스 계층도, 네트워크 접속 등을 파악해야 한다. Sysmon은 이러한 정보를 추출한 후에 윈도우 이벤트 저장소에 저장한다.

Sysmon의 대표적인 기능은 다음과 같다.

- 실행 프로세스와 부모 프로세스의 전체 명령 줄을 로그로 저장한다.
- MD5, SHA1, SHA256 알고리듬으로 실행 프로그램의 해시 값을 기록한다.
- 여러 종류의 해시 값을 동시에 기록할 수 있다.
- 네트워크 연결에서 IP 주소, 포트 번호, 호스트명, 포트명 등을 기록할 수 있다.
- 레지스트리에서 환경설정이 변경된 경우 자동으로 다시 읽어 들일 수 있다.

이제 sysmon을 인터넷에서 다운로드해서 PC에 설치해보자.

6.3.1 Sysmon 설치하기

Sysmon 프로그램은 마이크로소프트 웹 사이트(https://download.sysinternals.com/files/Sysmon.zip)에서 다운로드할 수 있다.

다운로드를 완료하면 디스크에서 Symon.zip 파일을 찾는다. 이후 압축을 해제하면 그림 6-4와 같이 3개의 파일이 보인다.

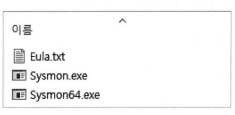

그림 6-4 sysmon 압축 해제 결과

윈도우용 프로그램이지만 GUI 화면은 없으며 명령실행 형식의 exe 파일만 제공한다. 32비트와 64비트를 별도로 제공하므로 자신의 운영체제에 맞는 버전을 사용한다. 최근의 윈도우 11은 64비트가 기본이므로 예제에서도 sysmon64.exe를 설치한다.

설치는 명령 프롬프트에서 진행한다. PC의 운영 환경에 따라서 설치 방법이 약간 다르게 진행될 수도 있다. 우선 PC를 네트워크 도메인 기반으로 운영 중이라면 사용자 계정으로는 신규 프로그램을 설치하는 권한이 없을 수 있다. 이럴 때는 도메인 관리자만이 Sysmon을 설치할 수 있다.

다른 방식으로는 각 PC가 개별 동작하며 사용자가 관리자 권한이 있는 경우다. 이런 경우는 사용자가 직접 Sysmon을 설치할 수 있다.

두 경우의 가장 큰 차이는 Sysmon을 도메인 관리자가 설치하는가 아니면 PC 사용자가 직접 설치하느냐의 차이뿐이다. 일단 설치를 완료되면 Sysmon 프로그램은 다른 환경일지라도 동일한 결과를 생성한다.

여기에서는 사용자가 직접 설치하는 경우를 살펴본다.

◎ **설치하기**

```
sysmon64.exe -i <환경설정 파일>
```

많이 사용하는 옵션의 설명은 다음과 같다.

- -c: 환경설정 파일을 지정한다. 파일을 지정하지 않으면 현재 환경설정을 덤프한다.
- -i: sysmon 서비스와 드라이버를 설치한다.
- -u: sysmon 서비스와 드라이버를 제거한다.

몇 가지 사용 방법을 살펴보자.

```
sysmon -accepteula -i
```

위의 명령을 실행하면 기본 값으로 설치한다. -accepteula는 자동으로 사용자 라이선스 동의를 실행시켜준다. 이 옵션을 지정하지 않으면 사용자 라이선스 동의를 수작업으로 해야 한다. 다수의 시스템에서 스크립트를 이용한 자동설치에 많이 사용되는 방법이다.

```
sysmon -accepteula -i -h md5, sha1 -n
```

Sysmon을 설치한다. 프로세스 이미지의 해시 값은 md5와 sha1을 이용해서 추출하고 네트워크 접속 기록을 로깅한다. 가장 범용적으로 사용할 수 있는 설치 옵션이다.

```
sysmon -accepteula -i -h * -l -n
```

Sysmon을 설치한다. 프로세스 이미지의 해시 값은 모든 알고리듬을 사용해서 해시 값을 추출한다. 네트워크 접속 기록을 로깅하고, 프로세스에서 읽어 들이는 모듈을 저장한다.

6.3.2 이벤트 확인 및 운영

Sysmon을 윈도우에 설치하면 윈도우 이벤트 목록에 해당 이벤트가 저장된다. 이벤트 목록을 확인하려면 다음의 절차를 따른다.

1. 윈도우에서 이벤트 뷰어를 실행시킨다.
2. **앱 및 서비스 로그** > Microsoft > Windows > Sysmon에서 Operational을 선택한다.
3. 항목에서 이벤트를 확인한다. 그림 6-5에서 확인할 수 있다.

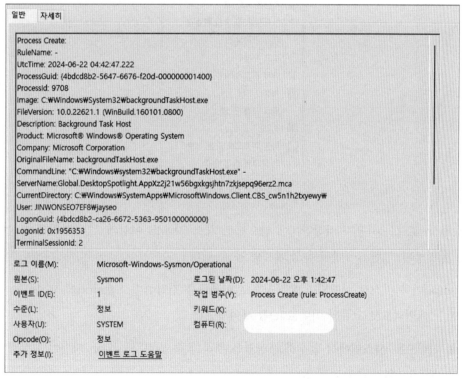

그림 6-5 sysmon 이벤트 화면

이벤트 항목의 로그 이름을 잘 기억하자. Sysmon의 로그 이름은 Microsoft-Windows-Sysmon/Operational이다. 이 이름은 나중에 Splunk 유니버셜 포워더가 Sysmon 로그를 구분하는 이름이다.

Sysmon은 로그를 저장하기 위해 파일을 사용하며 로그 파일의 기본 크기는 64MB다. 부지런한 사용자라면 이 용량으로는 3~4일 정도의 로그를 기록할 수 있다. 그러므로 로그 파일의 크기를 늘려주는 것이 좋다.

그림 6-6과 같이 이벤트 뷰어의 작업 창에서 속성을 클릭한 후 최대 로그 크기를 관리자가 원하는 크기로 설정한다. KB 단위이므로 100MB를 설정하려면 100,000을 설정한다.

그림 6-6 이벤트 뷰어 속성 창

Sysmon 로그는 사용자 저장장치에 남으므로 최소 500MB 이상의 로그 파일을 지정하는 것이 좋다. 그림 6-7에서 속성 예제를 볼 수 있다.

Sysmon이 서비스로 실행되면 본격적으로 이벤트를 저장한다. Sysmon이 생성하는 이벤트는 개별적으로 고유의 이벤트 ID를 부여받는다.

이를 기반으로 시스템에서 발생하는 상황을 추적할 수 있다. Sysmon 버전이 향상되면서 이벤트 ID 역시 추가되고 있다.

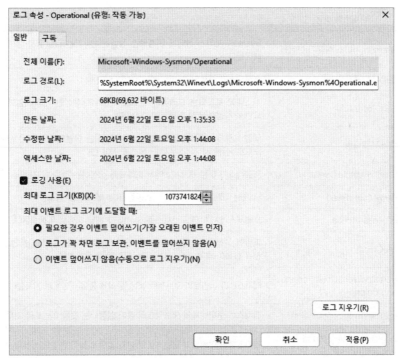

그림 6-7 로그 속성

6.3.3 Sysmon 생성 이벤트 목록

다음 테이블에서 현재 sysmon v9.0이 생성하는 이벤트 ID 항목을 살펴보자. 이벤트 ID 20과 21번은 목록에 빠져 있다. Sysmon의 상세 설명은 다음 링크(https://docs.microsoft.com/en-us/sysinternals/downloads/sysmon)에서도 확인할 수 있다.

표 6-2 Sysmom 생성 이벤트 활용 방안

ID	이벤트 이름	활용 방안
1	프로세스 생성	프로세스가 새로 생성되면 이 로그가 생성된다. 프로세스가 실행됐을 때 사용된 명령어의 전체 줄을 이벤트로 기록한다.
2	프로세스가 파일 생성 시간을 변경	해당 이벤트는 프로세스가 파일 생성시간을 수정할 때 기록된다. 공격자가 백도어 파일을 설치하면서 운영체제 파일처럼 위장하는 것을 탐지할 수 있다.
3	네트워크 연결	호스트에서 TCP/UDP 연결 기록을 이벤트로 생성한다. 어느 프로세스가 네트워크 접속을 시도했는지를 파악할 수 있으며 호스트명, IP 주소, 포트 번호 등의 상세한 정보 제공한다.

(이어짐)

ID	이벤트 이름	활용 방안
4	Sysmon 서비스 상태가 변경됨	Sysmon 서비스 상태가 변경되면 생성된다. 시작 또는 중지 정보가 여기에 해당된다.
5	프로세스 종료됨	프로세스가 종료되면 이벤트를 생성한다.
6	드라이버 로드됨	시스템에 로드되는 드라이버 정보를 이벤트로 생성한다. 해시정보를 설정했으면 해시정보 역시 이벤트에 저장된다.
7	이미지 로드됨	특정 프로세스에서 모듈이 로드될 때 생성되는 이벤트다. 기본은 사용하지 않으므로, 실행 시 -ㅣ (소문자 L) 옵션을 줘야 한다.
8	CreateRemoteThread	프로세스가 다른 프로세스에서 스레드를 생성하는 것을 탐지한다.
9	RawAccessRead	\\ 또는 \로 시작하는 드라이브명을 읽을 때 로그를 생성한다.
10	ProcessAccess	프로세스에서 다른 프로세스를 생성할 때 해당 이벤트가 생성된다.
11	FileCreate	파일이 생성되거나 덮어 써질 때 해당 이벤트가 생성된다. 자동 실행 폴더에 신규 항목이 추가되는 현상을 모니터링할 때 유용하다.
12	RegistryEvent(Object create and delete)	레지스트리 이벤트의 오브젝트 생성 및 삭제 등을 이벤트로 기록한다.
13	RegistryEvent (Value Set)	레지스트리 이벤트의 오브젝트의 값이 설정되는 것을 이벤트로 기록한다.
14	RegistryEvent(Key and Value Rename)	레지스트리 이벤트의 오브젝트의 키와 값의 이름이 변경되는 것을 기록한다.
15	FileCreateStreamHash	파일 스트림 생성 시 스트림 내의 해시를 기록한다.
17	PipeEvent(Pipe Created)	프로세스 간 통신이 가능한 네임드 파이프가 신규 생성되는 경우 해당 이벤트를 기록한다.
18	PipeEvent(Pipe Connected)	클라이언트와 서버 사이에 네임드 파이프가 연결되는 경우 해당 이벤트를 기록한다.
255	Error	Sysmon에서 오류가 발생 시 생성한다.

이벤트는 발생한 사실을 기록하는 것이다. 그러므로 Splunk에서 이벤트를 수집하고 이를 분석하면 PC에서 어떤 일이 발생하고 있는지 확인할 수 있다.

보안 목적을 달성하기 위해서라면 그게 무엇이든 간에 우선 정보를 수집해서 가시성을 확보해야 한다. Sysmon은 PC 계층의 가시성을 획득하는 데 대단히 좋은 정보를 제공해준다.

이제 리눅스와 윈도우에 우리가 수집하고자 하는 보안 도구를 설치 완료했다. 리눅스에는 Zeek를 설치했고, 윈도우에는 Sysmon을 설치했다. 이렇게 설치한 보안 도구가 생성하는 각종 로그와 이벤트를 Splunk에 저장해야 한다. Splunk 서버에 데이터를 전송하는 방법을 살펴보자.

6.4 Splunk 로그 저장

Splunk는 많은 로그 수집 방법을 제공한다.

로그를 수집하는 방법은 크게 수집 대상 로그의 저장 위치가 Splunk가 동작하는 서버와 동일한가, 그렇지 않으면 원격에 위치하는가에 따라 다르다.

앞에서 Zeek를 설치해봤지만 Splunk를 운영하는 서버에서 Zeek와 같은 앱을 동시에 실행시키는 경우는 거의 없다고 봐야 한다. 그러나 기업의 전산 규모가 크지 않고 서버 자원이 충분하지 않다면 Zeek와 Splunk를 한 서버에서 동시에 운영하고 있을 수도 있다.

Splunk 운영 서버에 위치하는 로그를 직접 읽는 것을 로컬 수집이라고 하고 원격에 위치하는 로그를 Splunk에 저장하는 것을 원격 수집이라 한다.

여기에서는 로그 수집 방법을 로컬에서 직접 수집하는 방법과 원격 Zeek 서버에서 로그를 수집하는 방법을 모두 살펴보자. 로그 수집을 위한 환경설정 부분은 보안 분석가보다는 Splunk 기술지원팀이나 운영팀에서 서비스를 제공하므로, 보안팀이 직접 설정하는 경우는 많지 않다. 그럼에도 두 가지 수집 내용을 설명하는 이유는 보안 분석가도 해당 기능을 사용할 일이 발생할 수 있기 때문이다. 보안 사고의 특성상 긴급하게 로그를 수집해야 하는 경우가 생각보다 빈번하기도 하고, 항상 기술지원 인력의 도움을 받는 것이 아니기 때문이다.

6.4.1 로컬에서 직접 수집

데이터를 적재하려면 데이터 입력 메뉴를 사용한다. Splunk 메뉴에서 **설정 > 데이터 입력 > 로컬 입력**을 선택한다.

1. 로컬 입력에서 **파일 및 디렉터리**를 선택한다.

2. **새 로컬 파일 및 디렉터리**를 선택한다.

3. 왼쪽 화면에서 **파일 및 디렉터리**를 선택한다.

   ① 파일 또는 디렉터리의 **찾아보기**를 클릭한다.

   ② 원본 선택은 Splunk가 설치된 서버의 디스크를 보여준다.

   ③ Zeek가 설치된 디렉터리로 이동해서 **dns.log**를 선택한다.

   ④ **지속적으로 모니터링**을 선택한다.

4. Source Type을 설정한다.

   ① 만들어 놓은 소스 타입 중 **siem-dns**를 선택한다.

   ② 다른 설정은 그대로 두고 **저장**을 클릭한다.

   ③ 로그의 주황색 역상 표시는 Splunk가 시간 정보로 인식한 필드다.

5. 입력 설정 페이지를 완성한다.

   ① 앱 컨텍스트는 로그를 사용할 앱을 지정한다.

   ② 호스트는 로그가 생성되는 호스트를 의미한다. 호스트 역시 검색 필드로 사용할 수 있으므로 로그 생성 호스트명을 입력한다.

   ③ 인덱스에는 해당 로그를 저장할 인덱스를 지정한다.

   ④ 지정하려는 인덱스가 없다면 새 인덱스 만들기로 생성할 수 있다.

6. **검토**를 클릭하고 이제까지 설정한 내용을 확인한다.

7. 이상이 없으면 **제출**을 클릭하고 **검색 시작**을 선택한다. 이후 Splunk에서 로그를 볼 수 있다.

6.4.2 원격 로그 수집 - 리눅스

Splunk를 이용해서 로그를 수집하면 로컬보다는 원격 로그를 수집하는 경우가 훨씬 더 많다. 그 이유는 수집 대상 로그가 보안 장비, 응용 서버, 웹 서버 등 별도의 시스템에서 생성되기 때문이다.

원격 로그를 수집하는 방법은 syslog와 같은 로그 전송 프로그램을 이용하는 방법이 대표적이다. 다행히 하드웨어 일체형 장비는 대부분 syslog를 지원한다.

소프트웨어를 설치할 수 있는 서버 장비는 syslog를 사용하거나 별도의 로그 수집 프로그램을 사용할 수 있다. Splunk는 이런 경우를 위해서 매우 훌륭한 로그 수집 프로그램을 무료로 제공한다.

프로그램 이름은 유니버셜 포워더이며 다음 순서에 의해 다운로드할 수 있다.

1. 다음 링크(https://www.splunk.com)에 접속하고 로그인을 한다. 계정이 없다면 신규 가입을 한다.
2. 홈페이지 우측 상단에서 **Free Splunk**를 선택한다.
3. 페이지의 마지막으로 이동한다.
4. Splunk Universal Forwarder 부분에서 **Download Now**를 클릭한다.
5. 목록에서 원하는 운영체제를 선택하고 다운로드한다.

Splunk 유니버셜 포워더는 현존하는 서버군과 PC 계열 운영체제 대부분을 지원한다. 향후 실습을 위해서라도 리눅스와 윈도우 프로그램을 모두 다운로드한다.

리눅스에서 데비안 계열은 .deb 파일을 선택하고 CentOS나 레드햇^{RedHat} 계열은 .rpm을 다운로드한다. 리눅스에서 정확한 배포판을 모른다면 .tgz 파일을 다운로드해서 압축을 해제하고 사용할 수 있다.

최근에 많이 사용하는 윈도우 11은 64비트 운영체제가 기본이므로 포워더도 64비트를 다운로드해야 한다. 윈도우용 유니버셜 포워더 설정은 나중에 sysmon 로그 수집에서 살펴볼 것이다.

우분투에서 유니버셜 포워더를 설치하는 두 가지 방법을 알아본다. 첫 번째는 데비안 계열 전용 패키지인 .deb 파일로 설치하는 방법이다. 다운로드한 .deb 파일이 있는 디렉터리로 이동해서 다음 명령어를 실행시킨다.

```
parallels@ubuntu-linux-22-04-02-desktop:~/Downloads$ sudo dpkg -i splunkforwarder-9.2.1-
78803f08aabb-linux-2.6-amd64.deb
[sudo] password for parallels:
Selecting previously unselected package splunkforwarder:amd64.
(Reading database ... 212421 files and directories currently installed.)
Preparing to unpack splunkforwarder-9.2.1-78803f08aabb-linux-2.6-amd64.deb ...
```

```
Unpacking splunkforwarder:amd64 (9.2.1+78803f08aabb) ...
Setting up splunkforwarder:amd64 (9.2.1+78803f08aabb) ...
complete
```

버전에 따라 파일명이 차이가 있을 수 있다. dpkg를 이용해서 설치하면 포워더는 /opt/splunkforwarder에 설치된다.

두 번째는 tgz 파일로 설치하는 방법이다. tgz 파일은 tar 압축 형식이므로 설치를 원하는 디렉터리로 파일을 이동시키고 압축을 해제하면 설치가 완료된다. /app/splunkforwarder에 설치하려면 파일을 /app/로 이동시킨 후에 다음 명령어를 실행시킨다.

```
tar xvzf splunkforwarder-7.2.6-c0bf0f679ce9-Linux-x86_64.tgz
```

포워더 설치 후 해당 디렉터리로 이동하면 Splunk Enterprise와 유사한 하위 디렉터리 구조를 볼 수 있다. 우리가 주목해야 할 앱은 /app/splunkforwarder/etc/apps/SplunkUniversalForwarder다. 이 앱에서 환경설정을 지정하면 Splunk Enterprise로 로그를 전송할 수 있다. 환경설정 파일은 SplunkUniversalForwarder/default에 저장돼 있다.

이 파일을 직접 수정하지 않는 것을 권고한다. default 디렉터리는 환경설정의 기본 값이 저장돼 있다. 이 파일을 수정하면 향후 문제가 발생했을 경우 환경설정을 원상태로 복구하는 것이 어려울 수 있다. 간단한 방법으로 default 환경설정 파일을 덮어 써보자.

리눅스 `mkdir` 명령어로 SplunkUniversalForwarder/local 디렉터리를 생성한 후 default 디렉터리의 환경설정 파일을 local 디렉터리로 모두 복사한다.

```
cd /app/splunkforwarder/etc/apps/SplunkUniversalForwarder
mkdir local
cp default/* local/
```

이제 local 디렉터리에 있는 환경설정 파일을 수정하면 된다. Splunk는 default와 local 디렉터리 모두에 환경설정 파일을 저장할 수 있다. 이름이 똑같은 환경설정 파일이 default와 local 디렉터리 모두에 있는 경우 Splunk는 local 디렉터리의 환경설정 파일을 먼저 적용한다. 즉, 우선순위가 높다는 의미다. 그러므로 local에 있는 환경설정 파일을 수정하면서 앱을 운영하면 된다. 어떤 이유로 환경설정 파일이 꼬이면 local 내의 파일을 삭제하고 default 내의 파일을 local 디렉터리로 복사해서 처음부터 설정을 시작할 수 있다.

Splunk 유니버셜 포워더를 사용하려면 두 가지 파일을 설정해야 한다. 먼저 수집 대상을 지정해야 하는데 이 항목은 inputs.conf에 설정한다. 수집한 로그를 Splunk 서버로 전송하는 데 필요한 내용은 outputs.conf에 설정한다. 포워더에서 설정하는 항목은 이 두 항목이 가장 중요하다.

수집 환경설정

이제 수집 대상을 지정해보자. 앞에서 설치한 Zeek가 생성하는 모든 프로토콜 로그를 읽어서 Splunk 서버로 전송한다고 가정하자.

Universal Forwarder를 설정하기 전에 한 가지를 먼저 설정해야 한다. 포워더는 전송할 로그를 읽어서 Splunk 서버로 전송하는 것이 주목적이다. 그러므로 로그를 수신할 Splunk 서버의 설정을 먼저 해야 한다.

1. Splunk 서버에 로그인한다.
2. **설정 > 데이터 > 전달 및 수신**으로 이동한다.
3. 데이터 수신에서 **수신 설정**에서 **새로 추가**를 클릭한다.
4. 이 포트에서 수신대기에 사용할 포트 번호를 입력한다.
   ① 포트 번호는 Splunk가 구동중인 서버에서 사용하지 않는 번호를 할당한다.
   ② 포트 번호를 지정하면 Splunk 서버는 자동으로 TCP 포트를 개방한다.
   ③ 포트 번호는 1024번 이상, 65535 미만을 입력한다.
5. 포워더를 설치한 서버와 Splunk 서버 사이에 방화벽이 존재한다면 4번에서 설정한 포트 번호를 방화벽에서 개방해야 정상적인 수집을 할 수 있다.

예제에서는 10000번을 입력했다. 이 번호를 잘 기억하자. 나중에 Splunk 유니버셜 포워더를 설정할 때 필요한 정보다. 데이터를 수신하는 설정은 마무리했다. 포트가 정상적으로 개방됐는지는 Splunk 서버에서 netstat 명령어를 이용해서 확인할 수 있다.

```
$ netstat -an | grep 10000

tcp4      0      0 *.10000          *.*       LISTEN
```

위의 결과가 나온다면 Splunk 서버가 정상적으로 포트를 개방한 것이다. 원격에서 Splunk 서버까지 접속이 원활한지 시험하는 방법으로는 텔넷telnet을 이용하는 방법이 있다. Splunk 서버 주소가 192.168.2.3이라면 로그를 전송하는 서버에서 다음을 입력한다.

```
$ telnet 192.168.2.3 10000
Trying 192.168.2.3...
Connected to 192.168.2.3.
Escape character is '^]'.
```

위 화면은 포워더 운영 호스트에서 Splunk가 개방한 10000번 포트에 접속이 성공한 모습이다. 이러한 메시지가 나타나면 유니버설 포워더에서 Splunk 서버까지 네트워크 접속은 문제가 없는 것이다. 위와 같은 화면이 나타나지 않는다면 중간 경로에 방화벽의 존재 유무와 포트 개방 등을 확인해야 한다.

이제 유니버설 포워더를 이용해서 Splunk 서버로 로그를 전송해보자. 로그 수집 절차는 다음과 같다. 제법 많은 단계이지만 한 단계씩 밟다 보면 잘 마무리될 것이다.

1. 수집대상 로그 파일 확인
2. inputs.conf 파일 수정
3. outputs.conf 파일 수정
4. 로그 전송 여부 확인
5. 로그 수신 여부 확인

첫 번째로 수집 대상 로그를 확인한다. 앞서 Zeek를 설치한 디렉터리는 /app/zeek이며 Zeek는 실시간 로그 파일을 /app/zeek/logs/current에 프로토콜별로 저장한다.

```
/app/zeek/logs/current$ ls
capture_loss.log  dhcp.log  http.log  stats.log   stdout.log
conn.log          dns.log   ntp.log   stderr.log  weird.log
```

수집하는 로그는 dns.log, http.log, ssl.log, connect.log, x509.log, ftp.log 등을 설정한다. 로컬에서 파일을 수집하는 경우는 웹 화면을 이용해서 선택했지만 유니버설 포워더는 사용자 화면을 지원하지 않는다. 다음과 같은 방식으로 수집 대상을 설정한다.

- 유니버설 포워더가 설치된 리눅스 호스트에 접속한다.
- /opt/splunkforwarder/etc/apps/SplunkUniversalForwarder/local로 이동한다.
- 디렉터리가 없다면 하나 생성한다.
- /opt/splunkforwarder/etc/apps/SplunkUniversalForwarder/default에서 inputs.conf 파일을 local 디렉터리로 복사한 후에 텍스트 편집기로 해당 파일을 연다.
- dns.log를 수집하려면 다음과 같이 수정한다.

```
[monitor:///app/zeek/logs/current/dns.log]
disabled = 0
index = siem
sourcetype = siem-dns
```

항목별 설명은 다음과 같다.

- **[monitor://수집 대상 파일 절대 경로]**: monitor 뒤에 지정한 파일을 지속적으로 읽어 들여서 Splunk 서버로 전송한다. 리눅스의 절대 경로는 '/'부터 시작하므로 '/'가 3개 연속 보여야 한다.
- disabled = 0: 이 항목은 실행 중이라는 의미이며 0은 false로 대체할 수 있다. disabled = false라고 써도 동일하게 동작한다.
- index = siem: 이 로그가 저장될 index를 지정한다. Splunk 서버는 이 지시자에 기반해서 siem 인덱스에 이 로그를 저장한다.
- sourcetype = siem-dns: 이 로그가 사용할 sourcetype을 지정한다.

위의 다섯 줄이 로그 파일 1개를 수집하는 설정 값이다. 수집 대상 파일별로 하나씩 모두 등록해야 하며 http.log 역시 같은 디렉터리에 저장된다. 그러므로 다음과 같이 수집 설정 값을 추가할 수 있다.

```
[monitor:///app/zeek/logs/current/http.log]
disabled = 0
index = siem
sourcetype = siem-http
```

수집 대상 파일을 모두 추가한 후 inputs.conf를 저장하고 빠져나온다.

세 번째는 outputs.conf 파일을 설정한다. 이 파일에는 수집 로그를 전송할 Splunk 서버를 지정한다. outputs.conf 파일을 텍스트 편집기로 열어서 다음 항목을 추가한다.

```
[tcpout]
defaultGroup = default-autolb-group

[tcpout:default-autolb-group]
server = 192.168.2.3:10000

[tcpout-server://192.168.2.3:10000]
```

로그를 전송할 Splunk 서버의 주소와 전송 포트를 명시한다. 주소는 도메인을 사용하거나 IP 주소 모두를 사용할 수 있다. 예제에서 Splunk 서버는 192.168.2.3을 사용하고 있다. 독자는 본인 Splunk 서버의 IP 주소로 설정해야 한다. 또한 로그 수신 포트를 10000번으로 지정했으므로 outputs.conf 파일에서도 동일하게 10000을 지정했다.

네 번째는 수집한 설정을 적용하는 단계다. inputs.conf와 outputs.conf의 설정이 완료됐으면 유니버설 포워더를 시작한다.

```
/app/splunkforwarder/bin/splunk start
```

이제 유니버셜 포워더는 inputs.conf에 설정한 대로 해당 디렉터리의 로그 파일을 읽어서 Splunk 서버로 전송할 것이다. 로그 전송이 제대로 동작하는지는 여러 방법으로 확인할 수 있다.

로그 수집 확인

수집 호스트에서 Splunk 서버로 접속이 이뤄졌는지 확인하자.

```
netstat -an | grep 10000

@ubuntu:/app/splunkforwarder/bin$ netstat -an | grep 10000
tcp       0       0 192.168.137.128:48800    192.168.2.3:10000        ESTABLISHED
```

위의 내용은 192.168.137.128 호스트에서 192.168.2.3 서버의 10000/TCP로 접속 사실을 나타낸다. 이 내용이 보이면 192.168.137.128에서 정상적으로 Splunk 서버에 접속하고 있다는 것이다.

또 다른 방법은 데이터가 전송 중인지 패킷을 수집해보는 방법이 있다. 로그 전송 서버에서 tcpdump를 이용해서 확인할 수 있다.

```
@ubuntu:/app/splunkforwarder/bin$ sudo tcpdump -i ens33 -n -vvv dst port 10000
tcpdump: listening on ens33, link-type EN10MB (Ethernet), capture size 262144 bytes
22:16:19.999653 IP (tos 0x0, ttl 64, id 54754, offset 0, flags [DF], proto TCP (6),
length 127)
192.168.137.128.48800 > 192.168.2.3.10000: Flags [P.], cksum 0x0d46 (incorrect -> 0xb8ce),
seq 733293627:733293714, ack 2073767494, win 30016, length 87
```

tcpdump 명령어를 실행시키니 192.168.2.3 서버의 목적지 포트 10000/TCP로 데이터를 전송하고 있음을 알 수 있다.

다음은 Splunk 서버에서 로그를 제대로 수신하고 저장하는지 살펴보자. 유니버셜 포워더에서 전송하는 로그를 Splunk 서버에서 놓치는 경우는 거의 없다고 봐야 한다. 그만큼 두 프로그램 간의 통신은 높은 신뢰성을 보장한다.

브라우저를 실행시켜서 Splunk 서버에 접속한다. 시험용 Splunk 서버 주소는 http://192.168.2.3:8000이다. 독자마다 이 주소는 다를 수 있다. 본인이 설정한 주소에 접속한 후 지정한 계정 정보로 로그인을 한다. Search & Report 앱을 선택하고 검색 창에 다음을 입력한다. 시간은 전체 시간으로 설정한다.

```
index=siem sourcetype="siem-dns"
```

그림 6-8과 같이 정상적으로 로그가 수집되고 있는 것을 확인할 수 있다.

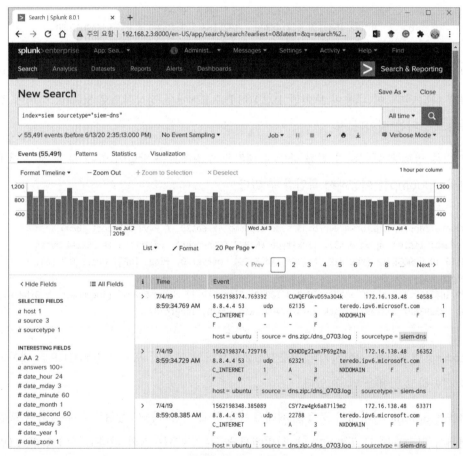

그림 6-8 로그 수집 확인

아직 sourcetype="siem-dns"를 설정하지 않았지만 필드 추출에서 살펴볼 것이다.

필드 추출

편리한 검색을 위해서 로그에서 필드를 추출해보자. 필드는 로그를 구성하는 각 항목이 가진 의미를 말한다. 데이터베이스 테이블은 필드의 구성으로 만들어져 필드에 맞게 입력해야 한다고 앞에서 얘기했다.

하지만 Splunk는 로그를 그대로 인덱싱하므로 필드 없이도 데이터 검색을 할 수 있다. 그럼에도 필드를 구분하는 이유는 무엇일까? 보다 더 세밀하고 정확한 검색을 위해서다.

HTTP 로그에서 상태코드가 200인 출발지를 검색한다고 하자. 200을 검색하면 원하는 결과를 얻을 수 있을까? 트래픽 크기가 200인 로그가 나올 수 있고, 포트가 200번인 로그도 검색 결과에 포함할 수 있다. 사용자가 원하는 로그는 무엇이었을까? HTTP 상태코드가 200인 것을 원했다면 상태코드=200으로 검색해야 한다. 이 식에서 등호 왼쪽이 필드이고 오른쪽은 필드 값을 의미한다.

Splunk의 필드는 sourcetype이라는 환경설정에 저장한다. sourcetype을 만드는 방법은 수작업으로 하는 방법과 Splunk 웹 화면을 이용하는 방법이 있다. 여기에서는 간단하게 웹 화면을 이용하는 방법을 알아보자.

Zeek의 로그 파일은 필드를 추출하기가 매우 편리한 구조로 이뤄져 있다.

개별 로그 파일마다 필드명과 각 필드 데이터의 형식을 명시해놓고 있다. Zeek의 로그 저장 디렉터리에서 DNS 관련 로그 파일인 dns.log 파일을 편집기로 열어서 #fields로 시작하는 줄을 자세히 보자.

```
#fields ts      uid      id.orig_h   id.orig_p   id.resp_h   id.resp_p
proto    trans_id     rtt     query   qclass  qclass_name   qtype   qtype_name
rcode    rcode_name   AA      TC      RD      RA      Z       answers TTLs    rejected
```

맨 앞의 #fields를 제외한 나머지가 dns 로그 필드명이다. 이제 각 로그의 필드명을 확보하는 방법을 알았다. fields_extract.txt에서 실습에 사용할 소스 타입의 필드 형식을 제공하고 있다.

```
[siem-dns]
ts,uid,src,spt,dst,dpt,proto,trans_id,rtt,domain,qclass,qclass_name,qtype,qtype_
name,rcode,rcode_name,AA,TC,RD,RA,Z,answers,TTLs,rejected

[siem-ssl]
ts,uid,src,spt,dst,dpt,version,cipher,curve,server_name,resumed,last_alert,next_
protocol,established,cert_chain_fuids,client_cert_chain_fuids,subject,issuer,client_
subject,client_issuer,validation_status

[siem-http]
ts,uid,src,spt,dst,dpt,trans_depth,method,domain,uri,referrer,version,user_agent,request_
body_len,response_body_len,status_code,status_msg,info_code,info_msg,tags,username,passwo
rd,proxied,orig_fuids,orig_filenames,orig_mime_types,resp_fuids,resp_filenames,resp_mime_
types

[siem-x509]
ts,id,cert_version,cert_serial,cert_subject,cert_issuer,cert_not_valid_before,cert_not_
valid_after,cert_key_alg,cert_sig_alg,cert_key_type,cert_key_length,cert_exponent,cert_
curve,san_dns,san_uri,san_email,san_ip,basic_const_ca,basic_const_path_len
```

다음의 절차로 siem-dns의 sourcetype을 만들어보자.

1. **설정 > Source Type**을 선택한다.
2. 오른쪽 상단의 녹색 버튼인 **새로 만들기 Source Type**을 클릭한다.
3. 이름은 **siem-dns**를 지정하고 범주는 구조적, 인덱스 추출은 **tsv**를 선택한다. Zeek는 로그의 필드가 탭으로 구분돼 있어서 tsv를 선택한 것이다.
4. 타임스탬프는 **자동**으로 설정돼 있는 것을 변경하지 않는다.
5. 필드 항목을 선택하고 필드명을 **사용자 지정**으로 선택하면 **쉼표로 구분된 필드명**이 라는 텍스트 입력 창이 활성화된다. 빈칸에 fields_extract.txt의 siem-dns 섹션 내용을 복사한다. 그림 6-9에 방법이 나와 있다.

그림 6-9 필드 추출 설정

고급은 수정하지 않아도 되고 **저장** 버튼을 누르고 나온다. 앞서 로그를 수집하는 Splunk Forwarder의 환경설정에 sourcetype을 지정하는 항목이 있었다.

```
[monitor:///app/zeek/logs/current/dns.log]
disabled = 0
index = siem
sourcetype = siem-dns
```

이제 sourcetype을 지정했으므로 Splunk 사용자는 필드에 맞는 검색어를 사용할 수 있다. 이와 같은 방식으로 fields_extract.txt에 있는 4개의 sourcetype을 모두 만들어야 한다.

6.4.3 원격 로그 수집 – 윈도우

이번에는 sysmon이 생성하는 로그를 Splunk 유니버셜 포워더를 이용해서 Splunk 서버로 전송해보자. 유니버셜 포워더의 환경설정이나 디렉터리 구조는 운영체제의 종류와 관계 없이 동일하다. 다만 설치 방법이 조금씩 다를 뿐이다.

다운로드한 윈도우용 유니버셜 포워더 프로그램을 실행시킨다.

처음 실행하는 경우 그림 6-10 같은 설치 안내가 나온다. 상단의 라이선스 동의를 선택해야 Next 버튼이 활성화된다. 아래의 선택 옵션은 Splunk 클라우드를 사용할 때 사용하는 옵션이다. 이 책은 Splunk 서버를 직접 구축하는 사례이므로 선택을 해제하지 않는다.

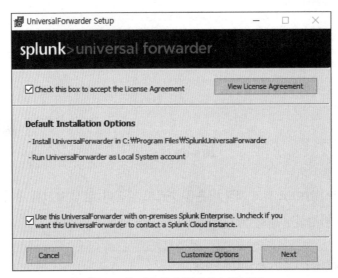

그림 6-10 윈도우용 유니버설 포워더 설치 시작

Next 버튼을 클릭해서 그림 6-11로 넘어간다.

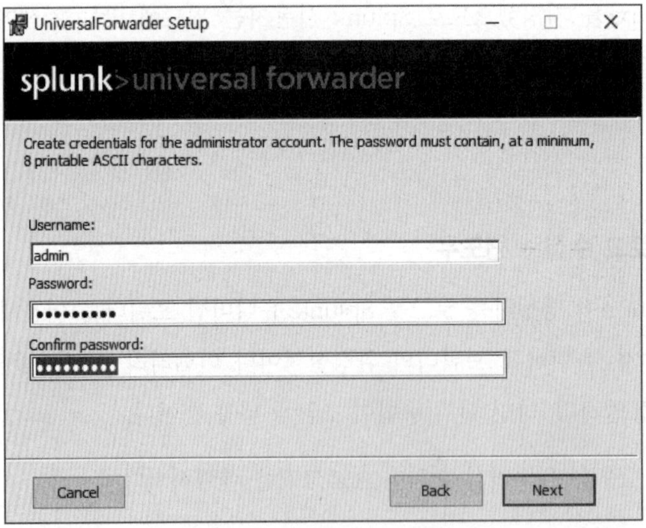

![UniversalForwarder Setup - Create credentials for the administrator account. The password must contain, at a minimum, 8 printable ASCII characters. Username: admin, Password, Confirm password]

그림 6-11 유니버설 포워더 관리 계정 설정

두 번째 단계에서는 유니버셜 포워더를 관리하는 계정을 설정하는 부분이다. 관리에 사용할 계정과 암호를 설정한다. 여기에서 설정하는 계정은 유니버셜 포워더의 실행/종료 등에 필요하다.

계정을 설정하고 Next 버튼을 클릭한다.

그림 6-12는 Splunk의 배포 서버를 사용하는 경우를 설정하는 것이다. 배포 서버는 다수의 유니버셜 포워더를 관리하는 Splunk 서버의 기능이다. 여기에서는 해당 내용을 사용하지 않으므로 아무런 설정도 하지 않고 바로 다음으로 넘어간다.

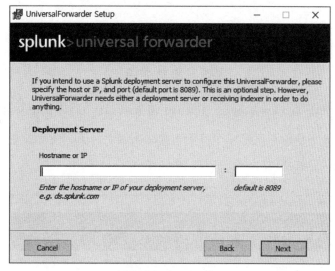

그림 6-12 배포 서버 설정

배포 서버를 이용해서 많은 유니버셜 포워더를 관리하고 각종 환경설정을 자동으로 배포하고 싶다면 Splunk 관리자의 도움을 받는다.

그림 6-13은 유니버셜 포워더가 수집한 로그를 보내는 전송 대상 서버를 설정한다. 즉, Splunk 서버의 IP와 수신 포트를 적는 것이다. 앞서 리눅스 서버에서 설정한 수신 포트를 그대로 사용해도 된다.

그림 6-13 Splunk 서버 설정

Next 버튼을 클릭해서 다음 단계로 넘어가면 설치를 위한 모든 준비가 완료됐다. 그림 6-14에서 Install 버튼을 클릭해서 설치를 실행하자. 모든 설치가 완료되면 그림 6-15와 같이 종료 화면이 나타난다.

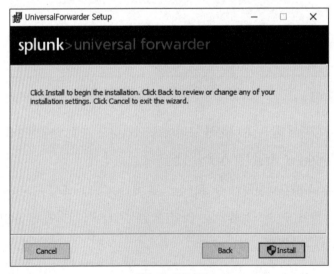

그림 6-14 설치 시작

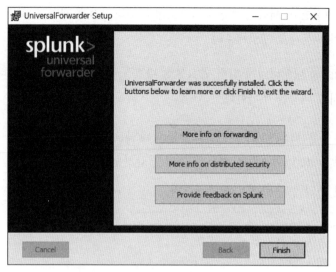

그림 6-15 설치 완료

수집 환경설정

포워더 설치를 완료했다면 로그를 수집하고 전송해야 한다. 모든 로그 수집은 수집 서버와 로그를 전송하는 클라이언트, 양쪽을 모두 설정해야 한다. 우선 로그를 전송하는 클라이언트 쪽을 먼저 살펴보자. 윈도우에 유니버셜 포워더를 설치했다면 설치 위치는 다음과 같다.

```
C:\Program Files\SplunkUniversalForwarder
```

탐색기나 명령 프롬프트 실행 창에서 해당 디렉터리로 이동한다. 수집 대상을 지정하는 곳은 유니버셜 포워더 앱에서 지정한다. 다음 폴더로 다시 이동한다.

```
C:\Program Files\SplunkUniversalForwarder\etc\apps\SplunkUniversalForwarder
```

디렉터리를 보면 알겠지만 앞서 설치한 리눅스용 유니버셜 포워더와 동일한 구조임을 알 수 있다. 또한 default 디렉터리와 local 디렉터리가 동일한 환경설정 파일을 갖고 있는 경우 local 디렉터리가 우선순위가 높다고 했다. 여기에서도 local 디렉터리에 환경설정 파일을 지정한다. 처음 설치한 경우 local 디렉터리가 존재하지 않을 수도 있다. 이 때는 사용자가 수동으로 생성해준다.

이제 생성한 local 디렉터리에 입력 환경설정 파일을 생성하자. 다음 순서대로 환경설정 파일을 생성하고 내용을 추가한다.

1. local 디렉터리로 이동해서 inputs.conf 파일을 생성한다.

    메모장, notepad++ 같은 텍스트 문서 편집기를 사용해야 한다.

2. 생성한 파일에 다음 내용을 추가한다.

```
[WinEventLog://Microsoft-Windows-Sysmon/Operational]
checkpointInterval = 5
current_only = 0
disabled = 0
start_from = oldest
index=sysmon
```

리눅스에서는 로그 수집 시 `monitor://`로 시작했다. 하지만 윈도우 이벤트는 `WinEvent Log://`로 시작한다. 앞에서 이벤트 항목의 이름을 잘 기억해야 한다는 것을 다시 생각해 보자. 이벤트 항목은 유니버설 포워더가 수집하는 로그를 지정할 때 사용한다. Sysmon 은 Microsoft-Windows-Sysmon/Operational에 해당 이벤트를 저장하므로 첫 줄의 항목이 [WinEventLog://Microsoft-Windows-Sysmon/Operational]인 것이다. 이제 이벤트 항목만 안다면 어떤 윈도우 이벤트도 Splunk로 전송할 수 있다. 윈도우 이벤트 의 기본 항목은 애플리케이션, 보안, 시스템이다. 이 로그 역시 다음의 지시자로 수집할 수 있다.

```
[WinEventLog://Application]
[WinEventLog://Security]
[WinEventLog://System]
```

해당 PC의 성능을 측정하고 싶은 경우 윈도우가 저장하는 관련 로그를 수집할 수 있다.

```
[perfmon://CPU Load]
[perfmon://Available Memory]
[perfmon://Free Disk Space]
```

물론 개별 항목을 지정하고 상세 로그 수집 설정 역시 지정해야 한다.

```
checkpointInterval = 5
current_only = 0
disabled = 0
start_from = oldest
index=sysmon
checkpintInterval #로그 수집 간격으로 단위는 초를 사용한다.
current_only = 0 #1이면 Splunk 서버가 실행 중일 때만 로그를 수집한다는 의미다. 1로 설정하면 Splunk
서버가 리부팅할 때의 수집 로그가 유실될 수 있으므로 0으로 설정하는 것을 권고한다.
disabled = 0 #실행/비실행을 표시한다. 1 또는 0, True 또는 False로 지정한다. 0은 False와 동일한
의미이고 꺼지는 것(disabled)이 False이므로 실행 중이라는 의미다.
start_from = oldest #로그의 가장 오래된 것부터 수집하라는 의미다.
index = sysmon #수집한 로그를 저장할 index명이다.
```

모든 환경설정 파일을 마치면 inputs.conf는 다음의 내용을 갖는다.

```
[WinEventLog://Microsoft-Windows-Sysmon/Operational]
checkpointInterval = 5
current_only = 0
disabled = 0
start_from = oldest
index=sysmon

[WinEventLog://Application]
checkpointInterval = 5
current_only = 0
disabled = 0
start_from = oldest
index=sysmon

[WinEventLog://Security]
checkpointInterval = 5
current_only = 0
disabled = 0
```

```
start_from = oldest
index=sysmon

[WinEventLog://System]
checkpointInterval = 5
current_only = 0
disabled = 0
start_from = oldest
index=sysmon
```

변경사항을 확인하고 파일을 저장한다. 로그를 전송하는 서버는 유니버셜 포워더를 설치할 때 이미 지정했으므로 특별히 수정할 내용은 없다. 다만 Splunk 서버가 변경됐다면 local 디렉터리에 있는 outputs.conf를 수정해야 한다. 하지만 local 디렉터리에는 outputs.conf 파일이 존재하지 않는다. 또한 default 디렉터리의 outputs.conf에도 설치 당시 입력한 내용이 보이지 않는다. 사실은 설치 과정에서 입력한 값은 특정 앱에 종속적인 것이 아니라 Splunk 유니버셜 포워더 전체의 환경설정이다. 설치 과정의 환경설정은 다음 경로에 위치해 있다.

```
C:\Program Files\SplunkUniversalForwarder\etc\system\local\outputs.conf
```

또한 다음과 같이 설치 과정에 입력한 내용이 파일에 저장돼 있다.

```
[tcpout]
defaultGroup = default-autolb-group

[tcpout-server://192.168.2.3:10000]

[tcpout:default-autolb-group]
disabled = false
server = 192.168.2.3:10000
```

Splunk 서버가 변경된다면 server 항목의 IP를 수정하면 된다. IP 이외의 도메인으로 Splunk 서버를 지정할 수 있다. 도메인을 지정하는 것이 훨씬 많은 유연성을 제공하지만 이러한 운영 서버는 IP 주소를 변경하는 일이 그다지 많지 않으므로 IP 주소를 그대로 사용하는 것도 나쁜 방법은 아니다.

여기에서도 목적지 포트는 리눅스와 동일하게 10000번으로 지정했다. 다른 포트를 사용하고 싶다면 앞에서 살펴본 방식대로 Splunk 서버에서 새로운 포트를 개방할 수 있다.

이것으로 클라이언트의 환경설정을 마쳤다. 한 가지 유의할 점은 환경설정을 변경했으면 유니버설 포워더를 재실행해야 변경한 내역이 반영된다는 점이다. 윈도우에서 재실행은 명령 프롬프트 창보다는 서비스 프로그램에서 재시작을 실행하는 것이 조금 더 편하다.

1. 서비스를 실행시킨다.
2. Splunk Universal Forwarder를 찾아서 마우스 오른쪽을 클릭한다.
3. 재시작을 선택한다.

이제 윈도우 클라이언트가 전송하는 로그를 수신하기 위한 Splunk 서버 환경설정을 살펴보자. 서버에는 두 가지를 설정해야 하는데 첫 번째로 sysmon 수집 전용 프로그램을 설치하고 두 번째는 수집용 수신 포트를 설정하는 것이다. 수신 포트는 이미 설정돼 있으므로 전용 수집 프로그램을 설치하면 서버의 환경설정도 완료된다.

설치는 다음의 순서를 따른다.

1. 다음 링크(https://splunkbase.splunk.com/app/1914/)에 접속한다.
2. Add-on for Microsoft Sysmon을 확인하고 다운로드한다.
3. 앱 선택 목록에서 앱 관리를 선택하고 오른쪽 상단의 **파일에서 앱 설치**를 선택한다.
4. 파일에서 다운로드한 설치 파일을 선택하고 업로드를 클릭한다.

로그 수집 확인

클라이언트와 서버 쪽의 모든 설치를 완료했으면 이제 로그가 정상적으로 수집되는지 확인해야 한다. 앞서 환경설정에서 수집 index를 sysmon이라고 설정했으므로 다음 검색어를 전체 시간으로 실행시킨다.

```
index=sysmon
```

윈도우 클라이언트 로그가 정상적으로 수집되고 있음을 그림 6-16에서 확인할 수 있다.

그림 6-16 sysmon 수집 결과

6.4.4 예제 로그 업로드

지금까지는 실제 환경에서 로그를 설정하고 수집하는 방법을 알아봤다. 이미 Splunk를 사용하는 사용자는 다양하게 검색을 실습할 수 있지만, 아직 사용하지 않는 사용자를 위해서 수집을 살펴봤다.

여기에서는 7장부터 사용할 예제 로그를 Splunk에 저장해본다.

Zeek 로그 업로드

1. 다음 링크(http://www.acornpub.co.kr/book/splunk-siem)에서 예제 로그 파일을 다운로드한다.

2. Splunk 서버에서 **설정 > 데이터 입력 > 로컬 입력 > 파일 및 디렉터리**에서 **+ 새로 추가**를 클릭한다.

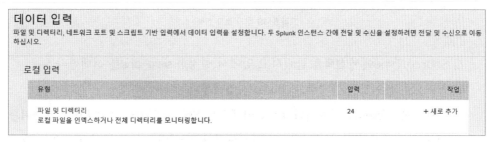

그림 6-17 데이터 입력 선택

3. 상위 메뉴에서 **데이터 추가**를 클릭한다. 링크 형식이 보이지 않지만 글자 위로 마우스를 가져가면 커서가 변하는 것을 알 수 있다.

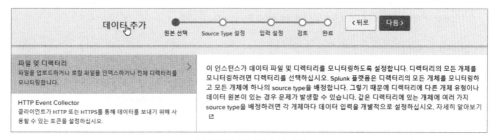

그림 6-18 데이터 추가 선택

4. 하단에서 **업로드 - 내 컴퓨터의 파일**을 선택한다.

5. **파일 선택**을 클릭하고 다운로드한 경로에서 dns.zip을 선택하거나, 탐색기에서 dns.zip을 Splunk 화면으로 드래그한다. Zip 파일 형식은 미리보기를 지원하지 않지만 그대로 인덱싱을 할 수 있다.

6. 완료가 됐다면 **다음** 버튼을 선택한다.

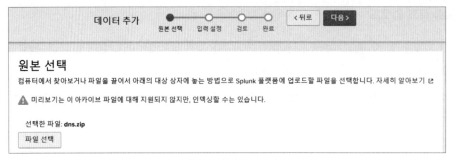

그림 6-19 추가 로그 선택

7. Source Type에서 **선택**을 클릭하고 앞에서 설정한 siem-dns를 선택한다.

8. 호스트는 **상수 값**을 선택하고 ubuntu를 입력한다.

9. 인덱스에서 siem을 선택한다. 아직 인덱스를 만들지 않았다면 **새 인덱스 만들기**를 선택해서 생성한다. 입력 설정을 결정했다면 **검토** 버튼을 클릭하고 이후 **제출**을 클릭한다.

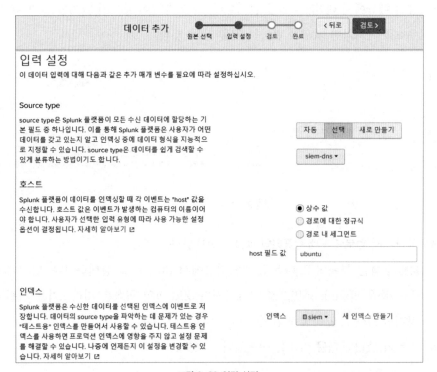

그림 6-20 입력 설정

10. 그림 6-21과 같은 화면이 나타나면 성공적으로 업로드가 된 것이다. **검색 시작** 버튼을 클릭해서 로그를 확인해보자.

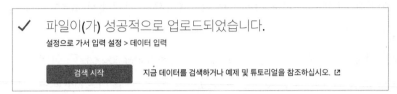

그림 6-21 업로드 성공

같은 방법으로 HTTP, SSL, x509를 모두 업로드한다. 4개의 로그 파일을 모두 업로드하면 검색 창에서 다음의 검색어를 전체 시간으로 실행시켜보자.

```
index=siem
```

그림 6-22와 같이 4개의 소스 타입이 모두 보이면 예제 데이터를 성공적으로 적재한 것이다.

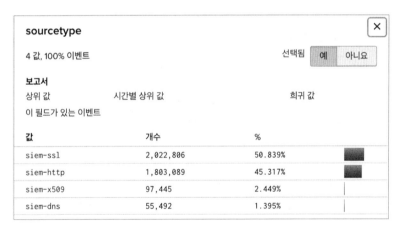

그림 6-22 업로드한 Zeek 로그의 소스 타입 목록

스캐너 로그 업로드

취약점 스캐너 로그도 추가해보자. 추가할 로그 파일은 scanner_log.csv이다. Zeek의 로그 파일은 소스 타입을 만들었지만 스캐너 로그의 소스 타입은 만들지 않았다. 데이터 추가부터 살펴보자.

1. Splunk 서버에서 **설정 > 데이터 입력 > 로컬 입력 > 파일 및 디렉터리**에서 **+ 새로 추가**를 클릭한다.

2. 동일하게 상위 메뉴에서 **데이터 추가**를 클릭하고 하단에서 **업로드 – 내 컴퓨터의 파일**을 선택한다.

3. **파일 선택**을 클릭하고 다운로드한 경로에서 scanner_log.csv를 선택하거나 탐색기에서 파일을 Splunk 화면으로 드래그한다. 완료됐다면 **다음** 버튼을 선택한다.

4. 이제 소스 타입 지정화면이 나타난다. 타임 스탬프는 자동으로 인식하므로 설정하지 않아도 된다. 구분된 설정 탭을 클릭해서 확장한다. 필드명은 **사용자 지정**을 선택하면 하단에 **쉼표로 구분된 필드명** 입력창이 활성화된다. 제공하는 필드 추출 항목에서 siem-scanner 줄을 복사해서 붙여 넣기를 한다. 필드 항목은 다음과 같으며 순서를 변경하지 않아야 한다.

---

scandate,ip,ipstatus,os,port,protocol,qid,results,threat,title,type,cveid,cvss3base

---

5. **다른 이름으로 저장**을 클릭하고 그림 6-23처럼 설정한다.

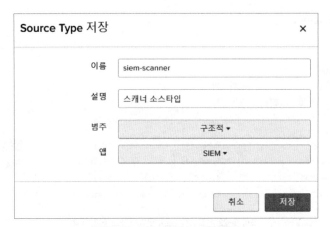

그림 6-23 스캐너 로그 소스 타입 설정

6. 입력 설정에서 인덱스를 siem을 설정하고 데이터 추가를 완료한다.

sysmon 로그 추가

Zeek와 스캐너 로그는 원본 파일을 업로드했지만 sysmon은 다른 방식으로 추가한다. sysmon은 인덱스가 완료된 Splunk 파일로 제공하므로 이 파일을 Splunk 서버에 업로드를 하고 환경을 설정한다.

이미 인덱싱이 완료된 파일이므로 Splunk의 라이선스를 사용하지 않는다는 장점이 있다. sysmon.tgz 파일을 다음 링크(http://www.acornpub.co.kr/book/splunk-siem)에서 다운로드한다. 실습용 서버는 대부분 인터넷에 연결돼 있을 것이므로 서버에서 직접 파일을 다운로드하는 것도 좋은 방법이다.

환경설정은 리눅스 서버를 기준으로 한다. 윈도우 서버도 환경설정은 똑같으므로 인덱스 파일 위치만을 잘 기억하면 된다. 다음 절차대로 로그를 추가한다.

1. 다운로드한 인덱스 파일을 설치 위치로 이동시킨다. 설치 위치는 특별한 제약이 없다. 환경설정에서 해당 디렉터리를 지정할 수 있기 때문이다. Splunk 설치 홈 디렉터리를 $SPLUNK_HOME으로 표시하면 인덱스 기본 설치 경로는 다음과 같다.

   ```
   $SPLUNK_HOME/var/lib/splunk/
   ```

2. 이 경로에 sysmon 디렉터리를 생성한다.

   ```
   mkdir $SPLUNK_HOME/var/lib/splunk/sysmon
   ```

3. 다운로드한 파일을 생성한 디렉터리로 복사 또는 이동한다. 다음은 파일을 이동시키는 명령이다.

   ```
   mv sysmon.tgz $SPLUNK_HOME/var/lib/splunk/sysmon
   ```

   디렉터리로 이동한 다음에 파일의 압축을 해제한다. 압축을 해제한 후에는 그림 6-24와 같은 디렉터리 구조를 볼 수 있다.

```
cd $SPLUNK_HOME/var/lib/splunk/sysmon
tar xvzf sysmon.tgz
```

```
jinseo@ubuntu:/data/splunk73/var/lib/splunk/sysmon$ ls -l
total 5220
drwxr-xr-x 2 jinseo jinseo    4096 Apr 10 22:24 colddb
drwxr-xr-x 2 jinseo jinseo    4096 Feb  7 13:26 datamodel_summary
drwxr-xr-x 7 jinseo jinseo    4096 Apr 10 22:24 db
-rw-rw-r-- 1 jinseo jinseo 5327182 Apr 12 13:03 sysmon.tgz
drwxr-xr-x 2 jinseo jinseo    4096 Feb  7 13:26 thaweddb
```

그림 6-24 압축 해제 후 디렉터리 목록

4. 인덱스 파일을 복사한 다음에는 이를 인식시키는 환경설정 작업을 해야 한다. indexes.conf 파일에서 설정할 수 있으며 기본 검색 앱에 이 파일을 설정한다. search 앱의 local 디렉터리로 이동한다.

```
cd $SPLUNK_HOME/etc/apps/search/local
```

5. indexes.conf 파일을 vim 또는 nano 편집기를 이용해서 불러들인다. 이미 siem 인덱스를 생성했으므로 siem 인덱스 항목이 [siem] 형식으로 존재한다. 다음 내용을 파일의 마지막에 추가하고 저장한다.

```
[sysmon]
coldPath = $SPLUNK_DB/sysmon/colddb
enableDataIntegrityControl = 0
enableTsidxReduction = 0
homePath = $SPLUNK_DB/sysmon/db
maxTotalDataSizeMB = 51200
thawedPath = $SPLUNK_DB/sysmon/thaweddb
```

$SPLUNK_DB는 $SPUNK_HOME/var/lib/splunk/를 나타낸다. 그러므로 sysmon 인덱스는 $SPUNK_HOME/var/lib/splunk/sysmon에 위치한다는 것을 Splunk 서버에 알려주는 것이다.

6. indexes.conf 파일의 설정을 완료했으면 Splunk를 재시작한다. 이는 인덱스를 인식시키기 위한 작업이다.

```
$SPLUNK_HOME/bin/splunk restart
```

이제 Splunk 검색 창에서 그림 6-25와 같이 **index=sysmon**을 이용해서 sysmon 로그를 검색할 수 있다.

그림 6-25 sysmon 인덱스 추가 후 검색

6.5 요약

6장에서는 Splunk가 로그를 수집하는 방법을 알아봤다. 그리고 예제로 사용할 Zeek와 sysmon을 직접 설치하고 이를 Splunk 서버로 전송하는 것을 설정했다. 하드웨어형 장비에서 직접 전송하는 syslog를 수신하는 방법은 데이터 수신 포트만 개방하면 되므로 매우 간단하다. 실제 Splunk에 로그를 저장하는 방법은 6장에서 소개한 방법과 크게 다르지 않다. 7장부터는 본격적으로 Splunk 검색 명령어를 이용해서 예제 로그를 검색하고 이상징후를 분석해보자.

7
네트워크 로그 분석

7.1 장 소개

7장에서는 인터넷에서 사용하는 주요 서비스를 분석하고 이상징후를 추출해본다. 모든 인터넷 서비스는 고유의 프로토콜을 사용해서 서비스를 제공하므로 서비스를 분석한다는 것은 프로토콜을 분석한다는 의미다.

7장의 목표는 다음과 같다.

- 인터넷 서비스 종류를 이해할 수 있다.
- 서비스별 사용 프로토콜을 이해할 수 있다.
- 프로토콜 특성을 이해하고 이를 분석할 수 있다.

사용자는 인터넷을 이용해서 원하는 서비스에 접속한다. 보안 담당자는 이 과정에서 다음의 보안 업무를 수행할 수 있다.

- 네트워크에서 발생하는 악성행위를 탐지할 수 있다.
- 네트워크에서 발생하는 비정상 행위를 발견할 수 있다.
- 운영하는 네트워크 인프라의 이해도가 증가한다.

네트워크에서 수집하는 정보는 PC와 같은 엔드포인트에서 수집하는 정보와 많은 차이가 있다. 네트워크에서는 반드시 IP 주소가 발생한다. 또한 프로토콜 별로 다른 정보가 수집될 수 있으므로 앞에서 설명했듯이 네트워크 계층에서 정보를 수집하고 이를 분석하려면 네트워크 프로토콜에 대한 사전지식이 필요하다.

최근의 네트워크에서 핵심 서비스는 HTTP와 HTTPS를 들 수 있다. 인터넷 초기에는 telnet(원격접속), FTP(데이터 전송), Gopher(정보검색) 등 사용자가 원하는 목적에 따라 다른 서비스를 사용해야 했다. 하지만 이제 대부분 서비스가 웹으로 통합됐다. 웹은 HTTP 또는 HTTPS 프로토콜에서 동작한다. 그러므로 먼저 HTTP와 HTTPS를 주요 네트워크 분석 대상으로 놓아야 한다.

DNS$^{Domain\ Name\ System}$를 빼놓을 수는 없다. 모든 것을 숫자로 처리하는 컴퓨터와 달리 사용자들은 문자에 더 익숙하다. 즉, 인터넷 사용자는 115.68.20.197보다 www.acornpub.co.kr을 더 쉽게 기억하고 받아들인다. 하지만 실제 네트워크 접속은 IP 주소로 이뤄지기 때문에 사용자가 입력하는 문자열 주소를 IP 주소로 변경해주는 역할이 필요하다. DNS가 바로 이 임무를 수행한다. DNS가 없다면 우리는 모든 사이트의 주소를 IP로 외워야 할 것이다.

이 외에도 전자우편을 보낼 때 사용하는 SMTP$^{Simple\ Mail\ Transfer\ Protocol}$, 파일을 전송하는 데 사용하는 FTP$^{File\ Transfer\ Protocol}$ 역시 사용자가 많이 이용하는 서비스다. SIEM에서는 이렇듯 여러 네트워크 서비스를 통합하고 분석함으로써 공격자의 공격 행위, 내부 업무망 사용자의 이상징후 등을 판별할 수 있다.

모든 프로토콜을 살펴볼 수는 없으므로 핵심 프로토콜 위주로 이상징후 분석을 진행할 것이다.

7.2 주요 서비스 프로토콜

7.2.1 DNS

DNS^{Domain Name System}는 인터넷을 사용하는 사용자가 반드시 사용하는 서비스다. DNS를 분석해서 얻을 수 있는 정보는 사용자가 많이 접속하는 도메인, 그리고 그 도메인의 IP 주소를 알아낼 수 있다.

공격자 역시 공격목표를 도메인으로 접속하고 악성코드가 사용하는 C2 서버도 도메인을 사용한다. 물론 IP 주소를 사용하는 C2 서버도 존재한다. 이런 특성 때문에 보안 시스템 운영자는 보안 로그 이외에도 DNS 로그 분석을 반드시 실시해야 한다.

DNS는 두 영역에서 별도로 운영하는 것이 일반적이다. 첫 번째는 관리하는 DMZ 영역 서버를 접속할 때 불특정 다수의 인터넷 사용자에게 제공하는 DNS며, 두 번째는 기업 내부망 사용자가 외부 인터넷으로 접속할 때 사용하는 내부 사용자용 DNS다. 이 책에서는 두 번째를 분석 대상으로 삼는다. 앞서 언급했듯이 기업 내부망을 대상으로 수행하는 APT 공격을 분석하려면 외부행 트래픽을 분석해야 하기 때문이다.

DNS 서비스 특성상 인터넷에서 접속하는 DNS 서버는 웹 서버 도메인, 메일 전송을 위한 것이 대부분을 차지한다. 그리고 접속의 대부분은 인터넷 사용자다. 인터넷 사용자가 접속하는 DNS 서버의 이상징후를 찾기는 매우 어렵다. 설령, 그렇게 찾더라도 보안 담당자가 대응할 수 있는 일은 IP를 차단하는 일 외에는 특별한 대응 방법이 없다. 하지만 명확한 위협이 발생하지 않은 상태에서 먼저 IP를 차단하는 일은 고객 서비스에 영향을 줄 수 있어서 적극적으로 적용하기는 어렵다. 만약 NAT^{Network Address Translation}가 적용된 IP를 차단하면 많은 사용자가 고객 서비스에 접근할 수 없는 문제도 발생한다. 마지막으로 인터넷 서비스를 제공하는 기업은 접속 차단 자체를 매우 꺼린다는 점이다.

이와 반대로 내부망 사용자가 인터넷으로 향하는 접속의 DNS 로그를 분석하면 기업 내부망의 위협을 사전에 탐지할 수 있다. 도메인 접속 클라이언트가 악성으로 판명되면 보안 담당자가 즉시 대응할 수 있다는 점이 매력적이다. 누구인지 확인도 못하고 대응도 어려운 불특정 다수의 인터넷 사용자를 통제하는 것보다 사용자를 구분할 수 있고 이상징후 호스트를 직접 제어할 수 있는 내부망을 통제하는 것이 보안에 훨씬 더 효율적이다. 내부망 PC가 많아서 대응이 어렵다고 말하는 경우가 있다. 그러나 내부 직원이 아무리 많더라도 인터넷 사용자보다는 적다.

Zeek가 생성하는 DNS 로그를 예로 살펴보자. 다음은 사용자가 웹 브라우저로 http://www.acornpub.co.kr 홈페이지를 접속할 때 발생하는 DNS 로그를 Zeek에서 수집한 것이다. 너무도 당연한 이야기지만 Zeek가 생성하는 로그는 없는 내용을 만드는 것이 아니라, 패킷의 내용을 텍스트 형식으로 변환해서 저장하는 것이다. 그러므로 각 프로토콜의 구조를 알고 있으면 Zeek 로그를 읽는 데 많은 도움이 된다.

```
1553263644.654208        Celbsd1nYZdKVtOPi8        192.168.35.99    57760    210.220.163.82  53
udp    19744    0.010474        www.acornpub.co.kr      1      C_INTERNET      1       A
0      NOERROR F       F       T       T       0      115.68.20.197   300.000000      F
```

각 필드가 포함하는 정보는 표 7-1과 같다. 앞에서 설명했듯이 처음 6개의 필드는 모든 로그에 적용되는 공통필드다.

표 7-1 DNS 로그 필드

필드명	필드 설명	예제
ts	유닉스 시간으로 표시하는 시간 정보	1553263644.654208
uid	로그에 할당한 유일한 ID	Celbsd1nYZdKVtOPi8
id.orig_h	출발지 호스트가 사용하는 IP 주소	192.168.35.99
id.orig_p	출발지 호스트가 사용하는 포트	57760
id.resp_h	목적지 호스트가 사용하는 IP 주소	210.220.163.82
id.resp_p	목적지 호스트가 사용하는 포트	53
proto	사용하는 프로토콜	udp
trans_id	질의와 응답을 연결하는 ID	19744
rtt	응답 시간	0.010474
query	도메인 질의 내역	www.acornpub.co.kr
qclass	질의 클래스	1
qclass_name	질의 클래스 이름	C_INTERNET

필드명	필드 설명	예제
qtype	질의 형식	1
qtype_name	질의 형식 이름	A
rcode	답변 코드	0
rcode_name	답변 코드 이름	NOERROR
AA	인증서버 답변 여부	F
TC	전체 질의가 잘렸는지 여부	F
RD	재귀 질의 요청 여부	T
RA	재귀 질의 가능 여부	T
Z	예약된 필드로 사용하지 않음	0
Answers	DNS 서버에서 반환한 답변 내역	115.68.20.197
TTLs	반환한 도메인의 TTL값	300.000000
rejected	질의가 거부됐는지 판별	F

DNS 로그는 생각보다 많은 정보를 제공한다.

- **ts**: 시간 정보는 해당 로그가 발생한 시간이다. 정보보호 분야에서 시간 정보는 매우 중요하다. 일정한 시간 범위 내에 급격한 질의 증가, 도메인 질의 수 등을 검색할 때 항상 시간을 기준으로 검색한다. id 계열의 네 가지 정보는 출발지 IP, 포트, 목적지 IP와 포트다. 이 가운데 출발지 포트를 제외한 나머지 세 정보를 모두 검색에 사용한다.
- **query**: 사용자/컴퓨터가 DNS 서버에 질의한 도메인이다.
- **qclass_type**: 질의 형식이다. 예제의 A는 IP 주소를 물어본 것이다. NS, MX, SOA 등 다양한 옵션이 존재한다.
- **rcode_name**: 답변 코드 이름이다. 사용자/컴퓨터가 질의한 도메인의 응답코드다. 예제에서는 정상 응답이므로 NOERROR로 표시됐다.
- **TTLs**: 도메인의 TTL$^{Time To Live}$ 값이다. TTL은 도메인 질의 답변의 캐시 보관 기간이다. 단위는 초이며 대부분 3600 즉, 1시간을 기본 값으로 사용한다. 극도로 작은 TTL값은 도메인 정보가 자주 변경된다는 의미다. 도메인 주소 값을 자주 변경시켜서 추적을 회피하는 도메인 Flux 공격과 연관이 있을 수도 있다.

7.2.2 HTTP

HTTP^{Hyper Text Transfer Protocol}는 웹 서비스 용도로 탄생했다. 하지만 최근에는 거의 모든 서비스가 HTTP 프로토콜에서 동작한다. 검색, 파일 전송, 동영상 재생 등도 모두 HTTP를 이용한다. 이런 이유로 HTTP에는 웹 서비스만이 아닌 다른 서비스 정보도 많이 있다. 그러므로 모든 보안 분석가는 HTTP를 잘 이해하고 있어야 한다. DNS와 마찬가지로 분석하기 전에 스스로에게 질문해야 한다. 어떤 결과를 얻으려고 로그를 분석하는 것인가? 무엇을 보고 싶은가? 이 질문에 답을 할 수 있어야 보안 분석을 진행할 수 있다.

```
1553263644.670376       Chl0yW3qbhZ3zIWB01       192.168.35.99   56141   115.68.20.197   80
1       GET     www.acornpub.co.kr      /       -       1.1     Mozilla/5.0 (Macintosh;
Intel Mac OS X 10_14_3) AppleWebKit/605.1.15 (KHTML, like Gecko) Version/12.0.3
Safari/605.1.15 0       23878   200     OK      -       -       (empty) -       -       -
-       -       -       FDxKo72RxlBvmWAEF9      -       text/html
```

표 7-2 HTTP 필드

필드	필드 설명	예제
ts	유닉스 시간으로 표시하는 시간 정보	1553263644.670376
uid	로그에 할당한 유일한 ID	Chl0yW3qbhZ3zlWB01
id.orig_h	출발지 호스트 IP 주소	192.168.35.99
id.orig_p	출발지 포트	56141
id.resp_h	목적지 호스트 IP 주소	115.68.20.197
id.resp_p	목적지 포트	80
method	서비스 요청 방식	GET
host	접근 도메인	www.acornpub.co.kr
uri	접근 상세 주소(도메인 제외)	/
referrer	레퍼러 정보(host를 접속할 때 경유한 곳)	
version	HTTP 버전	1.1
user_agent	사용자가 사용한 웹 브라우저 정보	Mozilla/5.0(Macintosh; Intel Mac OS X 10_14_3), AppleWebKit/605.1.15(KHTML, like Gecko) Version/12.0.3 Safari/605.1.15
request_body_len	압축되지 않은 사용자가 서버에게 전송한 정보	0
response_body_len	압축되지 않은 서버가 사용자에게 전송한 정보	23878

필드	필드 설명	예제
status_code	HTTP 서비스 상태코드	200
status_msg	HTTP 서비스 상태코드의 메시지	OK
tags		(empty)
proxied	프록시 접속 여부	
resp_fuids	연결된 파일 ID(Zeek의 files.log에 명시)	FDxKo72RxlBvmWAEF9
resp_mime_types	전송 파일의 mime type	text/html

HTTP는 DNS보다 더 많은 필드를 포함한다. 많은 보안 담당자는 아파치 웹 서버의 access.log와 같은 웹 로그 형식에 익숙하다. 하지만 Zeek는 아파치 로그보다 더 많은 정보를 남긴다. 또한 하나의 이벤트에 하나의 로그가 생성되는 것은 요청과 응답을 동시 분석하는 면에서 많은 이점을 제공한다.

분석에 사용하는 주요 필드는 다음과 같다.

- method: 사용자가 사용한 접속 요청 방식이다. GET, POST가 대부분이다. 정상 사용이 아닌 메서드를 찾아서 이상징후를 탐지할 수 있다.
- host: 사용자가 접속한 도메인명이다. 웹 서비스는 도메인 기반으로 이뤄지므로 이 값이 IP로 나타나는 것은 일반적이지 않다.
- uri: 도메인을 제외한 주소다. 클라이언트가 서버의 어떤 리소스에 접속했는지 파악할 수 있다.
- referrer: 도메인에 접속하기 전에 들렀던 주소다. 사용자가 페이지에서 클릭해서 다른 도메인으로 이동하는 경우에 발생한다.
- version: HTTP 버전을 보여준다.
- user_agent: 사용자가 사용한 웹 브라우저 정보를 보여준다.
- request_body_len: 사용자가 host로 전송한 데이터 양으로 바이트가 단위다.
- response_body_len: host에서 사용자로 전송한 데이터 양이다.
- status_code: 사용자 요청 내역에 대한 서버의 응답코드reply code다.
- status_msg: 서버 응답코드의 상세 설명이다.

개별 필드가 포함하는 정보를 잘 기억해야 한다. HTTP의 이상징후를 판별할 때 이 필드를 사용할 것이다.

7.2.3 SSL/X509

인터넷에서 사용하는 TCP/IP는 평문 통신을 수행한다. 평문 통신이라는 것은 사용자와 웹 페이지 간의 모든 내용, 사용자가 입력하는 내용 등이 모두 평문으로 전송된다는 것이며, 누구든지 그 패킷의 내용을 볼 수 있다는 의미다. 사용자가 입력하는 계정과 비밀번호까지 평문으로 전송된다면 공격자는 쉽게 해당 정보를 가로챌 수 있을 것이다. 신용카드 번호 같은 민감한 금융 정보가 평문으로 전달된다면 누구도 인터넷에서 신용카드를 결제 수단으로 사용하지 않을 것이다.

안전한 데이터 전송 수단을 확보하기 위해 트래픽을 보호하는 기술이 인터넷 초창기부터 제안됐고 지금도 활발히 사용하고 있다. 그 해답은 트래픽 암호화다. 그런데 트래픽을 암호화하려면 데이터 암호와 같이 암호 키를 사용해서 진행해야 한다. 암호 키가 없는 암호화는 안전하게 보호받을 수 없기 때문이다.

서버 웹 페이지와 클라이언트 웹 브라우저 간 암호통신을 수행하는 TLS[Transport Layer Security]는 암호 키를 x509 형식의 인증서에 보관하고 이를 사용해서 트래픽을 암호화한다. 그러므로 해당 웹 사이트가 암호통신을 제공하고 있다면 반드시 웹 사이트 인증서를 사용하고 있다는 뜻이다.

웹 서버가 사용하는 인증서는 인증서 발행자[CA, Certificate Authority]가 개인키로 서명한다. 클라이언트의 웹 브라우저는 이 발행자 정보와 발행자가 증명하는 도메인 정보 등 몇 가지 정보를 활용해서 올바른 인증서인지 확인할 수 있고 접속한 웹 사이트를 확인할 수 있다. 이렇게 인증서 정보를 활용하면 올바른 암호통신인지 공격자의 악성행위인지를 구분할 수 있다. 여기서 제안하는 방식은 인증서 정보를 활용해서 이상징후를 구분하는 방법이다. 암호화된 패킷을 복호화하는 방법이 아님을 유념해야 한다.

표 7-3 SSL 필드

필드	필드 설명	예제
ts	시간 정보	1538273030.548375
uid	UID	CqpJcaXFlxQhgcgoc
id.orig_h	출발지 IP	112.169.64.23
id.orig_p	출발지 포트	55345
id.resp_h	목적지 IP	172.217.25.100
id.resp_p	목적지 포트	443
version	사용 버전	TLS v12
cipher	비밀성, 무결성 암호 알고리듬 명세	TLS_ECDHE_ECDSA_WITH_AES_128_GCM_SHA256
server_name	접속 서버 도메인	www.google.com
established	연결 여부	T
cert_chain_fuids	인증서 UID	Fzv2El1VHL0iR0ohbc,Fmg0DJ9rYTdhxveL

Zeek에서 수집하는 SSL 로그는 SSL 헤더 필드다. 그리고 Zeek는 암호화된 패킷 내용을 복호화하는 기능은 제공하지 않는다. 초기 6개의 필드에서는 IP 정보를 제공한다. 생각보다 SSL에서 이상징후 검색에서 사용하는 필드는 그렇게 많지 않다.

- **version**: SSL 버전을 보여준다. 낮은 버전은 보안상 문제가 있으므로 최신 버전을 사용할 것을 권고할 수 있다.
- **server_name**: SSL 통신에서 서버 네임을 지정하는 방식이다. 하나의 IP에서 가상 도메인을 사용하는 환경에서 접속 도메인을 식별하려고 만든 필드다.
- **cert_chain_fuids**: SSL 통신에 사용한 인증서를 구분할 수 있는 필드로서 x509.log의 uid와 연결된다. 이 필드의 값으로 x509.log의 id 필드에서 동일한 값을 찾으면 SSL 통신에 사용한 인증서를 찾을 수 있다.

x509.log의 주요 사용 필드는 다음과 같다.

- **certificate.subject**: 인증서 사용 주체
- **certificate.issuer**: 인증서를 발행한 CA

- certificate.not_valid_before: 인증서 시작일
- certificate.not_valid_after: 인증서 종료일

인증서의 종료일에서 시작일을 빼면 유효기간이라는 추가 정보를 얻을 수 있다. 유효기간이 너무 길거나 이미 종료된 인증서 사용 등은 암호 통신에서 좋은 예가 아니다.

인증서 정보 로그를 SSL 로그와 결합하면 사용 주체와 도메인이 다른 경우를 추출할 수도 있다. 이런 통신 역시 SSL에서는 비정상 통신이라 할 수 있다.

최근 인터넷 통신은 HTTP보다 HTTPS 통신이 더 많이 사용된다. 이것은 사용자의 의지라기보다는 웹 사이트가 HTTPS 서비스를 제공하기 때문이다. 앞으로도 SSL 통신은 지속적으로 증가할 것이므로 보안 분석가는 SSL과 x509 트래픽에 익숙해져야 한다.

7.3 네트워크 현황 분석

이상징후를 분석하기 전에 반드시 거쳐야 할 단계가 있다. 바로 현황 파악이다. 현재 어떤 일이 발생하는지를 알아야 이상징후를 판별할 수 있다는 말이다. 먼저 네트워크 현황을 파악해보자. 현황이란 현재 발생하는 상황을 확인하는 것이다. 하지만 네트워크를 실시간으로 시각화하는 것은 쉽지 않다. 실시간보다는 5분 단위, 10분 단위의 누적값 또는 평균값을 이용한다.

많은 보안 담당자가 네트워크 트래픽을 수집하면 생각보다 다양한 트래픽 정보에 당황해 한다. 그것은 담당자 생각보다 훨씬 더 많은 불필요한 패킷이 네트워크에 흘러 다니기 때문이다. 그렇기 때문에 보안 담당자가 원하는 내용부터 검색하고 분석을 진행하는 것이 좋다.

안타깝게도 공격 징후를 탐지할 수 있는 마법의 임곗값은 존재하지 않는다. 무책임한 말처럼 들리지만 SIEM을 운영하는 곳의 환경이 모두 다르고 수집 대상 로그가 모두 달라서 모든 사이트를 관통하는 하나의 정답이 없다는 의미다. 이 책에서 설명하는 기본 탐지 항목을 현장에서 사용하려면 사이트 특성에 맞춰 최적화를 거쳐야 한다.

7.3.1 DNS

DNS는 사용자의 네트워크 접속 행위를 분석하는 데 가장 좋은 데이터 소스다.

이 책에서 분석하는 로그는 내부망 DNS 로그다. DNS 로그를 분석하는 이유는 내부 사용자가 인터넷 또는 내부 업무망을 접속할 때 발생하는 로그이기 때문이다. 즉, 공격자의 악성코드에 감염된 내부망 PC가 내부 데이터 획득을 목표로 활동하는 상황을 파악할 수 있기 때문이다.

앞서 살펴본 DNS 로그 필드명을 수정해보자. id 계열의 필드는 id.orig_h, id.orig_p, id.resp_h, id.resp_p로서 이는 각각 출발지 호스트, 출발지 포트, 목적지 호스트, 목적지 포트를 의미한다. 검색을 많이 사용하는 담당자에게는 필드명이 직관적이고 단순한 것이 최고다. src(출발지 주소), spt(출발지 포트), dst(목적지 주소), dpt(목적지 포트)로 필드명을 변경해서 사용하자. DNS 로그에서 중요한 정보는 사용자가 조회하는 도메인명이다. 이는 query 필드에 저장돼 있다. 나중에 http를 살펴보겠지만 HTTP 로그는 host 필드에 접속 도메인이 명시돼 있고 x509 로그에서는 servername에 도메인 값이 저장돼 있다. 이렇듯 동일한 정보가 로그 종류에 따라 다른 필드명에 저장돼 있다. 이를 domain이라는 필드명으로 모두 변경해서 사용하면 어떤 로그에서도 도메인 정보를 포함하고 같은 필드명으로 연관검색을 수행할 수도 있다. HTTP 로그의 host 필드명은 Splunk 기본 필드 값과 동일하므로 반드시 변경해야 한다.

이제 마지막 준비가 남았다. DNS 로그를 검사하려면 도메인 정보를 추출해야 한다. domain은 www.acornpub.co.kr로 표시된다. 이 도메인은 호스트명[www], 도메인명 [acornpub], 도메인 성격[co] 그리고 최상위 레벨인 국가 코드[kr]로 구성돼 있다. 대부분 도메인은 .으로 이런 값을 구별한다. 국가명, 도메인 성격 그리고 도메인 값을 분석하려면 도메인에서 이를 파싱해서 각각의 값을 추출해야 한다. Splunk에서 제공하는 `split()` 함수를 사용해서 이를 추출할 수도 있지만 검색어가 매우 복잡해진다. URL Toolbox라는 외부 도구를 Splunk에 설치하면 이런 고민을 가볍게 해결할 수 있다.

URL Toolbox 설치 및 사용하기

URL Toolbox는 다음 링크(https://splunkbase.splunk.com/app/2734/#/overview)에서 다운로드할 수 있다. 웹 사이트에 로그인하고 해당 파일을 다운로드한다. 설치하는 방법은 일반적인 Splunk 앱을 설치하는 방법과 동일하다. 앱을 설치하면 다음과 같은 매크로가 설치되고 이를 이용해서 도메인을 분석할 수 있다.

```
ut_parse_simple(url)
ut_parse(url, list) 또는 ut_parse_extended(url, list)
ut_shannon(word)
ut_countset(word, set)
ut_suites(word, sets)
ut_meaning(word)
ut_bayesian(word)
ut_levenshtein(word1, word2)
```

위의 매크로는 각각의 목적에 따라서 다양한 결과를 보여주지만 가장 많이 사용하는 매크로는 ut_parse(url, list), ut_parse_extended(url, list), ut_shannon(word)를 가장 많이 쓴다. ut_parse 매크로를 먼저 살펴보자.

```
index=siem sourcetype=siem-dns  domain!="-"
| eval list = "mozilla"
| `ut_parse(domain,list)`
| table ut_netloc, ut_domain, ut_subdomain, ut_domain_without_tld, ut_tld
| dedup ut_netloc
```

중복을 제거하고자 마지막에 dedup 명령어를 추가했다. 이 명령어는 다음 결과를 보여준다.

ut_netloc ⟡	ut_domain ⟡	ut_subdomain ⟡	ut_domain_without_tld ⟡	ut_tld ⟡
teredo.ipv6.microsoft.com	microsoft.com	teredo.ipv6	microsoft	com
gms.ahnlab.com	ahnlab.com	gms	ahnlab	com
google.com	google.com	None	google	com
ntp.ubuntu.com	ubuntu.com	ntp	ubuntu	com
nexus.officeapps.live.com	live.com	nexus.officeapps	live	com
su5.ahnlab.com	ahnlab.com	su5	ahnlab	com
update.ahnlab.com	ahnlab.com	update	ahnlab	com
crl.microsoft.com	microsoft.com	crl	microsoft	com

그림 7-1 ut_parse 매크로 사용 결과

list에 mozilla를 할당하는 이유는 tld 목록을 mozilla에서 지정한 형식을 따른다는 의미다. 관용어처럼 사용하므로 해당 줄을 추가하면 된다. domain은 도메인 값이 저장된 필드명이며 다른 필드명을 사용한다면 해당 필드명을 넣으면 된다. ut_parse 매크로를 실행하면 새로운 필드가 생성되고 그 필드에 각각의 값이 할당된다. 새로이 생성되는 필드는 ut_를 접두어로 가져서 구분을 쉽게 한다. 예제에서는 우리가 필요한 필드만을 추출해봤다.

설치한 URL Toolbox를 사용해서 도메인 정보를 분석하자.

Top 10 도메인 현황

사용자가 가장 많이 접속한 도메인 10개를 보여준다. 많이 접속한다는 것은 많은 사용자가 접속한다는 뜻이지만 소수의 클라이언트가 많이 접속할 수도 있다는 뜻이다.

10초에 한 번씩 질의를 요청하면 1분이면 6번이고 10분이면 60번이다. 동일한 도메인을 10분 동안 60번씩 요청하는 사용자는 거의 없다고 봐야 한다. 즉, 이런 증상은 자동화된 프로그램 동작이라고 봐야 한다.

앞으로도 이런 고민을 계속하겠지만 분석가는 네트워크 접속 행위를 분석할 때 해당 트래픽 유형이 사용자가 발생시킨 것인지 아니면 자동 프로그램이 일으킨 행위인지를 분석의 기준으로 삼으면 좋다. 앞서 말한 예제와 같이 10분 동안 60번이면 그렇게 많은 숫자는 아닐지라도 사용자는 그런 방식으로 접속하지 않기 때문이다. 이렇듯 현황 분석은 단순한 숫자를 보여주지만, 그 숫자에서 이상징후를 유추할 수도 있으며 중요한 단서가 될 수도 있다.

```
index=siem sourcetype=siem-dns  dpt=53 domain!="*.arpa" domain!="-"
| eval list = "mozilla" | `ut_parse(domain, list)`
| top showperc=f limit=10 ut_netloc
```

ut_netloc ⇕		✓	count ⇕ ✓
play.google.com			3467
update.microsoft.com			3413
swscan.apple.com			3412
softwareupdate.vmware.com			3411
autoupdate.opera.com			3411
auth.gfx.ms			3411
msgctrl1.fortinet.com			2840
teredo.ipv6.microsoft.com			2723
www.samsung.com			1440
cdn.samsungcloudsolution.com			1438

그림 7-2 Top 10 도메인 목록

```
index=siem sourcetype=siem-dns dpt=53 domain!="*.arpa"
```

이벤트를 검색할 인덱스와 소스 타입을 지정하고 목적지 포트와 도메인을 제한한다.

```
| top showperc=f limist=10 domain
```

top 명령어를 이용해서 10개의 도메인을 추출한다. showperc=f는 각 데이터가 점유하는 비율(%)를 숨기라는 의미다.

검색 결과를 확인했으면 화면 오른쪽 상단에 **다른 이름으로 저장**을 선택하고 보고서 dns_top10_domain으로 저장한다.

top은 특별히 숫자를 지정하지 않으면 상위 10개를 보여준다. 예제에서는 상위 10개를 보고 싶다는 의미로 limit=10이라는 옵션을 지정했다. 이것은 limit 옵션을 설명하려고 일부러 넣은 것이다. 모든 항목을 보고 싶다면 limit=0을 설정하면 내부 사용자가 조회한 모든 도메인을 보여준다. 이 옵션은 생각보다 많은 잡음이 보인다. 내부 도메인의 집중 질의는 공격자가 내부를 탐색하는 내부망 이동^{lateral movement} 공격일 수도 있다. 또한 감염된 PC가 인터넷에 위치하는 C2 서버에 접속할 수도 있다.

보안 담당자는 인터넷으로 향하는 도메인과 내부망으로 향하는 도메인을 구분해서 분석해야 하며, 그것이 네트워크 트래픽의 접속 유형을 파악하는 데 매우 바람직한 분석 기법이다.

내부망 도메인은 기업이나 조직에서 사용하는 도메인이 있을 것이다. 만일 내부에서 사용하는 도메인이 mycompany.co.kr이라고 하자. 다음과 같이 내부 서버 도메인을 조회하는 현황을 파악할 수 있다.

```
index=siem sourcetype=siem-dns
| eval list = "mozilla"
| `ut_parse(domain, list)`
| where match(ut_domain, "mycompany.co.kr$")
| top showperc=f ut_netloc
```

Top 10 도메인 요청 IP 현황

앞서 확인한 Top 10 도메인은 사용자가 조회한 도메인의 빈도를 보여준다. 그렇지만 여러 명이 조회를 해서 조회 숫자가 많은 도메인과 한 명이 집중해서 조회한 도메인은 보안 관점에서 다르게 검토해야 한다. 그렇기 때문에 이번에는 도메인과 해당 도메인을 조회한 출발지 IP를 동시에 검색한다.

```
index=siem sourcetype=siem-dns dpt=53 domain!="*.arpa"
| eval list = "mozilla"
| `ut_parse(domain, list)`
| top showperc=f src, ut_netloc
```

src ⇕	ut_netloc ⇕	count ⇕
172.22.0.22	update.microsoft.com	3411
172.22.0.22	swscan.apple.com	3411
172.22.0.22	softwareupdate.vmware.com	3411
172.22.0.22	play.google.com	3411
172.22.0.22	autoupdate.opera.com	3411
172.22.0.22	auth.gfx.ms	3411
172.22.0.22	msgctrl1.fortinet.com	2840
192.168.146.107	teredo.ipv6.microsoft.com	1991
192.168.144.102	www.samsung.com	1440
192.168.144.102	cdn.samsungcloudsolution.com	1438

그림 7-3 Top10 출발지와 도메인 목록

검색 결과를 확인했으면 dns_top10_domain_src로 저장한다.

도메인 응답코드 현황

도메인 응답코드는 사용자가 요청한 도메인을 DNS 서버가 응답한 결과 값이다. Zeek
에서 이 값에 해당하는 필드는 rcode와 rcode_name이다.

표 7-4 도메인 응답코드

rcode	rcode_name	설명
0	NoError	오류 없음
1	FormErr	쿼리 형식 오류
2	ServFail	DNS 서버 자체의 문제로 실패
3	NXDomain	도메인명이 존재하지 않음
4	NotImp	DNS 서버가 해당 질의를 지원하지 못함
5	Refused	정책적인 이유로 질의를 거절함

응답코드에서는 3번과 5번을 살펴봐야 한다. 3번 NXDomain은 Non-eXistent Domain
을 의미하며, 사용자가 질의한 도메인이 없다는 것이다. 도메인명을 잘못 입력한 경우,
해당 도메인이 등록되지 않은 경우 이 오류가 발생한다. 사실 도메인을 잘못 입력하는
경우는 생각보다 매우 드물게 발생한다. 많은 사용자는 저장한 북마크, 검색 결과의 링
크를 통해서 사이트에 접속한다. 이 책을 읽는 독자도 접속하려는 웹 사이트의 주소를
웹 브라우저 주소 창에 직접 입력하는 경우가 얼마나 되는지 생각해보자. 한 번이야 잘
못 입력할 수 있지만 지속적인 NXDomain 응답은 분명히 문제가 있다.

NXDomain이 지속적으로 발생하는 경우는 대부분 두 가지에 해당한다. 첫 번째는 악성
코드에 감염된 PC가 C2 서버로 접속하려고 하는데 해당 C2 서버의 도메인이 사라진 경
우이며, 두 번째는 DGA^{Domain Generation Algorithm}로 생성된 도메인이 인터넷에서 아직 등록
되지 않은 경우가 두 번째다. DGA는 공격자가 사용하는 악성 도메인을 자동으로 생성
하는 규칙으로 DGA가 악성코드의 기능으로 추가되면 악성코드가 자동으로 도메인을
생성해서 공격자에게 접속하는 데 사용한다.

그러므로 보안 담당자는 NXDomain이 빈번하게 발생하는 도메인과 그 질의를 생성한 출발지를 주의 깊게 모니터링해야 한다.

```
index=siem sourcetype=siem-dns domain!="-" rcode_name="NXDomain" | top showperc=f src,
domain
```

src ⇕	domain ⇕
172.16.138.48	teredo.ipv6.microsoft.com
172.16.156.163	177.14.10.10.in-addr.arpa
172.16.158.36	255.131.238.10.in-addr.arpa
172.16.157.91	177.14.10.10.in-addr.arpa
172.16.138.48	48.138.238.10.in-addr.arpa
172.16.156.89	177.14.10.10.in-addr.arpa
172.16.158.36	140.225.254.169.in-addr.arpa
172.16.158.203	203.158.238.10.in-addr.arpa
172.16.158.203	169.129.238.10.in-addr.arpa
172.16.157.91	91.157.238.10.in-addr.arpa

그림 7-4 DNS NXdomain 검색 결과

검색 결과를 확인했으면 dns_rcode_nxdomain으로 저장한다.

Splunk는 필드 값은 대소문자를 구별하지 않으므로 NXDomain, nxdomain 등을 모두 검색 결과로 돌려준다. 다만 필드명은 대소문자를 엄격히 구분하니 검색어 작성 시 주의하자. 지금까지 DNS의 현황 파악을 간단하게 살펴봤다. 이제 HTTP 현황을 살펴보자.

7.3.2 HTTP 프로토콜

인터넷 서비스 대부분이 HTTP 기반으로 동작하기 때문에 DNS보다 더 많이 노력해야 한다. 내부 인트라넷 서비스도 인터넷 기반 서비스도 대부분 HTTP로 동작한다. HTTP 를 분석할 때는 목적지가 인터넷인지 인트라넷 서비스인지 구분하는 것이 필요하다. 공격자가 내부망에 침투했다면 중요 데이터의 외부 유출을 시도한다. 그러므로 목적지가 인터넷으로 향하는 HTTP인지 아니면 기업 내부망으로 향하는지가 중요한 기준이 될수 있다.

HTTP 이상징후는 다음 항목을 기본적으로 상시 모니터링을 한다.

- Top 10 접속 도메인, 국가별 접속
- Top 10 클라이언트 오류
- Top 10 서버 오류
- HTTP 상태코드
- HTTP 메서드

위 항목을 인터넷과 내부망을 별도로 도출하면 총 10개의 모니터링 항목이 나올 수 있다.

Top 10 접속 도메인, 국가별 접속

이 항목은 사용자가 가장 많이 접속하는 도메인을 추출해서 접속 현황을 분석한다. 특정 도메인과 국가로 많은 데이터가 전송되거나 낯선 국가명 등을 모니터링한다. 이는 우리나라의 특성에 기반한 것이기도 하다. 국내에서 해외 사업을 하는 기업은 그리 많지 않다. 접속 국가 정보를 이상징후의 주요 항목으로 사용할 수 있는 것이다.

Splunk 검색어는 다음과 같다.

```
index=siem sourcetype=siem-http domain!="(empty)"
| iplocation dst
| where NOT cidrmatch("0.0.0.0/0", domain)
| stats sum(request_body_len) as "Outbound", sum(response_body_len) as "Inbound" by
domain, Country
| eval Outbound = round(Outbound/(1024*1024),2)
| eval Inbound = round(Inbound/(1024*1024),2)
| sort Outbound desc
| head 10
```

검색어에 계산을 수행하는 부분이 있어서 기존 DNS의 검색어와 많이 다름을 알 수 있다.

```
index=siem sourcetype=siem-http domain!="(empty)"
```

인덱스와 소스 타입을 지정하고 domain 값이 (empty)가 아닌 결과를 찾는다.

```
(request_body_len!=0 OR response_body_len!=0)
```

---

request_body_len은 클라이언트에서 서버로 전송한 전송량(바이트)이며, response_body_
len은 서버가 클라이언트로 전송한 전송량(바이트)이다. 이 값 중 하나라도 0이 아닌 것
을 찾는다.

```
| iplocation dst
```

목적지 IP인 dst의 지역 정보를 iplocation 명령어로 찾는다.

```
| where NOT cidrmatch("0.0.0.0/0", domain)
```

도메인이 IP 주소가 아닌 것을 찾는다. cidrmatch 함수는 IP 주소 범위에 포함 여부를 찾
는 함수이지만 이렇게 주소가 IP 형식인지를 검사할 수도 있다.

```
| stats sum(request_body_len) as "Outbound", sum(response_body_len) as "Inbound" by
domain, Country
```

도메인, 국가명 기준으로 외부행, 내부행 전송량을 모두 더해서 Outbound와 Inbound
필드명으로 저장한다. Country는 iplocation에서 추출한 필드다. 첫 문자가 대문자임
을 주의하자.

```
| eval Outbound = round(Outbound/(1024*1024),2)
```

사용자에게 익숙한 MB 단위로 변환한다. round 함수를 이용해서 소수점 2자리까지만
보여준다.

```
| eval Inbound = round(Inbound/(1024*1024),2)
```

사용자에게 익숙한 메가바이트^{MB, MegaByte} 단위로 변환한다. round 함수를 이용해서 소수
점 2자리까지만 보여준다.

```
| sort Outbound desc
```

Outbound 필드를 역순으로 정렬한다. 즉, Outbound가 큰 숫자부터 정렬한다.

```
| head 10
```

총 10개를 보여준다.

domain ⇕	Country ⇕	Outbound ⇕	Inbound ⇕
speedtest.kdatacenter.com	South Korea	31.77	4337.80
go.microsoft.com	United States	2.32	0.01
ispt.ahnlab.com	South Korea	0.99	0.02
dmd.metaservices.microsoft.com	United States	0.90	0.00
analytics21.techsmith.com	United States	0.35	0.04
m.adnxs.com	United States	0.33	0.08

그림 7-5 HTTP 접속 도메인 국가와 전송량

해당 검색어는 지정한 시간 내 결과를 반환한다. 짧은 시간 범위는 데이터 전송량이 적
게 나와서 현황 모니터링에 부적합할 수 있다. 최소한 30분을 기준으로 검색하면 유의
미한 결과가 나온다.

검색에서 사용한 iplocation 명령어를 조금 더 살펴보자. iplocation은 Splunk의 내부
명령어로 다음과 같이 사용한다.

```
| iplocation prefix="loc_" allfields=true <<IP_field>>
| table loc_*
```

prefix는 iplocation이 생성하는 필드 앞에 문자열을 추가한다. 관리자는 아무 문자나
관리자가 넣을 수 있다. 책의 예제에서는 "loc_"를 입력했다.

모든 필드를 추출할 것인지를 증명하고자 allfields=True/False를 넣을 수 있다. 결과는

그림 7-6과 같다.

기본 필드명으로는 Continent(대륙명), Country(국가명), Region(지역), City(도시), lat(위도), lon(경도) 필드를 반환한다.

dst	loc_City	loc_Continent	loc_Country	loc_MetroCode	loc_Region	loc_Timezone	loc_lat	loc_lon
13.107.5.88		North America	United States				37.75100	-97.82200
99.86.201.20	Seattle	North America	United States	819	Washington	America/Los_Angeles	47.54130	-122.31290
99.86.201.20	Seattle	North America	United States	819	Washington	America/Los_Angeles	47.54130	-122.31290
99.86.201.20	Seattle	North America	United States	819	Washington	America/Los_Angeles	47.54130	-122.31290
99.86.201.20	Seattle	North America	United States	819	Washington	America/Los_Angeles	47.54130	-122.31290
5.62.36.54	Prague	Europe	Czechia		Hlavni mesto Praha	Europe/Prague	50.07650	14.51040
99.86.201.20	Seattle	North America	United States	819	Washington	America/Los_Angeles	47.54130	-122.31290
23.48.32.83	Riverdale Park	North America	United States	511	Maryland	America/New_York	38.96010	-76.91470

그림 7-6 iplocation 정보 필드

여기 검색에서는 loc_를 prefix로 지정했으므로 loc_Country와 같이 필드가 나타난다. 몇몇 필드명은 대문자로 시작한다. Splunk는 필드명은 대소문자를 엄격하게 구분하므로 잘 확인해야 한다. 향후 검색 결과를 지도에 연결하려면 위도, 경도 정보가 필요하며 iplocation 명령을 유용하게 사용할 수 있다. 결과를 http_top10_domain_country 보고서로 저장한다.

HTTP 메서드

HTTP 메서드는 클라이언트가 서버에 자원을 요청하는 방식이다. 대부분 클라이언트는 서버에 GET 또는 POST를 이용해서 자원을 요청한다. 특정 자원을 요청[GET]하거나 클라이언트에서 전송[POST]하는 것이다. HTTP 표준에는 이보다 훨씬 많은 메서드를 지원하지만, 웹 서비스에서 모든 메서드를 사용하는 것은 아니다. 그러므로 사용자가 많이 사용하지 않는 메서드는 공격자의 정보수집 행위 등, 정상적인 사용 범위가 아닐 수 있다.

```
index=siem sourcetype=siem-http uri!="-"
| top method limit=10 showperc=f
```

```
index=siem sourcetype=siem-http uri!="-"
```

인덱스와 소스 타입을 지정하고 uri 필드 값이 "-"이 아닌 이벤트를 찾는다.

```
| top method limit=10 showperc=f
```

상위 10개의 메서드를 찾는다. 각 값이 차지하는 비율은 구하지 않는다. 검색 결과는 그림 7-7과 같다.

method ⬍	count ⬍
GET	1220617
POST	54353
OPTIONS	6206
HEAD	843
PROPFIND	317
RCON	44
PUT	33
BITS_POST	12
DELETE	2

그림 7-7 HTTP Top 10 메서드

검색 결과를 보면 HEAD, OPTIONS와 같은 메서드가 보인다. 이런 메서드는 사용자가 마우스 클릭을 이용해서 발생하는 것보다는 자동화된 도구 등에서 스캐닝 용도로 사용하는 경우가 대부분이다.

이 검색어는 목적지 서버가 인터넷 구간인지 내부망 구간인지를 특별히 구분하지 않는다. 그러므로 검색을 실행하는 보안 담당자가 이 부분을 별도로 구분해서 목적지에 따라 대응 방법을 달리하는 것을 권고한다.

http_top10_method라는 이름으로 검색 결과를 저장한다.

Top 10 클라이언트 오류

웹 서버는 사용자 요청을 처리한 결과를 상태코드 값으로 되돌려준다. 웹 로그를 조금이라도 아는 사용자는 200, 300, 400, 500계열의 상태코드를 들어본 적이 있을 것이다. 계열이라는 말은 200번대, 300번대에 여러 개의 상태코드가 존재한다는 말이다. 상태코드는 클라이언트가 요청한 내역을 서버에서 처리한 결과를 의미한다.

```
index=siem sourcetype=siem-http  uri!="-" uri!="/"  (status_code >= 400  AND status_code
< 500)
| top domain, status_code limit=10 showperc=f
```

domain ⬍	status_code ⬍	count ⬍
iopen.kakaocdn.net	404	387
bambooroot.s3.amazonaws.com	404	325
print-screen.us	404	299
2.tlu.dl.delivery.mp.microsoft.com	403	280
thimg.nateon.nate.com	404	216
crl.starfieldtech.com	404	215
7.tlu.dl.delivery.mp.microsoft.com	403	209
11.tlu.dl.delivery.mp.microsoft.com	403	144
www.baidupcs.com	401	109
theme.whale.naver.net	404	80

그림 7-8 Top 10 클라이언트 오류

```
index=siem sourcetype=siem-http  uri!="-"  (status_code >= 400  AND status_code < 500)
```

status_code가 400 이상이거나 500 미만인 이벤트를 찾는다.

```
| top domain, status_code limit=10 showperc=f
```

상위 10개의 도메인과 상태코드를 보여준다.

상태코드에서 400번대는 다양한 클라이언트 오류를 보여준다. 403은 권한 없음, 404는
요청한 자원이 없음을 의미한다. 간혹 내가 요청한 웹 서버 자원이 없는 것은 서버의 문
제라고 생각할 수 있다. 하지만 웹 서버의 관점에서는 클라이언트가 없는 자원을 요청
한 것이므로 클라이언트의 오류로 보는 것이다.

많은 개발자가 웹 사이트 개발에 심혈을 기울인다. 그래서 서버 자원을 연결한 링크가 잘
못 연결된 경우는 매우 적다. 이 오류는 사용자의 의도적인 오류를 찾는 것이 주된 목적
이다. 지속해서 404 오류를 일으키는 컴퓨터는 사용자가 웹 브라우저를 이용해서 웹 서
버에 접속한다고 볼 수 없기 때문이다. 해당 결과를 http_top10_client_error로 저장한다.

Top 10 서버 오류

서버 오류는 클라이언트 오류와는 반대의 개념이다. 이 오류는 클라이언트의 요청에 서버가 정상적으로 응답하지 못한다는 것을 보여준다. 500 상태코드가 대표적인 서버 오류 값이다. 웹 애플리케이션이 비정상적으로 종료하는 등의 오류로서 공격자가 SQL 인젝션 같은 공격 등을 수행할 때 발생한다. 그러므로 이 코드를 지속적으로 발생시키는 클라이언트를 주기적으로 찾아내야 한다. 그리고 목적지가 인터넷인지 내부망인지를 판별하는 코드를 추가로 넣는 경우 모니터링 대상을 명확하게 구별할 수 있다.

```
index=siem sourcetype=siem-http uri!="-"  status_code >= 500
| top domain, status_code limit=10 showperc=f
```

```
index=siem sourcetype=siem-http uri!="-"  status_code >= 500
```

상태코드가 500 이상인 이벤트를 찾는다.

```
| top domain, status_code limit=10 showperc=f
```

상위 10개의 도메인과 상태코드를 보여준다.

그림 7-9에 보이는 결과는 상태코드가 500과 503인 경우를 보여주고 있다. 상태코드 500은 Internal Server Error로서 서버가 클라이언트 요청 처리 방법을 모를 때 또는 서버 프로그램이 비정상적으로 동작할 때 발생한다.

503은 Service Unavailable이라는 의미로 서버가 요청을 처리할 준비가 되지 않았다는 뜻이다. 대부분 서버가 과부하 등으로 잠시 서비스를 이용하지 못할 때다.

서비스를 실제로 운영하는 기업이라면 500계열 상태코드 값을 주의 깊게 살펴봐야 한다. 상태코드 500이 지속적으로 발생하는 페이지는 오류 처리가 미비해서 공격자의 공격 시작지점이 될 수 있기 때문이다. 기업 내부 사용자가 지속적으로 500계열을 발생시키는 것 역시 모니터링 대상이다. 누구도 의도적으로 오류를 발생시키는 것을 원하지 않는다. 공격자를 제외하면 말이다. 검색 결과를 http_top10_server_error로 저장한다.

domain ⬧ ✎		status_code ⬧ ✎	count ⬧ ✎
images-cf.taboola.com		502	14
crl.globalsign.net		502	11
dmd.metaservices.microsoft.com		503	10
widgetprovider.daum.net		504	8
realdmp.realclick.co.kr		503	8
cafe.daum.net		500	6
sandoll.dl.cdn.cloudn.co.kr		503	5
dh.serving-sys.com		503	5
ocsp.msocsp.com		502	4
c.hotclick.netinsight.co.kr		503	4

그림 7-9 Top 10 서버 오류

HTTP 상태코드

앞의 상태코드 분석에서 클라이언트 오류와 서버 오류를 살펴봤지만 전체 상태코드의
현황을 살펴보는 것 역시 중요하다. 전체 상태코드 현황을 보는 검색어는 대단히 단순
하다.

```
index=siem sourcetype=siem-http domain!="(empty)"    status_code!="-"
| top limit=10 showperc=f status_code
```

상태코드 필드에서 상위 10개를 추출한다.

status_code ⬧ ✎	count ⬧ ✎
200	1353085
304	107243
204	58260
302	33048
301	3607
404	2366
408	2169
206	1135
403	922
502	381

그림 7-10 HTTP 상태코드 Top 10

검색 결과는 http_top10_status_code로 저장한다.

7.3.3 SSL & x509 프로토콜

Top 10 접속 도메인

SSL은 민감한 정보를 안전하게 전송하려고 개발됐다. 암호 알고리듬을 적용해서 클라이언트와 서버 사이에 주고 받는 트래픽을 모두 암호화한다. 암호는 TCP 계층에서 동작한다. 그러므로 IP 주소를 제외하고는 패킷의 모든 내용이 암호화돼 중간에서 패킷을 가로채더라도 내용을 파악할 수 없다.

그런데 이 과정에서 해결해야 할 문제가 발생한다.

IP 주소와 도메인이 1:1로 연결돼 있다면 상관없으나, 하나의 IP 주소에서 다수의 도메인을 운영하는 경우도 있기 때문이다.

그러므로 TCP 계층을 암호화하면 도메인을 구별할 수 없어서 가상 웹 서버 환경에서는 암호화를 수행할 수 없다.

이를 위해서 암호화 이전에 접속 대상 도메인을 알려주는 SNI[Server Name Indication] 필드를 사용한다.

SNI 필드는 암호화 이전에 평문으로 도메인을 전송한다.

```
index=siem sourcetype=siem-ssl domain!="-"
| top domain showperc=false
```

위의 내용은 HTTP에서 소스 타입이 변경됐다는 점을 제외하고는 상위 10개의 도메인을 추출하는 것과 큰 차이가 없다.

domain ⬍		count ⬍
outlook.office365.com		386,146
dev-prod05.conferdeploy.net		341,658
config.edge.skype.com		53,713
mobile.pipe.aria.microsoft.com		53,225
v10c.events.data.microsoft.com		47,278
c.urs.microsoft.com		37,169
nexusrules.officeapps.live.com		32,527
sb-talk.kakao.com		30,996
t1.daumcdn.net		30,386
nexus.officeapps.live.com		30,346

그림 7-11 SSL Top 10 접속 도메인

결과는 ssl_top10_domain으로 저장한다.

인증서 만료 임박 사이트

암호 통신을 지원하려면 암호에 사용하는 키를 관리해야 한다. 웹 서버가 SSL 통신을 지원하는 방식을 살펴보자. 암호 알고리듬과 키를 사용해서 평문을 암호화하고 암호화한 내용을 서버로 전송한다. 서버 역시 암호화한 내용을 클라이언트에게 전송하며, 클라이언트는 수신한 암호문을 복호화하고 사용자는 브라우저에서 데이터를 확인할 수 있다.

클라이언트와 서버는 동일한 암호 키를 사용해서 암호통신을 수행한다. 그러므로 클라이언트와 서버는 암호통신 이전에 동일한 키를 서로 공유해야 한다. 이를 키 분배라고 하며 암호학에서 매우 중요한 분야다. SSL 통신에서는 서버가 키를 갖고 이를 클라이언트에게 전달하는 방식을 사용한다. 서버는 이 키를 x509 형식의 인증서에 저장한다. 클라이언트가 서버에 접속하면 인증서를 제공하면서 암호 키를 공유하는 절차가 시작된다.

SSL 통신에서 인증서를 모니터링해야 하는 이유는 인증서가 사용자, 서버 도메인 등의 정보를 갖고 있기 때문이다. 해당 정보를 분석하면 인증서의 유효성을 확인할 수 있다. 서버 인증서는 발급될 때 해당 인증서가 사용될 도메인 정보가 포함돼 있다. 그래서 인증서가 지정한 도메인에서 사용 중인지 판별할 수 있다. 인증서가 올바르지 않은 경우, 잘못된 도메인에서 사용 중이거나 인증서 유효기간이 만료된 경우 사용자의 웹 브라우저는 인증서 오류를 경고로 보여준다.

문제는 많은 사용자가 인증서 오류를 무시한다는 것이다. 인증서 오류는 암호통신 자체의 신뢰성을 무너뜨릴 수 있으므로 인증서 오류가 발생하는 홈페이지에는 접속하지 않아야 한다.

인증서 오류는 대부분 발급 도메인과 실제 도메인의 불일치, 유효기간이 지난 인증서 사용 등이 많은 부분을 차지한다. 이와 같은 내용은 이상징후 탐지에서 자세히 살펴보고 여기에서는 인증서 만료가 임박한 사이트를 찾아본다. 인증서는 상용제품이므로 비용을 들여서 발급해야 한다. 다음 사이트(https://letsencrypt.org/)에서는 무료로 인증서를 보급하니 이를 사용해도 된다. 인증서는 유효기간이 엄격히 관리된다. 우리나라에서 일반인이 사용하는 개인용 공인인증서는 1년이지만 서버 인증서는 3년의 유효기간을 갖기도 한다. 인증서 만료가 임박하면 서버에 새로운 인증서를 설치해서 유효기간을 연장해야 한다. 다음의 검색어는 인증서 만료가 얼마 남지 않은 서비스를 사전에 탐지한다.

```
index=siem sourcetype=siem-ssl eventtype=dst_internet domain!="-"
| join type=inner cert_chain_fuids max=0
    [ search index=siem sourcetype=siem-x509
    | eval expire_date = strftime(cert_not_valid_after,"%Y-%m-%d")
    | eval snapshot_expired = strftime(relative_time(now(),"+2w@"),"%Y-%m-%d")
    | eval today = strftime(now(),"%Y-%m-%d")
    | where expire_date >= today AND snapshot_expired > expire_date
    | rename uid AS cert_chain_fuids
    | table cert_chain_fuids, expire_date, snapshot_expired, ex_condition, va_condition,
today]
| eval x509_domain_expiry = domain."::".expire_date
| top limit=0 showperc=f x509_domain_expiry
```

이전 검색과 다르게 길고 복잡하게 보이지만 한 줄씩 검색어를 살펴보면 그렇게 복잡하지 않다. 검색어가 이렇게 복잡한 이유는 Zeek가 SSL 통신 로그와 x509 인증서 로그를 각각 별개 로그에 저장하기 때문이다.

그러므로 두 로그를 연결시켜서 분석할 수 있는 키가 존재해야 한다. SSL의 cert_chain_fuids와 x509의 uid 필드를 이용해서 두 로그를 연결할 수 있다. SSL 로그의 cert_chain_fuids의 값과 x509 로그의 uid 값이 같다면 동일한 네트워크 세션이라는 의미다.

이제 로그에서 해당 필드 값으로 두 로그를 연결시켜 검색한다. 검색 결과를 하나로 결합하는 join 명령어를 이용해서 전체 검색 결과를 완성한다.

```
index=siem sourcetype=siem-ssl domain!="-"
| join type=inner cert_chain_fuids max=0
```

두 로그에서 cert_chain_fuids 필드로 inner 방식으로 결합한다. max=0은 모든 검색 결과를 통합한다는 의미다.

```
[ search index=siem sourcetype=siem-x509
```

[search로 시작하는 검색은 별도로 검색을 실행하는 부분 검색이다. SSL 로그와 결합하는 x509 로그를 추출하려면 이 방식을 사용한다.

```
| eval expire_date = strftime(cert_not_valid_after,"%Y-%m-%d")
```

cert_not_valid_after 필드는 인증서 만료일로서 유닉스 시간 형식으로 저장된다. 이를 yyyy-mm-dd 형식으로 expire_date 필드에 할당한다.

```
| eval snapshot_expired = strftime(relative_time(now(),"+2w@"),"%Y-%m-%d")
```

오늘을 기준으로 2주를 더한 다음에 yyyy-mm-dd 형식으로 snapshot_expired 필드에 값을 할당한다.

```
| eval today = strftime(now(),"%Y-%m-%d")
```

오늘 날짜를 yyyy-mm-dd 형식으로 today 필드에 할당한다.

```
| where expire_date >= today AND snapshot_expired > expire_date
```

expire_date가 today보다 같거나 크고, snapshot_expired보다 적은 이벤트를 검색한다. 즉, 만료일이 2주 이내인 이벤트를 찾는 것이다.

```
| rename uid AS cert_chain_fuids
```

x509 로그의 uid 필드를 cert_chain_fuids로 변경한다. 이는 SSL 로그의 cert_chain_fuids 필드와 동일하게 맞추기 위함이다.

```
| table cert_chain_fuids, expire_date, snapshot_expired, ex_condition, va_condition,
today]
```

부분 검색의 결과를 해당 필드로 반환하면 부분 검색의 결과와 부분 검색 밖의 SSL 검색 결과가 하나의 검색 결과로 묶인다.

```
| eval x509_domain_expiry = domain."::".expire_date
```

x509_domain_expiry의 새로운 필드에 domain과 expire_date 필드 값을 할당한다.

```
| top limit=0 showperc=f x509_domain_expiry
```

x509_domain_expiry 필드를 빈도수로 정렬한다.

이 검색 결과는 향후 2주 이내에 인증서가 만료되는 사이트를 보여준다. 인증서 갱신은 최소 1주일의 여유를 두고 진행해야 한다.

인증서 만료 임박은 직접적인 보안 문제와 연관이 없어 보인다고 말하는 담당자도 있다. 물론 당장의 보안 문제는 발생하지 않지만 내부 사용자가 사용하는 외부 서비스가 인증서 만료를 제대로 대응하지 않고 있다면 해당 사이트의 안전한 통신을 확보하는 것이 어렵다. 그러므로 내부 사용자가 사용하는 외부 서비스를 계속 모니터링하는 것은 기업 내부의 보안을 강화하는 방법이기도 한다. x509_top10_cert_expires로 검색 결과를 저장한다.

지금까지 프로토콜별 상세 보기를 살펴봤다. 물론 이제까지 살펴본 내용이 트래픽 분석의 전부가 될 수는 없으므로 독자는 이 내용보다 더 많은 내용으로 확장하기 바란다. Zeek에서 제공하는 네트워크 접속 정보 역시 이 책에서 소개한 것보다 훨씬 더 많은 정보를 제공한다.

사용자가 접속하는 목적지 포트 현황, 사용 프로토콜 현황, 접속을 많이 하는 출발지 현황, 데이터베이스 서버에 접속을 시도하는 출발지 현황 등은 네트워크 접속을 이해하는데 도움을 준다.

이제 프로토콜별 이상징후를 파악해보자.

7.4 이상징후 분석

7.4.1 DNS 이상징후

비정상적인 서브 도메인 길이

한국인터넷진흥원의 도메인명 관리준칙[1]에 따르면 도메인명은 2자 이상 63자로 구성해야 한다.

이는 acornpub.co.kr에서 acornpub과 같은 도메인명에 해당하는 규칙이다. 이 규칙에서 찾는 비정상적인 도메인 길이는 주로 서브 도메인을 의미한다. 서브 도메인은 도메인 소유자가 생성하는 도메인명이다.

www.acornpub.co.kr에서 도메인명은 acronpub.co.kr이며 www는 acronpub.co.kr 소유자가 웹 사이트를 위해서 만든 서브 도메인이다. 이런 서브 도메인 역시 사용자가 쉽게 기억하는 단어를 주로 사용하므로 긴 도메인은 정상 서비스에 활용된다고 보기는 어렵다.

---

1   https://한국인터넷정보센터.한국/jsp/infoboard/law/domManRule.jsp

다만 최근 클라우드 서비스, CDN^{Contents Delivery Network}과 같은 경우 도메인 포워딩 기술을 이용하므로 서브 도메인이 길어질 수도 있다. 이런 경우는 해당 도메인을 화이트 리스트 등재 또는 예외처리를 하면 비정상적으로 길이가 매우 긴 서브 도메인을 쉽게 찾을 수 있다.

```
index="siem" sourcetype="siem-dns" domain!="-"
| where NOT cidrmatch(domain,"0.0.0.0/0")
| eval list = "Mozilla"
| `ut_parse(domain, list)`
| where NOT match(ut_domain,"(microsoft.com|akamaized.net| amazonaws.com)$")
| eval sub_len = len(ut_subdomain)
| search sub_len > 20
| table ut_domain, ut_subdomain, sub_len, ut_netloc
```

검색어를 한 줄씩 살펴보자.

```
index="siem" sourcetype="siem-dns" domain!="-"
| where NOT cidrmatch(domain,"0.0.0.0/0")
```

위의 소스는 도메인 필드 값이 IP 주소가 아닌 이벤트를 찾는다.

```
| eval list = "Mozilla"
| `ut_parse(domain, list)`
```

위의 소스는 URL Toolbox 매크로를 이용해서 도메인을 분석한다.

```
| where NOT match(ut_domain,"(microsoft.com|akamaized.net| amazonaws.com)$")
```

도메인이 저장된 새 필드인 ut_domain 값을 비교한다. match 함수의 두 번째 인자는 비교 대상이다. 여기에서는 여러 개의 값을 한 번에 비교하고 있다. 두 번째 인자 마지막에 $가 포함된 이유는 비교 도메인이 비교 대상의 마지막 문자열인지 검사한다. 즉, ut_domain 필드 값이 microsoft.com 또는 akamaized.net, amazonaws.com으로 끝나지 않는^{NOT} 이벤트를 찾는다. 이 부분을 검색에 넣은 이유는 두 사이트가 클라우드 또는

CDN 서비스를 시행하면서 서브 도메인 길이가 매우 길기 때문이다.

```
| eval sub_len = len(ut_subdomain)
```

ut_subdomain 필드 값의 길이를 구한다.

```
| search sub_len > 20
```

서브 도메인 필드 값의 길이가 20 이상인 이벤트를 구한다.

```
| table ut_domain, ut_subdomain, sub_len, ut_netloc
```

도메인, 서브 도메인, 서브 도메인 길이, 전체 도메인을 나열한다.

ut_domain ⬍	✔	ut_subdomain ⬍	✔	sub_len ⬍	✔	ut_netloc ⬍
avcdn.net		w9024085.iavs9x.avg.u		21		w9024085.iavs9x.avg.u.avcdn.net
avcdn.net		w9024085.iavs9x.avg.u		21		w9024085.iavs9x.avg.u.avcdn.net
avcdn.net		w4341757.iavs9x.avg.u		21		w4341757.iavs9x.avg.u.avcdn.net
avcdn.net		w4341757.iavs9x.avg.u		21		w4341757.iavs9x.avg.u.avcdn.net
avcdn.net		w1155339.iavs9x.avg.u		21		w1155339.iavs9x.avg.u.avcdn.net
avcdn.net		w1155339.iavs9x.avg.u		21		w1155339.iavs9x.avg.u.avcdn.net
avcdn.net		p7812538.iavs9x.avg.u		21		p7812538.iavs9x.avg.u.avcdn.net
avcdn.net		p7812538.iavs9x.avg.u		21		p7812538.iavs9x.avg.u.avcdn.net
avcdn.net		c8973516.iavs9x.avg.u		21		c8973516.iavs9x.avg.u.avcdn.net

그림 7-12 DNS 서브 도메인 이상징후

검색 결과는 DNS_too_long_subdomain으로 저장한다.

비허가 DNS 사용/DNS 터널링

이 탐지의 목적은 직접 공격보다는 비정상적인 네트워크 행위를 의미한다. 간단하게 생각하면 호스트가 내부망에서 지정한 DNS 서버가 아닌 임의의 DNS 서버에 질의를 전송하는 증상이다.

이 정책을 수립하려면 우선 두 가지 선행조건이 필요하다. 첫 번째는 기업 내부망에 전용 DNS 서버를 구축하고 운영해야 한다. 두 번째로는 내부 클라이언트나 서버가 반드시 내부망 DNS 서버를 사용하도록 IP 환경설정을 강제해야 한다. 이렇게 구축을 완료하면 내부망에 참여한 모든 호스트가 DNS 서비스를 요청하는 현황을 모니터링할 수 있다. DNS는 인터넷 접속에 필수 서비스이기 때문에 모든 클라이언트는 반드시 DNS 서비스를 사용해야 한다. 그리고 DNS 싱크홀과 같은 보안 기법을 적용할 수도 있다. DNS 싱크홀은 DNS 서버에 악성 도메인을 등록해서 접속을 차단하는 방법이다.

내부 호스트의 도메인 요청질의를 분석하면 악성 도메인 접속을 시도하거나 접속했는지를 알 수 있다. 공격자는 사용 악성코드가 내부 DNS를 사용하면 탐지가 될 수 있다는 점을 잘 알고 있다. 그래서 감염된 내부 호스트의 도메인 질의를 내부망이 아닌 다른 DNS 서버로 전송해서 탐지를 피하려고 한다. DNS 터널링 공격 방식을 이용하려고 할 때도 악성코드는 지정한 DNS 서버로 데이터를 전송해야 한다. 이때 보안 담당자는 이러한 비정상 DNS 사용 질의를 탐지해서 내부 호스트의 이상징후를 탐지해야 한다.

DNS는 내부망 핵심 인프라이므로 대부분 기업에서 고정 IP를 이용한 상시 서비스로 운영한다. 이 예제에서 DNS 서버는 172.16.142.11과 72.16.142.12라고 하자.

```
index=siem sourcetype=siem-dns (dst!="172.16.142.11" AND dst!="172.16.142.12")
(src!="172.16.142.11" AND src!="172.16.142.11")
```

검색어는 그렇게 복잡하지 않다. Zeek는 모든 DNS 로그를 분리해서 dns.log에 저장하므로 쉽게 분석할 수 있다.

```
index=siem sourcetype=siem-dns (dst!="172.16.142.11" AND dst!="172.16.142.12")
(src!="172.16.142.11" AND src!="172.16.142.12")
| stats count by dst
| sort - count
```

검색에서는 목적지가 DNS 서버가 아닌 것과 출발지가 DNS 서버가 아닌 것을 추출했다. 내부망 호스트는 DNS 조회를 위해서 반드시 지정한 DNS 서버에 접속해야 한다.

그러므로 DNS 질의 패킷의 목적지는 반드시 내부망에서 지정한 DNS 서버여야 한다.

또한 DNS는 재귀recursive 질의를 하는 것이 기본 설정이다. 그러므로 사용자가 질의한 도메인을 찾기 위해서 내부 DNS 서버는 외부 DNS 서버에 질의할 수 있다. 내부망 DNS 서버가 다른 DNS 서버로 질의하는 것은 정상적인 네트워크 접속이다. 결국 출발지가 내부 DNS 서버가 아니고 도메인 질의 대상이 내부 지정 DNS 서버가 아닌 내부망 호스트는 비정상 접속을 시도하는 것으로 판별할 수 있다.

이런 위협을 탐지하는 것도 중요하지만 보안 담당자는 이를 사전에 차단하는 방안 역시 적극적으로 고려해야 한다. 방화벽에서 외부로 나가는 DNS 트래픽을 제어하는 것이 필요하다.

방화벽에서 출발지가 DNS 서버가 아닌 호스트가 인터넷으로 도메인 질의를 직접 하는 것을 차단하는 것이다. 차단 방법은 목적지 포트가 53/UDP나 5353/UDP이고 목적지 IP가 내부망 DNS가 아니라면 무조건 차단하는 것이다. 다만 내부망 DNS 서버가 인터넷으로 질의하는 것은 정상이므로 이는 허용해야 한다. 검색 결과는 dns_unauthorized_server로 저장한다.

도메인 엔트로피 값을 이용한 탐지

정보 이론에서 사용하는 엔트로피는 정보의 양을 측정하는 방식을 의미한다. 핵심 아이디어는 자주 발생하지 않는 사건은 정보량이 많다는 것이다. 바꿔 말하면 자주 발생하는 일은 정보량이 미미하다는 것이다. 정보량은 확률을 이용해서 계산한다. 확률 계산 결과, 값이 크면 정보량이 많은 것이고 작으면 정보량이 적은 것이다.

도메인 엔트로피는 이런 성질을 이용하는 것이다. 도메인명은 사용자에게 익숙한 단어를 이용해서 제작한다. 인터넷 초기에 유명한 단어를 도메인으로 등록해서 사재기했던 사례를 보면 익숙한 단어로 만들어진 도메인은 사용자가 쉽게 기억하고 방문하기도 쉬울 것이다. 익숙한 단어라는 것은 무엇일까? 자주 사용되는 단어이기 때문에 정보량이 적을 것이다. 엔트로피 값이 작다는 말이다. 그러면 도메인의 엔트로피를 계산해서 높은 값을 보이는 도메인을 추출하면 잘 사용하지 않는 도메인을 추출할 수 있지 않을까 하는 것이 이 탐지 방법의 전제 조건이다.

엔트로피를 구하는 공식은 조금 복잡한 확률공식을 적용해야 한다. 하지만 간단히 구하는 방법이 있다. 앞에서 설치한 URL Toolbox에 엔트로피를 구하는 있으므로 이 매크로를 호출하기만 하면 된다.

호출해야 하는 매크로는 ut_shannon()이며, 사용법은 ut_shannon("도메인명")이다.

```
index=siem sourcetype=siem-dns domain!="-"
| where NOT match(domain,"(microsoft.com|akamaized.net| amazonaws.com|addr.|qoo10.jp)$")
| eval list = "Mozilla"
| `ut_parse(domain, list)`
| `ut_shannon(ut_netloc)`
| eval shannon = round(ut_shannon, 2)
| where shannon > 3.9
| eval shannon_str = ut_netloc." / ".shannon
| stats count by ut_domain, shannon_str
| stats list(shannon_str) by ut_domain
```

검색어의 핵심 부분은 다음과 같이 동작한다.

```
| `ut_shannon(domain)`
```

ut_shannon 매크로는 도메인을 입력받아서 엔트로피 값을 계산한다. 계산 결과를 ut_shannon 필드에 저장한다.

```
| eval shannon = round(ut_shannon, 2)
```

ut_shannon 값을 소수점 두 자리에서 정리하고 shannon 필드에 저장한다.

```
| stats list(shannon_str) by ut_domain
```

도메인별로 엔트로피 목록을 만들어서 보여준다.

결과는 사용자가 질의를 요청한 도메인의 엔트로피 값이 3.9 이상인 도메인을 보여준다. 그런데 왜 3.9 이상을 추출했을까? 이상 도메인을 판별하는 엔트로피의 임곗값은 정해진 값이 없다. 이 말은 관리자가 다양한 값을 기반으로 스스로 결정해야 한다는 뜻이다.

ut_domain ⇕	✏	list(shannon_str) ⇕
amazonaws.com		hdredirect-lb6-54290b28133ca5af.elb.us-east-1.amazonaws.com / 4.63
avast.com		d4130079.iavs9x.u.avast.com / 3.99
		h6891735.iavs9x.u.avast.com / 4.06
		l2350042.iavs9x.u.avast.com / 3.99
		p3357684.iavs9x.u.avast.com / 4.06
		r4907515.iavs9x.u.avast.com / 3.99
		w5810700.iavs9x.u.avast.com / 3.96
		z3746924.iavs9x.u.avast.com / 3.99

그림 7-13 도메인 엔트로피 값이 3.9 이상인 결과

임곗값을 구하기 위해서 간단한 실험을 해보자. 인터넷에서 사용자가 가장 많이 접속하는 도메인 100만 개를 목록화하는 프로젝트가 있다. 이전에는 아마존에서 Alexa 1 million 이라는 이름으로 진행했지만 이젠 더 이상 데이터를 제공하지 않는다. 정확히 말하면 아마존은 해당 목록을 상용 데이터로 변경했고, 무료로는 100개 도메인 목록만 이용할 수 있다. 이를 대체하는 프로젝트가 새로 출현했는데 Majestic Million이라는 프로젝트 다. 프로젝트의 웹 페이지는 다음(https://majestic.com/reports/majestic-million)과 같다.

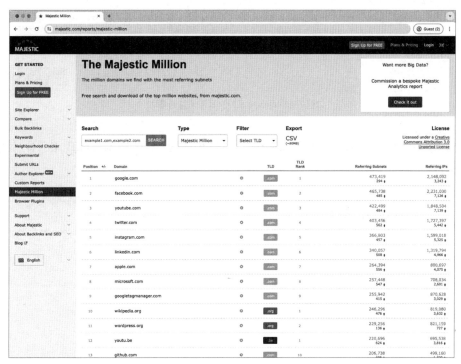

그림 7-14 Majestic Million 웹 사이트

그림 7-14의 Export 아래 **CSV** 링크를 클릭해서 목록을 다운로드한다. 이후 이 파일을 도메인 참조용으로 Splunk 룩업 파일로 등록해보자.

- **설정 > 룩업**을 선택한다.
- 룩업 테이블 파일에서 **새로 추가**를 선택한다.
- 대상 앱은 **search**를 선택한다.
- 룩업 파일 업로드에서 **파일 선택**을 누른 다음 다운로드한 majestic_million.csv를 선택한다.
- 대상 파일명은 파일명과 똑같이 majestic_million.csv를 적는다.
- 모든 것이 완료됐으면 **저장** 버튼을 클릭한다.

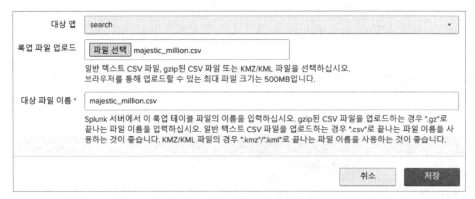

그림 7-15 Majestic 도메인 목록 룩업 등록하기

룩업 파일이 잘 등록됐는지 확인해보자. 검색 창에 다음과 같이 입력하고 검색을 실행시킨다.

```
| inputlookup majestic_million.csv
```

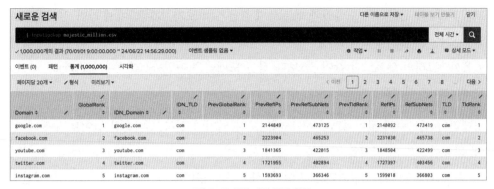

그림 7-16 룩업 파일 동작 확인

그림 7-16의 GlobalRank 필드는 어떤 도메인이 많이 접속하는지를 순위로 보여준다.
1위는 google.com이 차지하고 있다. 이제 이 도메인의 엔트로피 값을 구해보자. 우선
1번부터 10만 번 순위까지 엔트로피를 구하고 엔트로피 값이 4 이상인 것만 추출해보
자. 4라는 숫자는 임의로 설정한 것이다.

```
| inputlookup majestic_million.csv
| fields GlobalRank, Domain
| search GlobalRank <=100000
| `ut_shannon(Domain)`
| eval shannon = round(ut_shannon, 3)
| search shannon > 4.5
| table GlobalRank, Domain, shannon
| sort GlobalRank
```

GlobalRank ⇕ ✎	shannon ▲ ✎	Domain ⇕
432108	4.503	xn--vb0bvwh7tpsebwi8ogxft5buv547hmlc.com
752050	4.507	xn--2j1bp2k7pgitav0qv1f63t.com
426857	4.524	xn--3e0b80fjxk6vmsuad56b65ftpbhrrr.org
274908	4.537	xn--vb0b83jr6d3zlvew05ar0n7pi.com
314060	4.538	xn--vk1bm5i3ta87d95svicm0oduan74d.kr
530464	4.541	xn--100-gl4bpc8b3oocv753by8dr6skr7a.com
158172	4.544	xn--2e0bw5jwriowdqa85fw4zufl0ee62c.com
29135	4.545	xn--lckh1a7bzah4vue6643a431ate2chswbug1b.tokyo
680077	4.547	mega555kf7lsmb54yd6etzginolhxxi4ytdoma2rf77ngq55fhfcnyid.gl

그림 7-17 엔트로피 결과 값 예시

그림 7-17의 결과에서 도메인과 엔트로피 값을 살펴보자. 도메인이 우리가 일상적으로 알고 있는 단어로 돼 있지 않다. 이런 도메인을 키보드에서 직접 입력하는 사용자가 과연 있을까? 그러면 엔트로피 값이 3.5보다 작은 도메인은 어떨까? 검색에서 shannon < 3.5 로 변경하고 검색해보자.

도메인이 엔트로피 값이 4보다 큰 도메인보다 읽기에 편하고 익숙한 단어로 구성돼 있다. 최종적으로 이 규칙을 적용하기 전에 알아야 할 사항이 있다. 우선 majestic 데이터 는 루트 도메인만을 계산했다는 점이다. 사용자가 질의하는 도메인명은 루트 도메인이 아니라 호스트명까지 포함된 도메인이다.

GlobalRank ⇕ ✎	shannon ⌄ ✎	Domain ⇕
268	3.499	youronlinechoices.com
1069	3.499	timesofisrael.com
1483	3.499	timesonline.co.uk
1722	3.499	britishmuseum.org
1891	3.499	cloudwaysapps.com
2027	3.499	financialpost.com
2270	3.499	wolterskluwer.com
2305	3.499	mindbodygreen.com

그림 7-18 엔트로피 3.5 이하 도메인 목록

google.com이 아니라 www.google.com을 많이 요청하는 것이다. 그러므로 호스트명 까지 포함한 도메인을 계산해서 임곗값을 추출해야 한다. 간단한 실험으로 살펴봤듯이 보통 3.5에서 3.9 사이에 임곗값이 정해지는 것이 일반적이다. 독자들도 내부 도메인 목 록을 수집해서 결과를 분석한 후에 임곗값을 결정해보자. 임곗값을 결정했으면 다음 검 색어를 이용해서 이상 도메인을 질의한 클라이언트를 찾아야 한다.

```
index=siem sourcetype=siem-dns
| `ut_shannon(domain)`
| eval shannon = round(ut_shannon, 3)
| search shannon > 3.8
| table src, domain, shannon
| sort - shannon
```

```
index=siem sourcetype=siem-dns
| `ut_shannon(domain)`
| eval shannon = round(ut_shannon, 3)
| search shannon > 3.8
```

엔트로피가 3.8 이상인 결과를 추출해보자.

```
| table src, domain, shannon
```

출발지, 도메인, 엔트로피 값을 추출한다.

```
| sort - shannon
```

엔트로피 값을 역순으로 정렬한다.

이 결과를 수행하면 엔트로피가 3.8 이상인 도메인을 질의 요청한 출발지를 그림 7-19
와 같이 구할 수 있다.

src ⬧	domain ⬧	shannon ⬧
172.16.128.67	hdredirect-1b6-54290b28133ca5af.elb.us-east-1.amazonaws.com	4.632
172.16.128.67	hdredirect-1b6-54290b28133ca5af.elb.us-east-1.amazonaws.com	4.632
172.16.128.67	hdredirect-1b6-54290b28133ca5af.elb.us-east-1.amazonaws.com	4.632
172.16.152.196	d376be62bb369435e4a9da273eade919.fp.measure.office.com	4.224
172.16.136.91	g5569634.vps18tiny.u.avcdn.net	4.215
172.16.136.91	j4501229.vps18tiny.u.avcdn.net	4.215
172.16.136.91	j4501229.vps18tiny.u.avcdn.net	4.215

그림 7-19 도메인 엔트로피 계산

dns_entropy로 검색 결과를 저장하자.

7.4.2 HTTP 이상징후

비정상 메서드 사용

HTTP에서 메서드는 클라이언트가 서버에 데이터를 요청하는 방식이며 GET, POST
가 제일 많이 사용하는 방식이다. HTTP 표준에는 생각보다 많은 메서드가 존재하지만

HEAD, PATCH, DELETE, TRACE, OPTIONS와 같은 메서드는 사용자가 웹 페이지를 접속할 때 거의 사용하지 않는다. 이런 메서드가 네트워크에서 지속적으로 보인다는 것은 정상적인 사용자의 활동이라 보기 어렵기 때문에 출발지를 보다 상세히 조사해야 한다. 특히 HEAD, OPTIONS는 공격자가 웹 서버 정보를 수집하는 데 많이 발생하는 메서드다.

```
index=siem sourcetype=siem-http
| stats count(method) by src
```

이 검색어는 출발지 기준으로 접속에 사용한 메서드의 종류별 개수를 보여준다. 특정 메서드를 보고 싶으면 eval문을 이용해서 다음과 같이 검색어를 수정할 수 있다.

```
index=siem sourcetype=siem-http
| stats count(eval(method="OPTIONS")) AS option_count by src
| where option_count > 10
| sort option_count desc
```

숫자를 세는 count 함수에 eval을 추가하고 검색 조건을 상세하게 설정했다. 이 경우 필드명을 변경해야 한다. AS 키워드를 사용해서 count() 함수 필드명을 option_count로 변경했다.

그런데 이렇게 검색어를 작성하면 찾으려는 모든 메서드별로 검색어를 작성해야 한다. 다시 이 검색의 목적을 살펴보자. GET과 POST가 가장 많이 쓰인다면 이 두 메서드가 아닌 다른 것을 찾는 것이 더 효과적이지 않을까? 다음과 같이 검색어를 수정하면 잘 사용하지 않는 메서드를 한 번에 찾을 수 있다.

```
index=siem sourcetype=siem-http
| where NOT match(method, "(GET|POST|-)")
| stats count(src) as src_count by method
| sort - src_count
```

메서드가 GET, POST, -가 아닌 결과를 메서드별로 출발지 숫자를 세서 결과를 반환한다. 반환 결과를 역순으로 즉, 큰 숫자부터 작은 숫자로 정렬해서 보여준다. 함수로는 count(src)를 사용했는데 이 함수를 dc(src)로 변경하면 어떤 결과를 얻을 수 있을까?

dc(필드명) 함수는 필드에 있는 유일한 값의 개수다.

dc(출발지_IP) 함수의 값과 count(출발지_IP) 함수의 값을 비교하면 조금 다른 결과를 얻을 수 있다. count 값이 크고 dc 값이 작다는 것은 정보보안 측면에서 어떤 의미를 갖는지 생각해보자. 그것은 적은 수의 출발지 IP가 다수의 트래픽을 발생시킨다는 의미다. 둘 다 크다면 다수의 출발지 IP가 다수의 트래픽을 발생시키는 개념이므로 일반적인 네트워크 접속으로 볼 수 있다. 정답이 아닐 수도 있지만 이런 값의 비교만으로 네트워크 이상징후를 판별할 수도 있다.

검색 결과를 모두 확인했으면 HTTP_abnormal_method라고 저장한다.

외부행 데이터 전송

인터넷은 클라이언트/서버 기반으로 동작한다. 대부분 클라이언트는 사용자 컴퓨터이며 서버는 각종 서비스를 제공하는 홈페이지라고 할 수 있다. 사용자가 웹 브라우저로 포털 사이트나 동영상 재생 사이트를 접속하면 웹 사이트는 사용자에게 데이터를 전송한다. 이 관계를 살펴보면 사용자가 요청하는 데이터 용량보다 서버가 보내는 응답이 더 많은 데이터를 전송한다는 뜻이다. 사용자의 관점에서 보면 인터넷으로 보내는(업로드) 데이터보다 인터넷에서 다운로드하는 양이 월등히 많다. 그런데 어떤 사용자의 데이터 전송량이 반대라면 어떤 상황일까? 인터넷으로 데이터를 전송한다는 의미다. 이제 살펴볼 규칙은 이 원리에 기반한다.

사용자가 인터넷으로 전송하는 총량과 내려받는 총량을 비교해서 업로드가 많은 사용자는 외부로 데이터를 전송하는 것으로 판단한다. 최소한 내부자료 유출을 파악할 수 있는 단서가 된다. 이를 탐지하기 위해 다음과 같은 간단한 공식을 사용한다.

업로드 여부 = 업로드 총량 ÷ 다운로드 총량

대부분 사용자의 통신 유형은 다운로드 데이터 총량이 더 많다. 그러므로 위 식의 계산 결과는 1보다 작은 값이 나타난다. 반면, 업로드 데이터 총량이 크면 분모가 분자보다 크므로 계산 결과는 1보다 큰 값을 결과로 갖는다. 두 값이 정확히 일치하면 계산 결과는 1이 나오겠지만 현실적으로 그런 일은 거의 발생하지 않는다. 보안 분석가가 주의 깊게 확인해야 하는 내용은 이 식의 결과 값이 1보다 큰 값이 나오는 출발지 주소와 목적지 주소를 조사하는 일이다.

이 규칙을 사용하려면 Zeek의 HTTP 로그에서 src, dst, request_body_len, response_body_len 필드를 사용한다. 각각 출발지, 목적지, 외부 전송량, 내부 수신량 필드다.

검색어는 다음과 같이 작성한다.

```
index=siem sourcetype=siem-http (request_body_len!=0 OR response_body_len!=0) domain!="-"
| stats sum(request_body_len) AS outTotal sum(response_body_len) AS inTotal by src, dst
| eval oMB= round(outTotal / (1024*1024), 2)
| eval iMB = round(inTotal / (1024*1024), 2)
| search oMB!=0 AND iMB!=0
| iplocation dst
| eval isUp = if((oMB/iMB) > 1, "Yes", "No")
| where isUp = "Yes"
| table src, dst, iMB, oMB, Country, City
```

검색어를 자세히 살펴보자.

```
(request_body_len!=0 OR response_body_len!=0) domain!="-"
```

전송량이 0인 이벤트와 domain이 명확하지 않은 이벤트를 제거한다.

```
| stats sum(request_body_len) AS outTotal sum(response_body_len) AS inTotal by src, dst
```

출발지 목적지 별로 업로드 전송량request_body_len과 다운로드 전송량response_body_len의 총합을 구한다.

```
| eval oMB = round(outTotal /(1024*1024),2)
```

Zeek가 생성하는 request_body_len 필드의 단위는 바이트[byte]다. 사용자가 쉽게 이해할 수 있도록 총합 단위를 메가바이트로 변환한다. 변환과정에서 소수점이 길게 발생할 수 있으므로 round 함수를 이용해서 소수점 두 자리로 변환한다.

```
| eval iMB = round(inTotal / (1024*1024),2)
```

앞에서 oMB를 구한 방식과 동일하게 계산한다.

```
| search oMB!=0 AND iMB!=0
```

메가바이트 변환과정에서 너무 적은 값은 결과에서 제외한다.

```
| iplocation dst
```

이미 이 명령어를 봤지만 다시 살펴보자. **iplocation**은 Splunk가 지원하는 내부 명령어로서 IP를 인자로 받아서 지리 정보를 반환한다. 반환 필드로는 Region, Country, City, lat(위도), lon(경도) 정보다.

```
| eval isUp = if((oMB/iMB) > 1, "Yes", "No")
```

외부 전송량을 내부 전송량으로 나눈 값이 1보다 크면 isUP 필드에 "Yes"를, 그렇지 않으면 "No"를 할당한다.

```
| where isUP = "Yes"
```

isUP 필드가 Yes인 이벤트만 추출한다.

```
| table src, dst, iMB, oMB, Country, City
```

출발지, 목적지, 업로드 전송량, 다운로드 전송량, 국가, 도시 정보를 보여준다.

iplocation을 사용하는 이유는 접속 대상 국가 정보가 위협 인지에 도움이 되기 때문이다. 다만 사용자의 국외 사이트 접속이 빈번하지 않고 접속 대상 국가가 많지 않을 때만 유용하다. 이름도 낯선 국가로 데이터를 전송하는 것은 충분히 의심스러운 행동이다.

src ⇕	dst ⇕	iMB ⇕	oMB ⇕	Country ⇕	City ⇕
172.16.129.69	103.243.220.234	0.05	0.10	Singapore	Singapore (Downtown Core)
172.16.129.69	103.243.221.108	0.01	0.12	Singapore	Singapore (Downtown Core)
172.16.129.69	104.254.150.108	0.05	0.19	United States	New York
172.16.129.69	104.254.150.179	0.03	0.13	United States	New York
172.16.132.57	203.205.219.196	0.04	0.08	Hong Kong	Hong Kong
172.16.138.2	67.227.186.229	0.02	0.18	United States	Lansing
172.16.138.2	72.52.161.233	0.02	0.18	United States	Lansing
172.16.143.56	203.205.151.204	0.02	0.03	China	Beijing
172.16.156.145	203.205.128.104	0.01	0.02	China	Beijing

그림 7-20 외부행 데이터 전송 검색 결과

검색 결과는 HTTP_data_exfiltration으로 저장한다.

> **NOTE** iplocation
>
> Splunk에서 iplocation이 사용하는 정보는 $SPLUNK_HOME/share/GeoLite2-City.mmdb에 저장돼 있다. 이 파일은 자동으로 업데이트되지 않으므로 Splunk 관리자가 수동으로 업데이트를 해야 한다. IP별 국가코드가 변경되는 일은 거의 없지만 IP의 소유주는 변경될 수 있다. iplocation 정보는 향후 대시보드를 제작할 때 지도 패널에서 유용하게 쓰일 것이다.

mime-type과 파일 확장자 불일치

mime-type이란 전송하는 파일이 가진 속성을 의미한다. mime-type을 확인하면 전송 파일이 그림 파일인지, 문서 파일인지 등을 바로 파악할 수 있다. 윈도우는 파일 이름의 확장자가 파일 형식을 나타내는 경우가 많다. exe 확장자는 실행 파일이며 .bat는 텍스트 형식의 배치 파일이다. 그러나 사용자가 악성코드를 알아채지 못하게 .exe 파일명을 .txt로 변경해서 공격자가 웹 페이지에 올려놓았다고 가정하자. 사용자는 텍스트 파일을 다운로드하고 파일을 열기 위해 더블클릭을 실행할 것이다. 메모장이 해당 파일의 내용을 보여줄 것으로 기대하지만 사실은 악성파일이 실행돼 컴퓨터가 감염될 수 있다.

윈도우 운영체제 기본 값은 파일의 확장자를 숨기도록 설정돼 있다. 확장자가 안 보인다면 happy.txt.exe 파일은 사용자 화면에서 happy.txt로 보여서 일반 사용자를 현혹시킨다.

mime-type에서는 실행 파일이라는 정보를 보여주는데 확장자가 실행 파일이 아닌 것을 찾아낸다면 공격자가 위장하는 정보라고 판별할 수 있다.

이를 판별하는 검색어는 다음과 같이 작성할 수 있다.

```
index=siem sourcetype=siem-http resp_mime_types="application/x-dosexec" uri!="-"
| eval filename1 = mvindex(split(uri,"/"),-1)
| eval filename=if(like(filename1,"%?%"), mvindex(split(filename1,"?"),0), filename1)
| eval filetype=if(match(filename,"(.exe|.bat|.ps1|.dll|.ocx)$"), "PE", "Not_PE")
| table domain, uri, filename, filetype , resp_mime_types
| where filetype == "Not_PE" | dedup filename
```

2장에서 살펴본 if()와 mvindex() 함수를 활용해서 uri 정보를 분석하고 있다.

```
/home/user/suspiciousfile.doc?itemId=EST-19&JSESSIONID=SD7SL1FF7ADFF53

| eval filename1 = mvindex(split(uri,"/"),-1)
```

먼저 split() 함수를 이용해서 uri 필드를 '/'로 분할한다. split() 함수는 다음의 배열 형식의 다중 값을 반환한다.

```
[0][-3] home
[1][-2] user
[2][-1] suspiciousfile.doc?itemId=EST-19&JSESSIONID=SD7SL1FF7ADFF53
```

앞의 숫자는 다중 값의 인덱스 번호다. 앞에서부터는 0부터 시작하고 뒤에서는 -1로 시작한다. mvindex() 함수에서 -1을 취하므로 filename1에는 suspiciousfile.doc?itemId=EST-19&JSESSIONID=SD7SL1FF7ADFF53이 저장된다.

```
| eval filename = if(like(filename1,"%?%"), mvindex(split(filename1,"?"),0), filename1)
```

filename1이라는 필드에 추출한 uri를 할당했다. 한 가지 더 고려해야 할 것은 uri가 항상 파일명으로 끝나지는 않는다는 것이다. 웹 주소에서 파일명에 인자를 제공하고 해당 인자에 맞는 결과를 얻는 동적 페이지 주소 형식도 존재한다. 프로그램과 인자를 구분하는 항목은 '?'이다. '?' 다음에 있는 항목은 프로그램의 인자이지만 분석을 위해서는 파일명이 필요하다. 그러므로 이 검색어는 추출한 uri에 '?'이 있는지 like 함수를 이용해서 검색한다. 만일 filename1에 '?'이 존재한다면 '?'를 기준으로 문자를 다시 분할한다. 이제 다음과 같은 2개의 배열 항목이 생성된다.

```
[0][-2] suspiciousfile.doc
[1][-1] itemId=EST-19&JSESSIONID=SD7SL1FF7ADFF53
```

이제 '?'가 있었다면 0번째 항목을 filename에 할당한다. 만일 '?'이 없다면 기존 변수를 filename에 그대로 할당하면 된다. 그 결과 filename 필드에 suspiciousfile.doc가 할당된다.

```
| eval filetype=if(match(filename, "(.exe|.bat|.ps1|.dll|.ocx)$"),"PE", "Not_PE")
```

앞의 결과에서 filename 필드에 suspiciousfile.doc를 얻었다. 이제 if 함수를 이용해서 파일명을 비교해보자. Match() 함수는 제공한 문자열을 정규표현으로 검색한 결과를 반환한다. '|'는 OR의 의미다.

filename 필드에서 exe, bat, ps1, dll, ocx 문자열을 찾는다. 그런데 마지막에 '$' 지시자가 있다. 이것은 앞선 문자열로 종료한다는 의미다. 그러므로 이 함수는 filename의 문자열이 .exe,.bat,.ps1,.dll,.ocx 중의 하나로 끝나면 PE를 반환하고 아니면 Not_PE를 반환한다는 의미다. 결과 값은 filetype 필드에 저장된다.

```
| table filename1, filename, filetype
| where filetype == "Not_PE"
```

이제 uri에서 추출한 filename1, filename과 filetype 중에 filetype이 Not_PE인 항목만 출력한 결과 화면에 출력한다.

domain ⬍		uri ⬍		filename ⬍		filetype ⬍		resp_mime_types ⬍	
gms.ahnlab.com		/jk?c=2&p=FgvkNAPwTtO7b5C8AJzsQ59RlLcn2elF1jFaVKcVMeU=&k=1		jk		Not_PE		application/x-dosexec	

그림 7-21 mime-type 불일치 검색

공격자는 악성 실행 파일을 .jpg,.png 등 그림 파일로 위장해서 전송하기도 한다. 이 규칙은 그런 공격을 탐지하는 데 유용하다. 결과는 HTTP_mimetype_mismatch로 저장한다.

사이트 이동 후 실행 파일 다운로드

악성코드를 이용하는 공격자는 어떻게 하면 성공적으로 사용자의 컴퓨터에 악성코드를 전송하고 실행할 수 있을지 많은 고민을 한다. 스팸 메일이 웹 서버 링크를 제공하는 방법을 사용하거나 웹 서버 공격을 성공한 후에 페이지를 수정해서 악성코드 링크를 추가하기도 한다. 이때 악성코드가 해당 웹 서버에 있는 경우도 있고, 다른 웹 페이지로 사용자의 접속을 유도하는 코드가 있을 수도 있다. 악성코드를 직접 갖고 있는 웹 사이트를 악성코드 유포지라고 하고 악성코드는 없지만 유포지로 유도하는 코드를 가진 웹 사이트를 악성코드 경유지라고 한다.

여기에서는 경유지를 탐지하는 규칙을 살펴보자. 경유지는 사용자가 접속하는 페이지에 악성코드가 실제로 위치하는 주소를 알려주는 코드가 존재한다. 이 코드는 사용자 브라우저에 리다이렉트 코드를 전송하고 사용자의 브라우저는 악성코드 유포지로 자동 접속한다. 이때 유포지의 로그에는 사용자가 직접 접속한 것이 아니라 다른 사이트의 유도에 의해 접속했다는 referrer 필드에 값이 채워진다. 사용자가 브라우저에 직접 주소를 입력하고 접속하면 referrer는 값이 존재하지 않는다. 이전에 방문한 페이지가 없기 때문이다. 그러므로 referrer 필드가 존재한다면 referrer 필드에 위치하는 uri 값이 다른 사이트로 유도를 포함하는 코드가 있는 것이다.

```
index=siem sourcetype=siem-http referrer!="-" eventtype="dst_internet" status_code=200
| eval filename1 = mvindex(split(uri,"/"),-1)
| eval filename=if(like(filename1,"%?%"), mvindex(split(filename1,"?"),0), filename1)
| where cidrmatch("0.0.0.0/0",domain)
| where match(resp_mime_types,"application/x-dosexec") OR match(filename,"(exe|dll|com|scr)$")
| eval URL=domain+" :: " + filename
| stats count by src, URL
| stats list(URL) as Target list(count) as Source by src
```

검색어를 한 줄씩 살펴보자.

```
sourcetype=siem-http referrer!="-" eventtype="dst_internet" status_code=200
```

referrer 필드 값이 "-"이 아니고, 특정 값이 존재한다는 의미이며, status_code가 200
이라는 것은 해당 접속이 성공적으로 동작했다는 의미다.

```
| eval filename1 = mvindex(split(uri,"/"),-1)
| eval filename=if(like(filename1,"%?%"), mvindex(split(filename1,"?"),0), filename1)
```

uri에서 파일명을 추출하는 결과 처리 명령어다. 이제 이 코드가 익숙할 것이다.

```
| where cidrmatch("0.0.0.0/0", domain)
```

위의 코드는 도메인이 IP 주소라는 것을 의미한다. 도메인은 사용자를 위한 정보이므로
영문 텍스트인 경우가 대부분이다. 그런데 도메인이 IP 주소라는 것은 도메인이 없다는
뜻이다. 인터넷에서 서비스를 수행하는 웹 사이트가 도메인 없이 IP로 운영하는 서비스
가 과연 정상 서비스인지 생각해보자.

```
| where  match(resp_mime_types,"application/x-dosexec") AND match(filename,"(.exe|.dll|.
com|.scr)$")
```

이제 파일의 mime-types가 x-dosexec 형식이면서 파일의 확장자가 exe, dll, com,
src인 경우를 찾는다.

```
| eval URL=domain+" :: " + filename
```

domain 필드와 filename 필드를 연결해서 URL이라는 필드에 할당한다.

```
| stats count by src, URL
```

이후 출발지와 URL을 기준으로 숫자를 센다.

```
| stats list(URL) as Target list(count) as Source by src
```

출발지[src]별로 접속한 URL의 개별적인 접속 수를 보여준다.

이 기법은 사용자가 웹 사이트를 접속했을 때 접속한 사이트에서 다른 사이트로 이동하고, 이동한 웹 사이트에서 실행 파일을 다운로드한 네트워크 행위를 탐지한다. 그러나 안타깝게도 이런 네트워크 행위가 반드시 악성이라고 단정할 수는 없다. 윈도우나 기타 프로그램의 업데이트 절차가 이와 비슷한 동작을 보여주는 경우가 있다. 다만 마이크로소프트의 윈도우 업데이트 도메인은 신뢰할 수 있다. 이렇게 안전한 도메인 목록은 Splunk 지식인 룩업 테이블 또는 이벤트 타입으로 관리하면 좋다. HTTP_download_after_redirect로 검색 결과를 저장한다.

프록시 서버 접속

프록시 서버를 사용하는 목적은 다양하다. 인터넷의 웹 서버를 접속할 때 사용하는 프록시는 불특정 다수에게 웹 사이트 접속을 빠르게 하는 캐시의 목적으로 사용하는 경우가 대부분이다. 반면 기업 업무망에서 인터넷으로 향하는 네트워크에서 사용하는 프록시는 사용자 인증, 사용자 접속 제어 용도로도 사용한다. 하지만 프록시를 사용하는 또다른 목적은 접속 제어를 우회하기 위한 것이다. 만일 특정 사이트 접속이 방화벽으로 차단돼 있다면 사용자는 우선 프록시 서버에 접속하고 이후에 차단 사이트로 접속할 수 있다. 프록시 서버에 접속하면 접속 출발지가 변경되는 효과를 보인다. 그러므로 내부망에서 정상적인 프록시 서버를 사용하는 것이 아니라면 프록시 서버에 접속하는 것 자체가 정상이 아니라고 판단할 수 있다.

대부분 HTTP 프록시를 사용하는 경우가 많기 때문에 HTTP 로그에서 이를 탐지할 수 있다. Zeek 로그에서 프록시 서버 접속 여부는 HTTP 로그의 필드에서 proxied라는 필드에 명시돼 있다. 그리고 주의 깊게 볼 필드 하나가 있는데 method 필드다. 웹 서버 페이지를 요청하거나 내용을 업로드할 때 사용하는 메서드는 GET 또는 POST를 사용한다. 하지만 프록시는 자원을 요청하는 것이 아니라 프록시 서버와 네트워크 연결을 설정하는 동작을 수행한다. 이때 사용하는 메서드는 CONNECT다. 로그에서 메서드가 CONNECT를 사용하면 목적지 서버는 프록시 서버라는 의미다.

프록시를 구별하는 또 하나의 방법은 클라이언트의 요청 자원인 URI를 확인하는 것이다. Zeek는 HTTP 로그를 저장할 때 메서드, 도메인과 URI를 모두 구분해서 별도의 필드로 저장한다.

사용자가 다음과 같은 주소를 접속했다고 하자.

   http://www.publishcompany.co.kr/about/map

Zeek는 다음의 정보를 개별 필드로 저장한다.

```
method : GET
domain : www.publishcompany.co.kr
uri : /about/map
```

드문 일이기는 하지만 클라이언트가 자체적으로 프록시를 설정하고 사용하는 경우가 있다. 이런 경우는 접속 대상인 도메인과 uri가 별도로 저장되는 것이 아니라 uri에 접속 대상의 전체 주소가 기록된다.

```
uri : http://www.publishcompany.co.kr/about/map
```

Zeek에서 위와 같은 로그 값이 나온다면 해당 클라이언트에 프록시가 설정돼 있는 것이다. 이제 Splunk에서 이런 로그를 검색해보자. 프록시의 동작 원리를 이해하도록 길게 설명했지만 Splunk 검색은 외의로 단순하다.

```
index=siem sourcetype=siem-http (uri="http://*" OR method="connect")
| table src, domain, uri
```

uri 필드의 값이 http://로 시작하거나 method가 connect인 로그를 찾으면 프록시 서버 접속을 검색할 수 있다.

내부망에서는 사설 주소를 사용하는 경우가 대부분이므로 목적지가 사설 주소인 경우와 인터넷인 경우를 각각 검색하면 보다 정확한 탐지 결과를 얻을 수 있다. 만일 공격자가 내부망의 특정 서버를 점령하고 프록시를 동작시켰을 경우도 있기 때문이다.

이 검색에서 두 항목은 OR 연산자로 연결돼 있다. Splunk에서 OR, AND와 같은 논리 연산자는 반드시 대문자로 써야 동작한다는 것을 잊지 말자. 검색 결과를 얻었으면 http_proxy_connection으로 저장한다.

7.4.3 SSL & X509

인증서 만료 SSL 통신

x509 인증서 필드에는 유효기간을 지정하는 2개의 필드가 있다. '다음부터 유효함'은 인증서가 유효한 시작 날짜와 시간이며 '다음까지 유효함'은 유효기간 만료 날짜와 시간이다.

인증서는 유효기간이 만료된다고 인증서 자체의 기능이 사라지는 것은 아니다. 동일하게 암호화 통신을 수행하지만 유효기간이 만료된 인증서이므로 브라우저가 인증서 만료를 지적하고 신뢰할 수 없다고 알려준다.

우선 인증서 필드 정보를 분석해서 유효기간이 만료된 인증서를 찾는다. 그리고 만료된 인증서를 사용하는 웹 사이트의 목록과 접속하는 클라이언트를 찾아보자. 이를 위해서 Zeek에서는 두 종류의 로그를 사용해야 한다. 인증서 정보는 x509.log에 저장돼 있고, 인증서를 사용한 웹 사이트 암호통신은 ssl.log에 저장돼 있다. 두 로그는 x509.log의 uid 필드와 ssl.log의 cert_chain_fuids 필드로 연결돼 있다. 즉, uid와 cert_chain_fuids가 같으면 동일한 네트워크 세션이라는 의미다.

다음과 같은 검색어로 우리가 원하는 검색 결과를 찾을 수 있다.

```
index=siem sourcetype=siem-ssl eventtype=dst_internet
| join type=inner cert_chain_fuids max=0
  [ search index=siem sourcetype=siem-x509
    | eval expire_date = strftime (cert_not_valid_after,"%Y-%m-%d")
```

```
    | eval today = strftime(now(),"%Y-%m-%d")
    | eval isExpired = if( expire_date < today, "expired", "Not Yet")
    | where isExpired="expired"
    | fields uid | rename uid AS cert_chain_fuids
    | table cert_chain_fuids]
| table src, dst, domain, subject
```

```
sourcetype=siem-ssl eventtype=dst_internet
```

eventtype=dst_internet은 목적지가 인터넷인 사이트를 찾는다. 내부망에서도 만료된 인증서를 사용하는 서비스를 찾으려면 해당 내역을 제거하면 된다.

```
| join type=inner cert_chain_fuids max=0
```

join은 두 검색 결과를 결합한다. 여기에서 type=inner는 두 결과에 모두 나타나는 결과를 보여주라는 의미다. max=0은 반드시 필요하다. 이 옵션을 사용하지 않으면 결과는 반드시 1개만 반환하기 때문이다.

```
[ search index=siem sourcetype=siem-x509
```

대괄호([])를 사용하고 search로 시작하는 이 검색은 부분 검색^{sub search} 기능을 의미한다. join은 두 검색 결과를 결합하는 것이기 때문에 부분 검색으로 결과를 도출하고 이 결과를 join으로 주 검색에 결합한다. 주 검색에서 ssl 로그를 검색하고 있으므로 여기에서는 x509에서 검색을 실시한다.

```
| eval expire_date = strftime (cert_not_valid_after,"%Y-%m-%d")
```

strftime은 유닉스 타입의 시간을 지정한 형식으로 변환한다. 여기에서는 cert_not_valid_after 필드의 값을 YYYY-MM-DD 형식으로 반환하고 이를 expire_date라는 새로운 필드에 할당하고 있다.

```
| eval today = strftime(now(),"%Y-%m-%d")
```

now()는 검색을 실행하는 시간을 반환한다. 역시 **strftime** 함수를 사용해서 YYYY-MM-DD 형식으로 변환하고 today라는 새 필드에 값을 할당한다.

```
| eval isExpired = if( expire_date < today, "expired", "Not Yet")
```

만일 expire_date가 today보다 작으면 isExpired 필드에 expired를 할당하고 그렇지 않으면 Not Yet을 할당한다.

```
| where isExpired="expired"
```

isExpired 필드 값이 Yes인 검색 결과만을 추출한다.

```
| fields uid | rename uid AS cert_chain_fuids
```

fields는 결과에 사용할 필드를 지정하는 명령어다. 이 검색 결과에서는 ssl 로그의 cert_chain_fuids와 비교하는 uid만 필요하므로 fields uid를 사용했다. x509 로그의 uid 필드는 SSL 로그의 cert_chain_fuids와 결합할 것이므로 필드명을 cert_chain_fuids로 변경해준다.

```
| table cert_chain_fuids]
```

이제 변경한 필드명을 table 목록으로 나열한다. 대괄호를 닫으면서 부분 검색이 종료된다는 것을 선언한다.

```
| table src, dst, domain, subject
```

대괄호 안의 부분 검색은 내부 검색 결과를 주 검색 결과로 전달하고 join을 사용해서 결과를 결합했다. 이제 부분 검색 결과 값으로 SSL 로그를 대상으로 주 검색이 실행되고 src, dst, domain, subject 필드 값이 검색 결과로 나타난다. 결과는 x509 로그에서 인증서가 유효기간이 만료된 인증서를 찾아서 주 검색에 결과를 통보하면 주 검색은 그 인증서가 사용된 SSL 통신 내역을 찾는 것이다.

검색 결과는 x509_cert_expired로 저장한다.

self-signed 인증서 사용

self-signed 인증서란 신뢰된 인증기관에서 발급받지 않고 인증서를 만든 발행자가 서명까지 한 것을 말한다. self-signed 인증서는 발행자를 신뢰할 수 없으므로 보안 문제에 직면할 수 있다.

사내에서 사용하는 보안 시스템, HTTPS 통신에서 self-signed 인증서를 사용하는 경우가 종종 있는데 브라우저에서 계속 오류를 보이므로 좋은 방식은 아니다.

self-signed 인증서를 구분하는 방법은 인증서 발행자와 사용자의 값을 비교하는 것이다. 일반적으로 인증서 발행자는 신뢰하는 인증기관이고 인증서 사용자는 웹 사이트다. 그러므로 두 값은 다른 것이 정상이다. 그래서 두 값이 같은 경우를 self-signed로 판별하는 것이다. 주의할 점은 루트 인증기관이 서명할 때 사용하는 인증서는 self-signed 인증서라는 점이다. 루트는 최상위 기관으로서 누군가로부터 서명을 받는 것이 아니기 때문이다.

Zeek는 self-signed 인증서를 다음 검색어로 찾을 수 있다.

```
index=siem sourcetype=siem-ssl (client_issuer!="-" AND client_subject!="-")
| eval txt = if(client_issuer == client_subject,"SELF","NO")
| where txt = "SELF"
| table client_issuer, client_subject, domain
| dedup domain
```

ssl_self_signed_cert로 보고서 저장을 한다.

7.5 요약

SSL/x509 로그를 마지막으로 네트워크 계층 정보를 분석해봤다. Zeek는 방대한 응용 프로토콜을 분석할 수 있으며 7장에서 제시한 프로토콜보다 훨씬 더 다양한 프로토콜별 로그를 생성한다.

다양한 응용 프로토콜에서 탐지 규칙을 만들려면 먼저 해당 프로토콜을 이해해야 한다. 각 필드가 어떤 정보를 담고 있는지 명확히 이해한 다음에야 탐지 규칙을 만들 수 있다.

이런 탐지 규칙은 일종의 행위 기반^{behavior analysis} 탐지 규칙이라고 할 수 있다. Splunk는 텍스트 로그를 수집하고 Splunk가 제공하는 검색 언어인 SPL을 이용해서 보안 장비에 상관없이 탐지규칙을 자유롭게 만들 수 있다. 바로 이것이 Splunk가 가진 큰 장점이라고 할 수 있다. 8장에서는 엔드포인트 계층의 로그를 분석한다.

엔드포인트 로그 분석

8.1 장 소개

7장에서는 주요 서비스를 대상으로 현황 파악과 이상징후 분석을 진행해봤다. 이런 서비스는 네트워크를 중심으로 분석을 진행한다. 8장에서는 사용자와 가장 밀접하게 마주하는 엔드포인트 보안을 알아본다.

엔드포인트는 사용자 PC가 가장 대표적인 예다. 그리고 대부분 업무용으로는 마이크로소프트의 윈도우 PC를 사용한다. 하지만 꼭 PC만을 엔드포인트라고 단정할 수는 없다. 단어 의미 그대로 네트워크에서 마지막에 위치하는 서버도 엔드포인트이기 때문이다.

PC와 서버가 같은 엔드포인트 개념을 갖고 있지만 동작 방식은 매우 다르다. 사용자의 PC는 네트워크 출발지로 동작하고 많은 네트워크 접속 행위를 발생시킨다. 또한 프로그램의 설치/삭제가 빈번하고 파일 생성/수정/소멸도 매우 많이 발생한다. 반면 서버는 PC 사용자/모바일 사용자가 요청하는 내용을 처리하기 때문에 네트워크 출발지가 아닌 도착지의 임무를 수행한다. 서비스 설치용으로 계획했기 때문에 프로그램의 설치/삭제 등이 그다지 많이 발생하지 않는다. 이런 차이점을 고려해서 각 엔드포인트의 동작 방식을 사전에 이해하고 특성에 맞춰 보안 적용도 달라야 한다.

8장에서 엔드포인트 보안은 PC에서 발생하는 로그를 중심으로 다룬다. 8장의 모든 로그는 윈도우 PC에서 발생한 로그다. 8장을 마치면 다음의 내용에 익숙해질 수 있다.

- 윈도우 이벤트 형식 및 로그 내용
- 보안 이상징후를 나타내는 윈도우 이벤트 코드
- 윈도우 이벤트 수집 및 추가 정보 분석

8.2 엔드포인트 로그

엔드포인트 로그는 엔드포인트에서 무슨 일이 발생했는지를 보여준다. 이런 로그는 각각 중요도, 유형별로 구분돼 저장되고 분석된다. 기업에서 엔드포인트 로그를 관리하는 데 가장 큰 어려움은 엔드포인트 수량이 많아서 대용량 로그가 함께 생성된다는 것이다. PC 호스트별, 사용자별 로그를 수집하고 분류만 하는 데도 큰 노력이 필요하다. 특히, 기업 내부망에서 도메인 기반 네트워크 관리 인프라를 사용하지 않는다면 모든 로그를 수작업으로 관리해야 한다. 이 책에서는 윈도우 기본 로그와 sysmon을 이용한 정보 수집 및 이상징후 분석을 진행한다. 6장에서 설치한 sysmon을 활용해보자.

8.2.1 엔드포인트 로그의 필요성 및 대상

엔드포인트 로그는 단순히 호스트의 동작만을 보여주는 것이 아니다. 엔드포인트 로그는 악성코드에 감염된 호스트를 찾는 데 도움을 줄 뿐만 아니라 알려지지 않은 위협을 찾아내는 위협사냥의 기본 자료로도 사용할 수 있다.

엔드포인트는 다양한 운영체제에서 동작한다. 엔드포인트 장비 중에서 사용자가 가장 많이 사용하는 운영체제는 윈도우라고 할 수 있다. 최근 국내에서도 사용자가 증가하고 있는 맥OS나 리눅스를 엔드포인트로 사용하는 사용자도 있지만 아직까지 그리 많지는 않다.

수집 대상 엔드포인트 범위를 결정하는 것은 매우 중요한 일이다. 그리고 그 대상이 어떤 운영체제에서 동작하는지 역시 고려해야 한다. 운영체제별로 수집하는 로그 내용, 형식이 다르며 로그 저장 위치도 제각각이기 때문이다.

8.2.2 윈도우 이벤트

윈도우 비스타 이전에는 이벤트 로그(EVT) 형식으로 저장했지만 지금은 XML 기반의 이벤트 로그(EVTX)로 저장하고 있다. 운영체제의 로그는 장애처리 혹은 디버깅용으로 많이 사용한다.

윈도우는 기본적으로 로그를 C:\Windows\System32\winevt\Logs에 저장한다.

그림 8-1에서 확장자가 *.evtx 형식의 여러 파일을 볼 수 있다. 파일명은 윈도우가 채널이란 용어를 사용해서 구분한 내역이다. Security.evtx는 보안 관련 로그를 모아서 저장하는 파일이다. 이벤트를 확인하려면 이벤트 뷰어를 실행시켜야 한다. 윈도우 11에서 이벤트 뷰어는 꼭꼭 숨겨져 있어서 메뉴에서 찾기가 조금 어렵다. 키보드에서 Win + R 을 눌러서 실행 창을 연다. 그림 8-2와 같이 창에 eventvwr을 입력하고 **확인**을 클릭한다.

이름	수정한 날짜	유형	크기
Application.evtx	2024-06-30 오전 10:32	이벤트 로그	4,164KB
Hancom.evtx	2024-04-25 오전 1:19	이벤트 로그	68KB
HardwareEvents.evtx	2024-04-25 오후 4:48	이벤트 로그	68KB
Internet Explorer.evtx	2024-04-25 오후 4:48	이벤트 로그	68KB
Key Management Service.evtx	2024-04-25 오후 4:48	이벤트 로그	68KB
Microsoft-Client-License-Flexible-Platform%4A...	2024-06-22 오후 1:42	이벤트 로그	68KB
Microsoft-Client-Licensing-Platform%4Admin....	2024-06-22 오전 10:10	이벤트 로그	1,028KB
Microsoft-System-Diagnostics-DiagnosticInvok...	2024-06-22 오후 1:42	이벤트 로그	68KB
Microsoft-Windows-AAD%4Operational.evtx	2024-04-25 오전 1:19	이벤트 로그	68KB
Microsoft-Windows-AllJoyn%4Operational.evtx	2024-06-22 오후 1:42	이벤트 로그	68KB
Microsoft-Windows-All-User-Install-Agent%4A...	2024-06-22 오후 1:42	이벤트 로그	68KB

그림 8-1 윈도우 로그 파일 목록

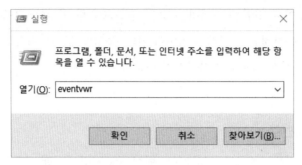

그림 8-2 이벤트 뷰어 실행

이벤트 뷰어의 구성은 그림 8-3과 같다.

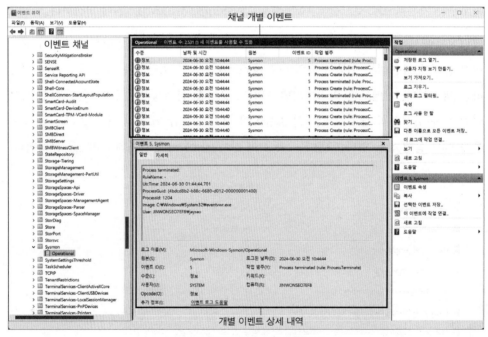

그림 8-3 윈도우 이벤트 뷰어 화면 구성

왼쪽 패널에서 이벤트 채널을 선택하면 채널 안의 개별 이벤트가 보이고 하단에는 상세
내역을 볼 수 있다.

자세히 탭을 클릭하고 XML을 선택하면 그림 8-4와 같이 로그를 XML 형식으로 볼 수 있
다. 윈도우 운영체제가 생성하는 모든 로그를 분석하는 것은 이 책에서 다루지 않는다.

대신 Sysmon의 로그를 이용해서 이상징후를 분석해보자.

그림 8-4 XML 형식의 윈도우 로그

8.2.3 Sysmon

6장의 로그 수집에서 Sysmon 로그 형식을 살펴봤다. Sysmon은 윈도우 운영 이벤트보다 정보보안 측면을 보완해주는 이벤트를 생성한다. 엔드포인트의 이상징후를 분석할 때는 다음 이벤트 코드를 주로 분석한다.

표 8-1 엔드포인트의 이상징후 이벤트 코드

ID	이벤트 이름	활용 방안
1	Process creation	프로세스가 새로 생성되면 이 로그가 생성된다. 프로세스가 실행됐을 때 사용된 명령어의 전체 줄을 이벤트로 기록한다.
2	A process changed a file creation time	해당 이벤트는 프로세스가 파일 생성 시간을 수정할 때 기록된다. 공격자가 백도어 파일을 설치하면서 운영체제 파일처럼 위장하는 것을 탐지할 수 있다.
3	Network connection	TCP/UDP 연결 기록을 이벤트로 생성한다. 어느 프로세스가 네트워크 접속을 시도했는지를 파악할 수 있으며, 호스트명, IP 주소, 포트 번호 등의 상세한 정보를 제공한다.
5	Process terminated	프로세스가 종료되면 이벤트를 생성한다.

8.3 PC 이상징후 분석

Sysmon을 이용한 PC 이상징후는 네트워크 계층에서 탐지하는 방법과는 관점이 다르다. 네트워크는 출발지와 목적지가 명확히 존재하고 프로토콜 기반으로 움직인다. 하지만 PC에서 네트워크 접속 행위는 발생하는 이벤트의 한 종류에 불과하다. 파일 생성/삭제, 프로세스 생성/삭제 등이 매우 빈번하게 발생하기 때문이다. 운영체제가 동작하는 방식을 알고 있다면 PC 이벤트를 더 쉽게 이해할 수 있다. 이제 정상 사용과 확연히 구분할 수 있는 PC 이상징후를 알아보고 이를 Splunk로 찾아보자.

8.3.1 비정상 폴더에서 exe 파일 실행

윈도우 실행 파일은 PE$^{Portable Executable}$ 형식을 갖고 있다. 이 형식의 파일은 실행 시 코드를 메모리에 적재해서 프로세스를 생성하고 사용자에게 서비스를 제공한다. 사용자가 말하는 컴퓨터를 사용한다는 것은 실제로는 앱을 사용하는 것이며 이런 프로그램이 메모리에 프로세스 형식으로 적재되는 것이다. 윈도우에서 실행 파일은 대부분 C:\Program Files, C:\Program Files (x86)과 C:\Windows\, C:\Windows\system32 등에 설치된다. 공격에 사용하는 악성코드는 단일 실행 파일로서 동작하는 경우가 대부분이므로 이런 폴더에 설치되지 않는다. 그러므로 프로그램의 실행경로를 판별한다면 이상징후를 판별할 수 있다.

물론 백도어와 같은 프로그램은 윈도우 정상 파일을 대체하고자 C:\Windows\system32에 설치되기도 한다. 다만 인터넷에서 다운로드한 악성코드가 처음부터 윈도우 시스템 폴더로 복사되는 것이 아니므로 최초 실행 폴더를 기반으로 탐지하는 방법은 유효한 방법이 될 수 있다.

악성코드가 사용자 PC에 다운로드되고 실행이 정상적으로 됐다면 프로세스가 생성되므로 Sysmon의 이벤트 코드 1번에서 해당 이벤트를 찾을 수 있다. 다음 검색어는 해당 이상징후를 찾는 Splunk 명령어다.

```
index=sysmon sourcetype="WinEventLog:Microsoft-Windows-Sysmon/Operational"
EventCode=1 (CurrentDirectory!="*Program Files*" AND CurrentDirectory!="*system32*")
(Image!="*system32*" AND Image!="*Program Files*" AND Image!="*SysWOW64*")
    [ search index=sysmon sourcetype="WinEventLog:Microsoft-Windows-Sysmon/Operational"
EventCode=1
    | rare CurrentDirectory limit=10 showperc=f showcount=f]
| table Image, MD5
```

```
index=sysmon sourcetype="WinEventLog:Microsoft-Windows-Sysmon/Operational"
EventCode=1 (CurrentDirectory!="*Program Files*" AND CurrentDirectory!="*system32*")
(Image!="*system32*" AND Image!="*Program Files*" AND Image!="*SysWOW64*")
```

인덱스와 소스 타입을 지정한다. sysmon 로그에서 프로그램 실행 폴더는 Current Directory 필드에 저장돼 있다. Splunk는 필드의 대소문자를 구별하므로 조심해서 지정하자. Image 필드는 폴더와 실행 파일명이 모두 저장돼 있다. Program Files, System32, SysWOW64 등이 포함되지 않는 것을 의미한다.

이 부분은 사용자가 추가로 지정할 수 있다.

```
[ search index=sysmon sourcetype="WinEventLog:Microsoft-Windows-Sysmon/Operational"
EventCode=1
```

하위 검색에 사용하는 인덱스와 소스 타입을 지정해 사용하고 있다. EventCode=1은 프로세스 생성을 나타낸다. 즉, exe 파일이 정상적으로 실행됐다는 의미다.

```
| rare CurrentDirectory limit=10 showperc=f showcount=f]
```

rare 명령어는 top 명령어와 반대의 결과를 보여준다. top은 빈도가 높은 순서로 보여주지만 rare는 낮은 빈도를 보여준다. 그 외 모든 옵션은 동일하다. 점유율^{showperc}과 개수^{showcount}를 모두 f로 설정하고 limit=10으로 설정했으므로 이 하위 검색 결과는 빈도가 낮은 CurrentDirectory 10개를 반환한다. 정상적인 프로그램은 사용자가 많이 사용한다. 반면 악성코드는 소수만이 감염되므로 rare를 이용해서 탐지했다.

| table Image, MD5

하위 검색에서 반환한 폴더에 위치하는 파일명(Image)과 MD5 필드 값을 반환한다. 이 명령어를 실행한 결과는 그림 8-5와 같다.

첫 번째 로그에서 C:\RECYCLE\2.exe를 확인할 수 있다. 잘 알다시피 RECYCLE은 휴지통이다. 휴지통에서 파일을 실행한 것이다. 이는 백신과 같은 보안제품을 우회하려고 공격자가 종종 사용하는 기법이다. 보안 담당자는 해당 PC를 찾아서 악성코드를 제거해야 할 것이다.

그림 8-5 수상한 폴더에서 파일 실행

다른 이름으로 저장 > 보고서를 선택하고 ep_abnormal_directory 이름으로 저장한다.

NOTE 계산된 필드

Sysmon은 실행 파일의 해시 값을 계산하고 그 결과를 Hashes 필드에 저장한다. 그러나 Hashes 필드에 저장된 값은 MD5, SHA256으로 각각 구분된 것이 아니라 다음과 같이 하나의 필드에 두 값이 모두 저장돼 있다.

```
MD5=E0DB88AD208CEF66E5A188B494A03611,SHA256=45A5D04C9257150B43351EDCF4623CCBE63FDA7723
19C7B0DEBB82E906F1B057
```

MD5와 SHA256의 값을 이용해서 추가 검색을 수행하려면 이 값을 개별 필드로 구분해야 한다. 이런 기능을 위해서 Splunk는 계산된 필드라는 기능을 제공한다. 기존 필드를 이용해서 새로운 필드를 생성하는 기능이다.

해당 기능으로 MD5를 추출하는 검색어를 작성해보자. 우선 전체 값을 콤마(,)를 기준으로 MD5와 SHA256으로 나눌 수 있다. 그렇게 나뉜 두 값을 다시 '='로 분리하면 첫 번째는 MD5 값이며 두 번째는 SHA256 값이 될 수 있다. MD5 값을 얻기 위한 Splunk 명령어는 다음과 같이 작성할 수 있다.

```
mvindex(split(mvindex(split(Hashes,","), 0),"="),1)
```

이미 URI 필드에서 파일명을 추출하는 연습을 했기 때문에 쉽게 이해할 수 있을 것이다. 가장 안쪽의 괄호부터 살펴보자.

- split(Hashes,","): Hashes 필드의 값을 ','를 기준으로 나눈다.
- (mvindex(split(Hashes,","), 0): 다중 값에서 첫 번째 항목을 취한다. 배열의 시작과 같으므로 0부터 시작함을 잊지 말자.
- split(mvindex(split(Hashes,","), 0),"="): 첫 번째 항목에서 '='로 다시 나눈다.
- mvindex(split(mvindex(split(Hashes,","), 0),"="),1): 두 번째 항목을 취한다.

이제 실제로 만들어보자. Splunk 메뉴의 **설정 > 필드 > 계산된 필드**를 선택한다.

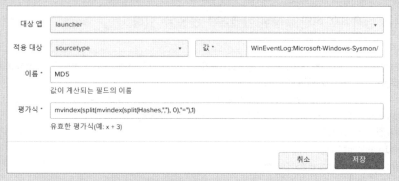

그림 8-6 계산된 필드로 MD5 필드 추가 생성하기

- 적용 대상: 이 필드를 계산할 소스 타입을 지정해야 한다. 다른 소스 타입이라도 필드명이 같을 수 있기 때문이다. Sysmon의 소스 타입은 WinEventLog:Microsoft-Windows-Sysmon/Operational이다.
- 이름: 계산 결과를 저장할 필드명이다. MD5로 필드명을 지정한다.
- 평가식: 필드 값을 추출할 명령어다. mvindex(split(mvindex(split(Hashes,","), 0),"="),1)로 설정한다.

저장 버튼을 클릭해서 필드를 저장한다. SHA256 필드 생성은 독자가 직접 해보기를 바란다. 두 필드의 생성이 성공적이면 Sysmon 이벤트를 검색할 때 필드 목록에서 그림 8-7과 같이 두 필드 항목을 볼 수 있다.

그림 8-7 MD5, SHA256 필드 생성

8.3.2 파일 실행 후 원본 파일 삭제

악성코드는 디스크의 파일이 실행된 후 메모리에 적재되는 프로세스 상태가 돼야 PC를 감염시킬 수 있다. 몇몇 악성코드는 파일 실행 후 원본 파일을 디스크에서 삭제해서 파일 본체의 획득이나 분석을 회피한다.

그렇다면 원본 파일이 없는데도 감염 내역을 확인하는 방법은 무엇일까? 파일을 실행한 후 원본 파일을 삭제하는 행위는 정상적인 앱에서는 절대로 발생하지 않는다. 그러므로 프로그램을 실행한 후 실행 파일을 디스크에서 삭제하는 행위는 정상 행위가 아닐 수 있다. 다음 검색어로 이런 수상한 이벤트를 찾을 수 있다.

```
index=sysmon sourcetype="WinEventLog:Microsoft-Windows-Sysmon/Operational" EventCode=1
ParentImage="C:\\Windows\\explorer.exe"
    [ search index=sysmon sourcetype="WinEventLog:Microsoft-Windows-Sysmon/Operational"
    | where NOT isnull(Image) AND NOT isnull(ParentImage)
    | search CommandLine="* del *"
    | table ParentImage
    | rename ParentImage AS Image
    ]
| table Image, MD5
```

검색어를 상세하게 살펴보자.

```
index=sysmon sourcetype="WinEventLog:Microsoft-Windows-Sysmon/Operational" EventCode=1
ParentImage="C:\\Windows\\explorer.exe"
```

프로그램 실행은 항상 프로세스를 생성하는 것이므로 EventCode=1인 이벤트를 대상으로 한다. 첫 검색어에서 범위를 좁히는 것은 검색 성능을 개선하는 면에서 도움을 준다.

ParentImage="C:\\Windows\\explorer.exe"라는 것은 윈도우 탐색기가 실행한 파일을 찾는 것을 의미한다.

```
    [ search index=sysmon sourcetype="WinEventLog:Microsoft-Windows-Sysmon/Operational"
```

[search]는 하위 검색어를 의미한다.

```
| where NOT isnull(Image) AND NOT isnull(ParentImage)
```

실행 파일 경로를 의미하는 Image 필드와 ParentImage 필드가 null 값이 아닌 것을 찾는다. ParentImage가 null 값이 아니라는 것은 다른 프로그램에 의해서 생성된 것을 의미한다. 즉, 프로그램이 또 다른 프로그램을 실행시킨다는 것이다. 원 프로그램이 실행 중에 자신을 삭제할 수 있는 방법이 아니라 프로그램을 모두 실행시킨 다음에 다른 프로그램을 호출해서 원본 파일을 삭제한다. 대부분 악성코드는 명령 프롬프트인 cmd. exe를 호출해서 지우는 방식을 많이 볼 수 있다.

```
| search CommandLine="* del *"
```

프로그램을 실행하는 모든 명령어와 인자를 포함하는 CommandLine 필드에 del이라는 키워드를 포함하는지 확인한다. del 키워드 양쪽에 빈칸이 있는 것을 잘 살펴야 한다. cmd.exe는 /c 옵션을 설정하고 키워드로 del 또는 erase를 지정하면 이후 파일명을 삭제한다. 그러므로 del 키워드 양쪽에는 공백을 추가하는 것이 바람직하다. 물론 빈칸이 없이 *del*로 검색해도 원하는 검색 결과를 찾을 수 있다. 하지만 프로그램과 인자 사이에 반드시 공백이 추가되므로 공백을 포함하고 있어야 정확하게 찾을 수 있다.

```
| table ParentImage
| rename ParentImage AS Image ]
```

이 내용을 이해하기가 조금 어려울 수도 있다. ParentImage의 목록을 나열하고 ParentImage의 필드명은 Image로 변경하는 것이다. 이렇게 하는 이유는 하위 검색에서 ParentImage에 있는 결과 값을 상위 검색에서는 Image 필드에서 찾는다는 의미다. 최초 실행하는 프로그램은 ParentImage가 무조건 C:\Windows\explorer.exe이므로 실행 프로그램은 Image 필드에 저장되기 때문이다. 하위 검색어를 종료 후에는 Image 필드에 우리가 원하는 값이 저장된 채로 원 질의로 반환된다.

```
| table Image, MD5
```

이제 원 질의에서 Image와 해시 값을 얻을 수 있다. 실행한 후 자기 자신을 삭제하는 파일을 찾는 것이다. MD5를 같이 나열하는 경우는 향후 악성코드 검색을 쉽게 하려는 것이다. 향후 대시보드 제작에서 이 필드를 적극적으로 활용할 것이다. 검색 결과는 그림 8-8과 같다.

이벤트 (5) 패턴 통계 (5) 시각화	
페이지당 20개 ▾ ✎ 형식 미리보기 ▾	
Image ⬍	MD5 ⬍
C:\Users\IEUser\Desktop\malcode_samples\Intelligent-Mal_100\6c5cd3825936711fe40c774aa38fda22.exe	6C5CD3825936711FE40C774AA38FDA22
C:\Users\IEUser\Desktop\malcode_samples\Intelligent-Mal_100\2ea23e71667b2d9b4a65e829abdd382d.exe	2EA23E71667B2D9B4A65E829ABDD382D
C:\Users\IEUser\Desktop\malcode_samples\Intelligent-Mal_100\0f45932fc881dede20516e0d6a1a85ad.exe	0F45932FC881DEDE20516E0D6A1A85AD
C:\Users\IEUser\Desktop\malcode_samples\Intelligent-Mal_100\0f9139868c20b3c0b38ef1b37158b460.exe	0F9139868C20B3C0B38EF1B37158B460
C:\Users\IEUser\Desktop\malcode_samples\Intelligent-Mal_100\0f45932fc881dede20516e0d6a1a85ad.exe	0F45932FC881DEDE20516E0D6A1A85AD

그림 8-8 실행 후 파일 삭제

다른 이름으로 저장 > 보고서를 선택하고 ep_delete_original_file로 저장한다.

8.3.3 실행 후 네트워크 접속 다수 발생

몇몇 악성코드는 실행한 후 C&C 서버에 접속을 시도하거나 특정 사이트에 접속해서 코드를 추가로 다운로드하거나 내부망을 취약점 스캔하기도 한다. 물론 웹 브라우저 역시 실행한 후 외부 사이트로 접속한다. 이런 접속 유형과는 별도로 과다 접속 등을 추출해서 이상징후를 판별할 수 있다. 다음 검색어는 실행한 후 과다 접속을 유발하는 프로그램명과 해시 값을 찾아준다.

```
index=sysmon sourcetype="WinEventLog:Microsoft-Windows-Sysmon/Operational" EventCode=1
(Image!="C:\\Windows*" AND Image!="*Program Files*")
    [ search index=sysmon sourcetype="WinEventLog:Microsoft-Windows-Sysmon/Operational"
    EventCode=3 (DestinationIp!="10.0.0.0/8" AND DestinationIp!="172.16.0.0/12" AND
Destination
    Ip!="192.168.0.0/16")
    | stats count(DestinationIp) AS total_count dc(DestinationIp) AS uniq_count by Image
    | where total_count > 50 OR uniq_count > 20
```

```
    | table Image]
| table Image, MD5
| dedup MD5
```

8장의 검색어는 하위 검색어를 이용해서 목록을 추출하고 이에 해당하는 원본 프로그램과 해시 값을 추출하는 방식을 취하고 있다. 그러므로 검색어의 전체 구조는 동일하다. 여기에서는 하위 검색어 부분만을 설명하기로 한다.

```
[ search index=sysmon sourcetype="WinEventLog:Microsoft-Windows-Sysmon/Operational"
    EventCode=3 (DestinationIp!="10.0.0.0/8" AND DestinationIp!="172.16.0.0/12" AND
Destination
    Ip!="192.168.0.0/16")
```

Sysmon에서 네트워크 접속 이벤트 코드는 3번이다. 그리고 인터넷 접속만을 대상으로 검색하려면 목적지 주소가 사설 주소가 아닌 결과를 찾으면 된다. 기업 내부망에서 사설 대역을 사용하고 있고 내부망 접속을 탐지하려면 위 검색어에서 DestinationIp 내용을 다음과 같이 수정해야 한다.

```
DestinationIp="10.0.0.0/8" OR DestinationIp="172.16.0.0/12" OR
DestinationIp="192.168.0.0/16"
```

내부망에는 사설주소를 사용하므로 하나라도 맞는 조건을 찾기 위해 OR을 사용한다.

```
| stats count(DestinationIp) AS total_count dc(DestinationIp) AS uniq_count by Image
```

Image 필드 값을 기반으로 목적지 IP의 전체 개수와 중복을 제거한 개수를 계산한다. 이렇게 두 가지를 계산하는 이유는 다양한 추가 분석이 가능하기 때문이다. 네트워크 로그 분석에서 살펴본 것같이 전체 개수와 중복 제거 개수 필드의 값이 비슷하다면 다수의 목적지 IP로 접속한 것으로 볼 수 있다. 만일 total_count의 수가 uniq_count보다 월등히 크다면 소수의 목적지 IP에 집중적으로 접속한다고 봐야 한다. 후자의 경우는 DDoS[Distributed Denial of Service] 공격의 가능성도 고려해야 한다.

```
| where total_count > 50 OR uniq_count > 20
| table Image]
```

전체 목적지 접속 수가 50번이거나 유일한 목적지 IP 개수가 20개 이상을 일으킨 파일을 찾아서 반환한다. 50이라는 숫자는 임의로 정한 값이므로 독자가 운영하는 네트워크 상황이나 경험을 기반으로 설정할 수 있다. 파일이 다른 IP로 많이 접속하는 것은 웹 브라우저나 클라우드 기반 백업 프로그램이 아니면 많이 발생하지 않는 증상이다. 그러므로 독자가 관리하는 네트워크의 특성에 맞춰 임곗값을 지정해야 한다. 실행 결과는 그림 8-9와 같다.

보고서 이름은 ep_huge_network_connection으로 저장한다.

Image ⇕	MD5 ⇕
C:\Users\IEUser\Desktop\malcode_samples\Intelligent-Mal_100\5d8ba3980cd9c87f4e49da01319bb6cc.exe	5D8BA3980CD9C87F4E49DA01319BB6CC
C:\Users\IEUser\Desktop\malsample\Sodinokibi\a6e3d32365196d053a488d68d00adab68f4953956fdb1fe0cc5915a0c4848e14.exe	69A0ECE450AC429D1298DD8F51C9808B
C:\Users\IEUser\Desktop\malsample\Sodinokibi\7e959a5f638fa02c0c29d21e3076c987a5a9e1aaa6024c3a47167f1398387f44.exe	6090639DCFE0B152127AC53A399ED5F0
C:\Users\IEUser\Desktop\malsample\2017-02-28-Cerber\2017-02-28-Cerber-ryu.exe	E0518A96B050E5A994B35CDF5AE5BB60

그림 8-9 네트워크 과다 접속 프로그램

8.3.4 네트워크 셸 실행

네트워크 셸(netsh.exe)은 윈도우에서 기본으로 제공하는 프로그램으로서 컴퓨터 구성요소의 환경설정에 사용하는 유틸리티다. 윈도우는 GUI^{Graphical User Interface}로 구성돼 있어서 마우스 클릭으로 다양한 기능을 실행시킨다. 그러나 마우스를 이용한 운영은 개별 호스트마다 사용자가 직접 수행하기 때문에 업무 자동화에는 큰 도움이 되지 않는다.

netsh.exe는 GUI의 관리화면 업무를 명령 실행 창에서 구성할 수 있게 해주는 윈도우 유틸리티 프로그램이다. 이런 기능 때문에 공격자 역시 netsh.exe를 사용한다.

도메인 환경에서 관리자가 netsh.exe를 이용해서 자동 스크립트를 구성하고 배포하는 것은 정상적인 관리 행위다. 하지만 일반 사용자가 netsh.exe를 구동하는 일은 실제로 거의 발생하지 않는다. 이 내용에 착안해서 netsh.exe를 사용한 프로세스를 추적해보자.

```
index=sysmon sourcetype="WinEventLog:Microsoft-Windows-Sysmon/Operational" EventCode=1
| where match(Image,"netsh.exe$")
| where NOT isnull(ParentImage)
| table ParentImage, Image, CommandLine
```

```
index=sysmon sourcetype="WinEventLog:Microsoft-Windows-Sysmon/Operational" EventCode=1
```

인덱스와 소스 타입을 지정하고 프로세스 실행 이벤트 코드를 찾는다.

```
| where match(Image,"netsh.exe$")
```

Image 필드 값이 netsh.exe로 끝나는 결과를 찾는다.

```
| where NOT isnull(ParentImage)
```

ParentImage 필드가 null이 아닌 것을 찾는다.

```
| table ParentImage, Image, CommandLine
```

ParentImage, Image, CommandLine 필드를 보여준다.

그림 8-10의 결과는 검색어에서 지정한 대로 ParentImage, Image, CommandLine 필드를 보여준다. 필드명에서 알 수 있듯이 Image 필드는 실행 프로그램 자체를 의미하고 ParentImage는 상위 실행 프로그램이다.

그림 8-10 netsh.exe의 실행 파일 목록

운영체제 개념으로 설명하면 ParentImage는 부모 프로세스parent process이고 Image는 자식 프로세스child process를 의미한다. Image가 실행 프로그램을 의미한다면 CommandLine

은 Image에서 지정한 실행 프로그램의 실행 인자를 포함한 전체 명령어를 보여준다. 실행 결과는 ep_netsh_execute로 저장한다.

이러한 필드 간의 실행 계층 구조는 그림 8-11에서 확인할 수 있다.

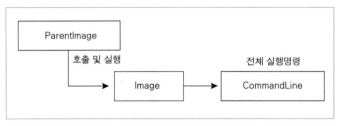

그림 8-11 필드 간 호출 계층 구조

검색 결과는 C:\Users\IEUser\AppData\Local\Temp\csrss.exe가 C:\Windows\System32\netsh.exe를 호출하고, netsh firewall add allowedprogram C:\Users\IEUser\AppData\Local\Temp\csrss.exe" "csrss.exe" ENABLE을 실행시키고 있다.

csrss.exe는 프로그램 자신을 윈도우 방화벽 허용 프로그램에 추가한 것이다. 그런데 csrss.exe 프로그램의 경로가 수상하다. 이 프로그램은 윈도우 핵심 프로그램의 하나로 C:\Windows\system32가 정상 파일의 경로다. 하지만 여기에서 나오는 파일은 C:\Users\IEUser\AppData\Local\Temp로 정상 경로가 아닌 것을 알 수 있다. 악성코드가 파일을 임시로 다운로드하거나 복사하는 경로로 임시 폴더가 주로 쓰인다. 이 검색어는 그 결과를 탐지한 것이다.

8.4 요약

8장에서는 sysmon을 활용해 엔드포인트의 한 종류인 윈도우 PC 로그 분석을 살펴봤다. 엔드포인트 분석은 대단히 복잡하고 경우의 수가 매우 다양하다. 그 이유는 컴퓨터 사용자마다 운영하는 앱이 다를 수 있고 심지어 운영체제 버전의 차이도 존재할 수 있기 때문이다. 그러므로 기업에서 엔드포인트는 운영체제 버전, 앱 등을 동일하게 관리하는 표준화가 무엇보다 중요하다.

표준화를 이용해서 업무 환경을 구성하면 표준 자체가 정상 환경이므로 이를 벗어난 비정상 이상행위를 바로 탐지할 수 있다.

예를 들어 회사에서 제공하는 표준 그림 파일 뷰어는 윈도우 기본 프로그램인 사진 뷰어라고 어떤 외부 프로그램도 허용하지 않는다고 가정해보자. 외부 프로그램을 사용하거나 설치하는 자체가 이상징후이고 문제의 원인이 될 수 있다.

국내에서 PC 운영체제는 대부분 마이크로소프트의 윈도우를 사용하고 있으므로 제조사에서 제공하는 보안 문서를 적극적으로 활용해야 한다. 윈도우 보안감사 정책은 다음 사이트(https://docs.microsoft.com/ko-kr/windows/security/threat-protection/auditing/security-auditing-overview)에서 훌륭한 참고문서를 얻을 수 있다.

9
SIEM 구축하기

9.1 장 소개

9장에서는 지금까지 분석에 사용한 검색어를 이용해서 SIEM을 구축한다. Splunk가 제공하는 대시보드 기능을 활용해 사용자에게 보다 직관적인 Splunk 앱을 제작한다.

9장은 다음의 내용을 설명한다.

- SIEM의 전체 구조를 설계할 수 있다.
- SIEM을 구성하는 다양한 대시보드를 생성할 수 있다.
- 대시보드 결과를 더 자세히 보는 드릴다운을 만들 수 있다.

Splunk 앱은 Splunk가 제공하는 기능을 이용해서 독자적인 앱을 만든 것이다. 사용자가 가장 많이 사용하는 검색, 보고서 역시 Splunk의 기본 앱이다.

7장과 8장에서 많은 검색 결과를 검색 보고서로 저장한 이유는 해당 검색 결과를 대시보드로 손쉽게 만들기 위함이었다. 대시보드는 여러 개의 시각화 패널을 모은 페이지다. 여러 정보를 목적에 맞게 메뉴로 구성하고 이에 맞는 대시보드를 연결한 것이 Splunk 앱이다.

9장과 10장의 대시보드는 클래식 대시보드를 이용해서 구축한다.

우선 SIEM의 목적에 맞게 메뉴를 구성하고 메뉴별 대시보드를 생성한다. 대시보드에서 상세하게 데이터를 추출하는 드릴다운을 연결해서 SIEM 구성을 마친다. 보안 담당자 누구라도 본인이 보호하는 정보 자산에 맞춰 전용 앱을 구축할 수 있다.

9.2 Splunk SIEM 앱 설계

이제 Splunk를 이용해서 앱을 구축해보자. 처음에는 간단한 기능을 포함하는 앱으로 시작할 수 있지만 대시보드, 매크로, 이벤트 타입 등을 확장해서 많은 기능을 가진 앱으로 발전할 수 있다. 그러므로 앱을 만들 때는 향후 확장성을 고려해서 설계하는 것이 바람직하다.

9.2.1 구축 목적

우선 앱을 구축하는 목적이 무엇인지 먼저 생각해보자. Splunk를 기반으로 앱을 제작하는 것은 Splunk에서 저장하는 로그 데이터를 갖고 다양한 방식으로 분석하고 조회하는 것이 가장 큰 목적이다.

저장한 데이터에 따라서 서버 관리 앱을 만들 수도 있고, 네트워크 관리 앱을 만들 수도 있다. 이 책에서는 이제까지 보안 이벤트를 저장했기 때문에 SIEM을 제작한다.

SIEM은 다양한 로그를 저장하고 보안 관점으로 로그를 분석하고 그 결과에 기반해서 보안 담당자가 해야 하는 후속 조치의 근거 자료를 제공한다.

9.2.2 구축 범위

SIEM을 만들기로 했다면 이제 필요한 기능 범위를 정의하자.

앱의 범위는 앱을 사용하는 사용자와 앱에서 제공하는 기능이 읽기 전용인지 사용자 검색 추가 기능인지 등을 결정하는 것이다. 그리고 SIEM이 수집하는 로그의 범위를 규정해서 어떤 로그를 활용할 것인지도 결정해야 한다.

이 책에서는 예제 로그의 제약으로 인해서 보안 로그를 대상으로 SIEM을 구축한다. 하지만 Splunk는 전산장비에서 발생하는 모든 로그를 수집할 수 있으므로, 독자가 운영하는 실제 환경에서는 제약을 두지 않는 게 좋다. 그러므로 라이선스가 허락한다면 최대한 로그를 수집해서 분석을 해보자.

9.2.3 구축 전략

이 책에서 예제로 구축하는 SIEM 앱은 읽기 권한을 가진 사용자는 누구라도 사용할 수 있게 제작하고 대시보드를 기반으로 차트 형식의 사용자 화면을 제공한다. 마지막으로 다양한 검색 기능을 제공하고, 저장 보고서를 사용해서 관리자가 관심을 두는 검색 결과를 제공할 것이다. 익숙해지면 기본 SIEM 앱에 사용자가 확장할 수도 있다.

Splunk는 사용자 화면을 Splunk 웹 프레임워크 기반에서 제공한다. Splunk가 제공하는 대시보드 패널 등은 XML로 만들어지며 HTML 변환도 할 수 있다. 웹 기반으로 구축되기 때문에 각 대시보드 패널에는 JS^{JavaScript}를 추가하거나 CSS$^{Cascading\ Style\ Sheet}$를 입히는 것도 할 수 있다. 다만 이 책에서는 JS나 CSS를 앱에 적용하는 방법은 다루지 않는다.

9.2.4 메뉴 설계 및 구성

모든 앱은 메뉴를 가져야 한다. 다양한 기능을 추가하더라도 기능 간 이동은 메뉴를 이용하기 때문이다. Splunk는 앱의 메뉴를 XML 파일로 관리하며 간단하게 추가, 수정할 수 있다.

이 책에서 구축할 SIEM 앱의 메뉴는 다음과 같다.

표 9-1 SIEM 메뉴 설계안

1차 메뉴	2차 메뉴	검색 보고서
SIEM Insight	네트워크 현황	TCP 목적지 포트 Top 10
		UDP 목적지 포트 Top 10
		서비스 프로토콜 현황
		사용자 접속 현황
네트워크 현황	DNS	도메인 접속 현황
		도메인 요청 IP
		도메인 응답코드 현황
	HTTP	HTTP 접속국가 & 도메인
		HTTP 메서드
		HTTP 클라이언트 오류
		HTTP 서버 오류
		HTTP 상태코드
	SSL & x509	SSL 접속 도메인
		인증서 만료 임박 사이트
이상징후	DNS 이상징후	비정상적인 서브 도메인 길이
		비허가 DNS 사용
		비정상 엔트로피 값 도메인
	HTTP 이상징후	비정상 메서드 사용
		외부행 데이터 전송
		mime-type과 파일 확장자 불일치
		사이트 이동 후 실행 파일 다운로드
		프록시 서버 접속
	SSL & x509	인증서 만료 SSL 통신
		self-signed 인증서 사용
	엔드포인트	비정상 폴더 실행
		실행 후 원본파일 삭제
		과다 네트워크 접속 행위
		네트워크 셸 실행
고급 검색	IP/도메인 검색	목적지 IP, 도메인 검색
	CVE 검색	CVE 검색

표 9-1의 메뉴를 보면 7장과 8장에서 저장한 보고서의 내용임을 알 수 있다. 즉, 이전에 만든 검색어는 SIEM 앱에서 사용하기 위한 것이다.

1차 메뉴가 앱에서 보이는 메뉴다. 1차 메뉴를 클릭하면 2차 메뉴를 볼 수 있는데 2차 메뉴를 선택하면 대시보드 패널이 보이는 구조다. 앱을 구축하면 1차 메뉴에서 초기화면을 선택해야 한다. 초기화면이란 사용자가 앱을 선택할 때 처음으로 보여주는 페이지를 말한다. 앱의 초기 페이지 역시 XML 파일에서 지정한다.

9.2.5 메뉴 설명

SIEM Insight

해당 메뉴에서 보이는 페이지는 보호 대상의 네트워크 현황을 보여준다. 네트워크 계층에서 정보를 추출하고 현황을 직관적으로 판단할 수 있게 도와준다.

인터넷은 클라이언트와 서버 기반으로 동작한다. 그러므로 접속 대상을 파악하는 서버 기반 정보 등을 주로 보여준다. 서비스 접속에 사용하는 목적지 포트는 사용자가 서버의 어떤 서비스에 접속하고 있는지 확인할 수 있다. 특히 TCP와 UDP에 따라 제공하는 서비스가 다르므로 앱 사용 현황도 파악할 수 있다. 보안 담당자는 원하는 항목을 추가하고 확장함으로써 관리 대상의 현재 상태를 파악할 수 있다.

SIEM이라고 해서 보안 장비 로그만 수집하는 것은 아니다. 네트워크에서 얼마나 많은 클라이언트가 있는지 규모를 파악하는 것도 보안에 도움을 준다. 특정 서비스로 지나치게 많이 접속한다든지 국가별 접속 통계를 파악하는 것은 단순한 네트워크 접속행위이지만 보안에도 영향을 미친다는 점을 알아두자.

네트워크 현황

네트워크 현황에서 프로토콜 사용 현황을 파악한다. 이 책에서는 DNS, HTTP, SSL 트래픽을 기반으로 서비스를 제공하고 있다. Insight 메뉴에서는 TCP, UDP 포트로 현황을 파악했다면 여기에서는 응용 계층까지 분석한다.

이 분석은 사용자에게 한층 높은 가시성을 제공한다. 예를 들어 DNS는 53/UDP 포트를 사용한다. 그렇다면 5353/UDP는 어떤 서비스일까? 이것 역시 DNS이지만 IPv6 관련 서비스를 제공할 때 사용하는 포트다. 사용자 또는 컴퓨터가 어떤 도메인에 접속하는가? 얼마나 많은 도메인을 사용자 접속에서 볼 수 있는가 등등이다.

많은 서비스가 SSL로 전환되고 있지만, HTTP는 여전히 공격자가 선호하는 통로다. HTTP는 웹 서비스를 제공하는 프로토콜이다. 웹 서비스는 사용자가 가장 많이 사용하는 서비스이므로 공격을 숨기기에 아주 좋은 대상이기 때문이다. 웹 사이트가 운영 중인 IP를 이용해서 국가별 정보를 활용하는 것도 좋은 방법이다.

HTTP 메서드는 클라이언트가 서버에게 자원을 요청하는 방식이다. 자료를 다운로드하거나 업로드하는 경우가 대부분이므로 그렇지 않은 다른 메서드를 찾는 것이다. 메서드 정보는 사용자가 직접 웹 브라우저를 사용하는 것과 프로그램이 접속하는 것이 확연한 차이를 보이므로 현황 분석에도 매우 유용하다.

이상징후

이상징후 메뉴는 SIEM의 핵심이라고 할 수 있다. 다양한 이 기종의 로그를 수집해서 통합 분석을 수행하는 것이 SIEM을 사용하는 본연의 목적이기 때문이다.

보안 담당자가 분석하기 전에 고려해야 할 상황이 있다. 바로 이상징후의 기준을 먼저 정해야 한다. 이상이란 평상시와 다르다는 의미다. 그러므로 이상을 알려면 먼저 평상 즉, 정상을 알고 있어야 한다. 예를 들어, 어떤 사용자가 외부로 1기가 바이트를 전송한 것을 탐지했다. 무조건 이상징후로 단정할 수 있을까? 확인해보니 외부 업체와 자료를 주고받는 것이 주 업무라면 악성 행위라고 볼 수 없다. 이렇듯 이상징후는 반드시 정상을 먼저 알아야 이상징후라고 판단할 수 있다. 이 말은 보호 대상의 모든 행동을 충분히 알고 있어야 한다는 의미다. 이러한 지식은 짧은 시간에 얻을 수 없다.

기업이나 조직에서 네트워크 정상 행위를 판별하는 데는 최소 3개월 정도의 시간이 소요된다. 많은 기업이 분기 단위로 업무를 수행하기 때문이다. 물론 6개월마다 하는 업무도 있고 연 단위로 수행하는 업무 역시 있으므로 3개월이 절대적인 숫자는 아니다.

이 책에서 제시하는 이상징후는 사용자의 행위 분석에 초점을 두고 있다. 그 이유는 다음과 같다. 네트워크 패킷을 검사해서 공격을 판별하는 IDS/IPS와 달리 SIEM은 이기종 보안 장비에서 텍스트 기반의 로그를 수집하기 때문이다. 물론 웹 서버 로그에 SQL 인젝션 공격이나 XSS 공격의 흔적이 남는다면 이를 바로 탐지할 수 있다. 하지만 SIEM을 활용한 공격 탐지는 이렇게 단편적인 방법보다는 다양한 로그에 걸쳐서 동일하게 발생하는 기법이나 사용자가 하지 않을 만한 여러 조건을 이용해서 탐지하는 것이 훨씬 더 효율적이기 때문이다.

외부행 데이터 유출 탐지를 예로 들어보자. IDS/IPS 또는 방화벽과 같은 패킷 기반 보안 장비는 현재의 패킷에 관심을 두고 악성 유무를 분석한다. 이런 장비만으로는 과거 1주일 동안 출발지와 목적지별로 전송한 트래픽의 총량을 구할 수 없다. 어떤 사용자가 다른 사용자보다 월등히 많은 데이터를 내려받았는지 아니면 외부로 전송했는지 파악하기도 어렵다. SIEM은 방대한 로그 분석 능력을 기반으로 지금까지 파악하지 못한 이상징후를 판별할 수 있는 것이다.

보안 담당자는 본인이 생각하는 이상징후를 Splunk가 제공하는 검색어를 이용해서 검색하고 이를 보고서로 저장해서 언제든지 검색에 재활용할 수 있다.

고급 검색

고급 검색은 Splunk가 저장하고 있는 정보를 손쉽게 찾을 수 있는 검색 전용 대시보드를 말한다. Splunk 검색 창에서 검색 명령어와 옵션을 이용하면 정보를 검색할 수 있지만 모든 사용자가 검색 명령어에 익숙하지 않기 때문에 사용자를 위한 메뉴라고 생각하면 된다.

이 화면에는 원하는 정보를 쉽게 찾을 수 있게 Splunk의 대시보드 기능을 이용해서 제작한다. Splunk 검색어에 익숙하지 않은 사용자도 키워드를 입력해서 검색을 실행할 수 있게 돕는다.

예를 들어, 백신회사에서 새로운 랜섬웨어를 유포하는 웹 서버가 탐지됐다고 정보를 공유해왔다. 보안 팀의 대응은 우선 이 웹 서버를 사용자가 접속하지 못하도록 차단할 것이다. 차단 이후에는 무엇을 해야 할까? 이미 이 위협이 내부 전산망에 침투했는지 파악해야 한다. 탐지와 차단 이전에 악성 웹 사이트를 접속한 사용자를 찾는다면 해당 위협에 노출됐는지 확인할 수 있다. 고급 검색은 이럴 때 빛을 발한다. 사용자의 네트워크 접속 로그를 갖고 있으므로 최근 30일 이내로 도메인 또는 목적지 IP를 기준으로 접속 기록을 검색하고 결과가 없다면 그 위협은 더 이상 보안 담당자의 고민거리가 아니다. 이렇듯 위협의 노출 여부를 명확하게 확인하는 것과 못하는 것은 침해사고 대응에서 하늘과 땅 차이라고 볼 수 있다. 모르면 불안하다. 위협이 내부로 침투했는지 침투했다면 얼마나 많은 PC가 감염됐는지 알기만 해도 대응 범위가 정해진다. 문제 해결의 첫 번째 단계는 무엇일까? 바로 문제를 인식하는 것이다.

9.3 SIEM 구축

본격적으로 Splunk 앱 기능을 활용해서 SIEM을 구축해보자. 먼저 Splunk에서 신규 앱을 생성한다.

9.3.1 Splunk 앱 생성

Splunk 서버에 로그인을 하고 초기 화면에서 그림 9-1과 같이 앱을 생성한다.

1. 앱 목록에서 **앱 관리**를 선택한다.
2. 우측 상단의 **앱 만들기**를 선택한다.
3. 다음과 같이 입력하고 **저장**을 클릭한다.
   ① **Name**은 앱의 이름이다. 사용자가 원하는 이름을 지정할 수 있다.
   ② **폴더 이름**은 Splunk 서버에서 사용할 폴더 이름이다. 이 폴더에 앱의 모든 정보가 저장된다. $SPLUNK_HOME/etc/apps/[폴더 이름]에 생성된다.
   ③ **버전**은 0.0.1처럼 반드시 세 자리로 작성한다.
   ④ **표시 여부**는 앱에 대시보드와 같은 시각화 메뉴가 있다면 **예**를 선택한다. **아니오**를 선택하면 앱 목록에 보이지 않는다.

⑤ **템플릿**은 barebones를 선택한다. 이것은 특별한 설정을 하지 않고 앱의 기본 골격만 갖춘다.

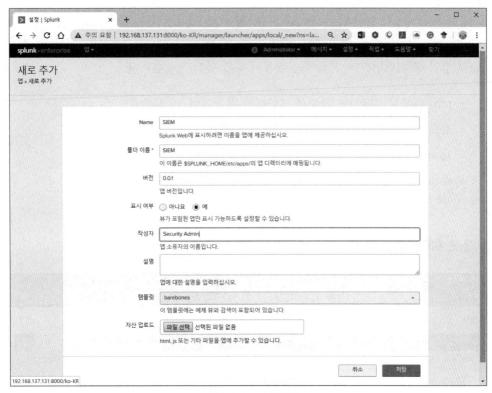

그림 9-1 Splunk 앱 생성

저장한 후 앱 목록을 보면 그림 9-2와 같이 생성한 SIEM 앱을 볼 수 있다.

그림 9-2 앱 메뉴 확인

Splunk 서버에 터미널로 접속해서 다음 디렉터리를 확인하자.

$SPLUNK_HOME/etc/apps/SIEM

Splunk 홈 디렉터리를 포함해서 $SPLUNK_HOME/etc/apps/SIEM이 새로 생성한
SIEM 앱의 홈 디렉터리다. 처음에는 다음의 하위 폴더가 생성된다.

- bin: 앱에서 사용하는 각종 스크립트가 저장된다.
- default: 앱의 기본 환경설정 파일이 저장된다.
- local: 앱에 종속적인 환경설정 파일이 저장된다.
- metadata: 앱에서 사용하는 데이터 파일이 저장된다.

9.3.2 SIEM 메뉴 구성

그림 9-3 SIEM 기본 메뉴

그림 9-3에서 앱에서 사용하는 메뉴를 볼 수 있다. 메뉴는 유사한 정보를 가진 패널을 하
나의 그룹으로 묶는 역할도 수행한다. 사용자는 앱을 제작할 때 메뉴를 자유롭게 구성할
수 있다. 최초 상위 메뉴를 구성하고 하위 메뉴를 구성하면 풀다운^pull down 메뉴를 만들 수
있다.

처음 앱을 생성하면 메뉴는 Search & Reporting 앱의 메뉴와 동일하다. 아무런 수정을
하지 않으면 모든 앱의 메뉴는 Search & Reporting 메뉴와 똑같다. 메뉴의 상세 내역
을 살펴보자. **설정 > 사용자 인터페이스 > 탐색 메뉴**를 선택하면 목록에 탐색 이름 **default**가
보인다. 그림 9-4에서 이를 확인할 수 있다.

그림 9-4 앱 메뉴 확인

default를 클릭하면 그림 9-5와 같이 메뉴의 XML 형식을 확인할 수 있다.

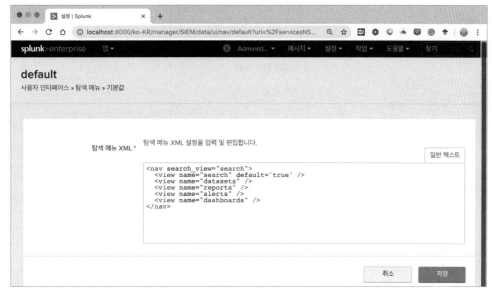
그림 9-5 XML 형식의 탐색 메뉴

〈view〉 태그의 name 속성은 대시보드의 ID를 의미한다. 기본 메뉴는 하위 항목을 갖고 있지 않다. 하위 항목을 가진 메뉴를 작성하려면 〈collection〉〈/collection〉 태그를 사용해야 하며 〈collection〉 태그 사이에 〈view〉 태그를 적어서 상세 메뉴를 명시한다. 사용 방법은 다음과 같다.

```
<collection label="메뉴 이름">
  <view name="대시보드 패널 이름" />
</collection>
```

⟨view⟩ 태그를 여러 개 추가하면 메뉴를 확장할 수 있다. 메뉴를 작성하는 법을 알았으니 이제 메뉴를 설계해보자. 앞에서 먼저 정의한 메뉴와 검색 보고서를 다시 살펴보자.

표 9-2의 대시보드 ID는 ⟨view⟩ 태그로 구성되는 하위 페이지이고 검색 패널은 검색 보고서를 구현하는 것이다. Splunk에서 대시보드는 1개 이상의 패널을 장착할 수 있다. 이제 앞서 설계한 메뉴와 대시보드 ID를 연동시켜서 메뉴를 완성시켜 보자.

표 9-2 SIEM 앱 메뉴 구성

1차 메뉴	2차 메뉴	패널 이름	연결 보고서
SIEM Insight	네트워크 현황	TCP 목적지 포트 Top 10	신규 생성
		UDP 목적지 포트 Top 10	
		서비스 프로토콜 현황	
		사용자 접속 현황	
네트워크 현황	DNS (status_dns)	접속 현황	dns_top10_domain
		요청 IP	dns_top10_domain_src
		응답코드 현황	dns_rcode_nxdomain
	HTTP (status_http)	접속국가 & 도메인	http_top10_domain_country
		메서드	http_method
		클라이언트 오류	http_top10_client_error
		서버 오류	http_top10_server_error
		상태코드	http_status_code
	SSL & x509 (status_ssl)	접속 도메인	ssl_top10_domain
이상징후	DNS 이상징후 (threat_dns)	비정상적 서브도메인 길이	dns_too_long_subdomain
		비허가 DNS 사용	dns_unauthorized_server
		비정상 엔트로피 값 도메인	dns_entropy
	HTTP 이상징후 (threat_http)	비정상 메서드 사용	http_abnormal_method
		외부행 데이터 전송	http_exfiltration
		mime-type과 확장자 불일치	http_mimetype_mismatch
		이동 후 실행 파일 다운로드	http_download_after_redirect
		프록시 서버 접속	http_proxy_connection

1차 메뉴	2차 메뉴	패널 이름	연결 보고서
	SSL & x509 (threat_ssl)	인증서 만료 SSL 통신	ssl_expired_cert
	엔드포인트 이상징후 (threat_endpoint)	비정상 폴더 실행	ep_abnormal_directory
		실행 후 원본파일 삭제	ep_delete_original_file
		과다 네트워크 접속 행위	ep_huge_network_connection
		네트워크 셸 실행	ep_netsh_execute
정보 검색	IP/도메인 검색	목적지 IP, 도메인 검색	신규 생성
	CVE 검색	CVE 검색	

2차 메뉴에서 메뉴 이름에 있는 괄호 항목은 대시보드 ID를 의미한다. 앱을 구성할 때 사용할 각 대시보드의 ID를 미리 지정한 것이다. 대시보드 ID는 대시보드를 구분하는 유일한 값이므로 중복이 없어야 한다. 리눅스에서 Splunk를 운영한다면 대시보드 ID는 대소문자 역시 엄격히 구분한다. 편의상 모두 소문자로 작성하는 것을 권고한다.

표 9-2에서 연결 보고서 항목은 7장과 8장에서 작성한 검색어의 보고서 이름이다. 이 파일명은 패널 제작 시 선택해서 불러오는 것이므로 사용자가 일일이 입력할 필요는 없다. Splunk는 패널의 이름을 보고서 이름으로 자동 생성한다. 대시보드에 패널 입력을 완료한 후에 패널 이름을 표 9-2의 한글로 바꿔서 사용할 수 있다.

대시보드 ID를 모두 지정했으므로 이제 메뉴 XML을 작성한다. 메뉴에 〈collection〉을 추가해서 다음과 같이 메뉴를 작성하자.

```
<nav search_view="search" color="#000000">
<view name="siem_insights" default="true" />
<collection label="네트워크 현황">
    <view name="status_dns" />
    <view name="status_http" />
    <view name="status_ssl" />
</collection>
<collection label="이상징후">
    <view name="threat_dns" />
    <view name="threat_http" />
    <view name="threat_ssl" />
```

```
    <view name="threat_endpoint" />
</collection>
<collection label="고급 검색">
    <view name="search_ip_domain" />
    <view name="search_cve" />
</collection>
</nav>
```

메뉴를 저장할 때 주의해야 할 사항이 있다.

```
<view name"search" default='true' />
```

default 키워드는 해당 앱이 로딩될 때 보여줄 초기 페이지를 지정한다. default를 지정하지 않으면 메뉴의 가장 앞에 있는 대시보드 ID를 보여준다. 이 메뉴에서는 〈view name="siem_insights" /〉이다. 하지만 아직 이 대시보드를 생성하지 않았다. 위의 메뉴를 저장하고 사용자가 SIEM 앱을 선택하면 페이지 로딩이 실패하며 그림 9-6과 같은 오류가 발생한다. 404 Not Found라는 메시지에서 알 수 있듯이 해당 페이지가 없다는 의미다. 아직 대시보드를 만들지 않았으므로 처음에는 기본으로 존재하는 패널을 보여줘야 한다.

그림 9-6 대시보드 로딩 오류

그러므로 신규 앱 메뉴에서 다음 내용은 우선 남겨둬야 한다.

```
<view name="search" default='true' />
<view name="datasets" />
<view name="reports" />
<view name="alerts" />
<view name="dashboards" />
```

모든 대시보드 패널을 완성한 후에 필요에 따라 메뉴를 제거할 수 있다. 메뉴를 클릭했을 때 그림 9-6의 오류가 발생한다면 메뉴에서 설정한 대시보드 ID의 이름이 달라서 발생하는 것이므로 메뉴와 대시보드 아이디를 비교한 후에 잘못 입력된 부분을 찾아서 수정하면 오류를 해결할 수 있다.

메뉴용 XML을 저장하고 SIEM 앱을 선택한다. 메뉴를 수정했음에도 여전히 기본 메뉴만 보일 것이다. 그 이유는 아직 메뉴와 연결된 대시보드를 만들지 않았기 때문이다. 메뉴에서 지정한 대로 대시보드를 하나씩 만들면 각 항목이 보이기 시작한다. 이제 메뉴의 대시보드를 만들어보자.

9.3.3 SIEM Insight

이 메뉴에서는 대시보드 하나만을 만든다. 그렇지만 4개의 패널을 추가해서 다양한 정보를 제공할 것이다. Insight는 용어에서 의미하는 것처럼 직관적인 현황을 제공하기 위한 것이다. 상세한 정보보다는 대략적인 현황을 보여준다.

먼저 새 대시보드를 만든 후 **앱:SIEM > 대시보드 > 새 대시보드 만들기**를 선택한다. 그림 9-7과 같이 입력하고 **대시보드 만들기**를 클릭한다.

그림 9-7 SIEM Insights 대시보드 생성

다른 대시보드는 이전에 만든 보고서를 사용할 것이지만 이 대시보드에 사용하는 패널은 검색어를 직접 만들기로 한다. 패널을 생성할 수 있는 다양한 방법을 알아보기 위함이다.

+ 입력 추가에서 **시간**을 선택해서 시간 컨트롤을 대시보드에 추가한다. 시간 컨트롤의 연필 아이콘을 클릭한 후 그림 9-8과 같이 설정하고 **적용** 버튼을 클릭한다.

T 텍스트	일반	
◎ 라디오	레이블	시간 설정
▾ 드롭다운	변경 사항 검색 ☐	
▣ 체크박스	토큰 옵션	
▾ 다중선택	토큰 ?	timePicker
⬦ 링크 리스트	기본값 ?	최근 24시간 ▾
⊙ 시간		

취소   적용

그림 9-8 시간 컨트롤 설정

TCP 목적지 포트 현황

TCP/IP 네트워크에서 목적지 포트는 서비스로 얘기할 수 있다. 다만 대부분 서비스가 HTTP와 SSL로 제공되는 요즘의 현실에서는 목적지 포트 구분이 그리 큰 구분이 아닐 수도 있다. 하지만 반대로 생각하면 그런 이유로 목적지 포트 사용 현황을 계속 파악해야 한다. 그 이유는 익숙하지 않은 포트가 보이는 것이 이상징후일 수도 있기 때문이다. 다음 순서로 패널을 추가한다.

- **+ 패널 추가**를 선택한다.
- 오른쪽 패널 추가 선택에서 **새로 만들기 > 통계 테이블**을 선택한다.
- 시간 범위에서 시간 컨트롤의 이름인 **timePicker**를 선택한다.
- 콘텐츠 제목은 **TCP 목적지 포트 Top 10**을 적는다.
- 검색 문자열은 다음과 같이 입력한다.

```
index=siem sourcetype=siem-conn proto=tcp
| top showperc=f dpt
```

입력을 완료하면 대시보드에 **추가**를 클릭한다.

top 명령어에 옵션을 줬다. showperc=f는 top 목록에서 개별 항목이 점유하는 비율(%) 필드를 보여주지 않는다. 이 검색 결과는 후에 시각화를 적용할 것이므로 비율을 목록에서 보여줄 필요가 없다.

대시보드에 **추가**를 클릭해서 패널을 완성한다.

UDP 목적지 포트 현황

이 패널은 사용 프로토콜이 UDP라는 점을 제외하면 직전의 TCP 목적지 포트 패널과 완전히 동일하다. TCP가 연결지향형이라면 UDP는 비연결형 프로토콜이다. 기업 업무 환경에서 UDP는 그렇게 많이 사용하는 프로토콜이 아니다. 패널을 만드는 방법은 동일하며 검색어에서 tcp를 udp로만 변경하면 된다.

```
index=siem sourcetype=siem-conn proto=udp
| top showperc=f dpt
```

서비스 현황

Zeek는 네트워크 연결 패킷을 분석하면서 서비스를 정의한다. 서비스는 포트 번호와는 다른 개념으로 응용 계층을 분석하면서 얻을 수 있다. 예를 들어 80/TCP는 목적지 포트를 의미하지만, 서비스에 HTTP라는 값이 있다면 80/TCP는 웹 서비스 용도로 사용하고 있음을 알 수 있다. 하지만 포트 번호가 서비스와 반드시 일치하는 것은 아니다. 80/TCP이지만 FTP 서비스를 운영할 수도 있기 때문이다.

패널을 생성하는 방법은 앞에서 만든 방법과 똑같다. 다만 검색어는 다음을 사용한다.

```
index=siem sourcetype=siem-conn service!="-" eventtype="dst_internet"
| eval service = service."/".proto
| top showperc=f service
```

```
| eval service = service."/".proto
```

이 검색어는 service 필드와 proto 필드의 값을 '/'으로 연결해서 service 필드에 값을 할당한다. Splunk에서는 문자열인 두 필드를 연결하는 연산자로 .(마침표)를 사용한다.

출발지, 목적지 현황

마지막 패널은 출발지별로 인터넷 접속 IP 수를 검색해본다.

우선 출발지 IP를 기준으로 인터넷으로 접속한 전체 IP 수가 있다. 그리고 그 IP에서 중복을 제거한 유일한 IP의 수가 있다. 전체 IP 수는 모든 접속을 의미하고 중복을 제거한 IP 수는 얼마나 많은 IP를 접속했는지 판별할 수 있다. 여기에서 전체 IP 수를 중복 제거한 수로 나누는 값은 어떤 의미가 있을 수 있을까? 다음 검색을 살펴보자.

```
index=siem sourcetype=siem-conn eventtype="dst_internet"
| stats count(dst) as Total_Count, dc(dst) as Distinct_Count by src
| eval ratio = round(Total_Count/Distinct_Count, 2)
| sort ratio
| where Total_Count > 500
| head 10
```

```
| stats count(dst) as Total_Count, dc(dst) as Distinct_Count by src
```

이 검색은 출발지(src)별로 전체 목적지 IP 수와 유일한 IP 수를 구한다.

```
| eval ratio = round(Total_Count/Distinct_Count, 2)
| sort ratio
| where Total_Count > 500
| head 10
```

이후 전체 IP 수를 유일한 IP 수로 나눈 값을 ratio 필드에 저장한다. 다만 전체 개수가 500개 이상인 결과를 기준으로 하고 500이란 숫자는 필자가 임의로 지정한 것이다. 이 책에서 사용하는 예제 로그는 24시간 범위를 포함하고 있다. 24시간 동안 500번의 접속도 일어나지 않은 출발지는 결과에서 배제한 것이다. 이 값은 사용자가 운영하는 환경에 맞춰 얼마든지 수정해서 사용할 수 있다.

ratio 필드가 포함하는 것은 어떤 의미일까? ratio 값이 적을수록 Total_Count와 Distinct_Count 값의 차이가 적다는 의미다. 즉, ratio 필드 값이 크면 클수록 두 값의 차이가 크며 이는 접속하는 목적지 IP가 그리 많지 않다는 것을 의미한다. 전체 접속 수가 많지만 유일한 IP가 적다는 것이다. 출발지가 같은 목적지를 계속 방문한다는 의미다.

패널을 추가하고 대시보드를 이동시켜서 그림 9-9와 패널별로 제목을 붙이고 배치한다. 이제 SIEM Insights 대시보드를 완성할 수 있다.

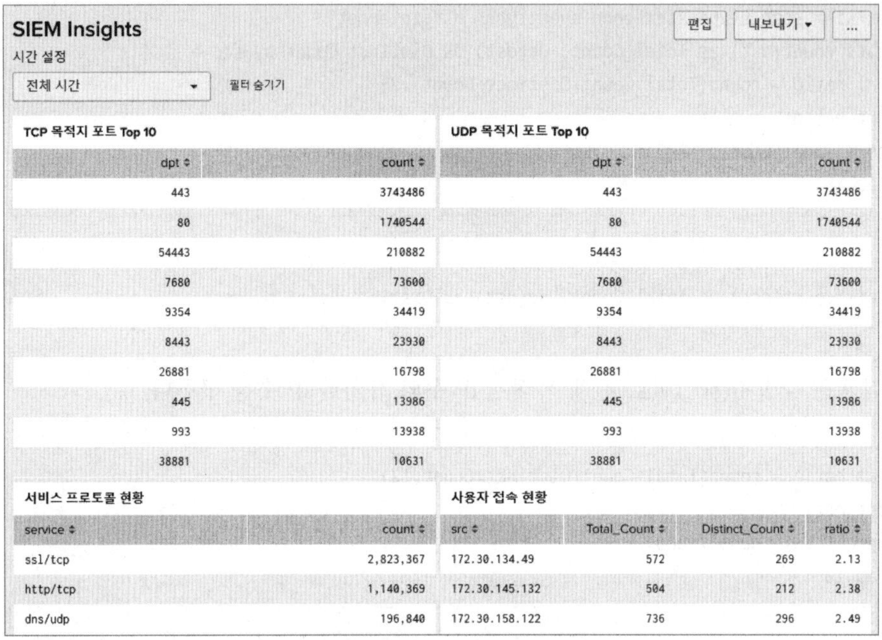

TCP 목적지 포트 Top 10

dpt	count
443	3743486
80	1740544
54443	210882
7680	73600
9354	34419
8443	23930
26881	16798
445	13986
993	13938
38881	10631

UDP 목적지 포트 Top 10

dpt	count
443	3743486
80	1740544
54443	210882
7680	73600
9354	34419
8443	23930
26881	16798
445	13986
993	13938
38881	10631

서비스 프로토콜 현황

service	count
ssl/tcp	2,823,367
http/tcp	1,140,369
dns/udp	196,840

사용자 접속 현황

src	Total_Count	Distinct_Count	ratio
172.30.134.49	572	269	2.13
172.30.145.132	504	212	2.38
172.30.158.122	736	296	2.49

그림 9-9 완성된 SIEM Insights 대시보드

9.3.4 네트워크 현황

이 메뉴에서는 3개의 대시보드를 만든다. 대시보드는 3개뿐이지만 각 대시보드에 포함하는 정보는 여러 개가 될 수 있다. SIEM Insights 대시보드에서는 검색어를 직접 작성해서 패널을 생성했지만 여기부터는 기존에 만들어놓은 보고서를 이용해서 패널을 생성한다.

DNS

SIEM 앱 메뉴에서 **대시보드 > 새 대시보드 만들기**를 선택한다. **제목**에는 DNS라고 입력하고 ID는 설계 내역대로 status_dns로 입력한 후 **권한**은 **비공개**로 우선 설정한다. 이후 **대시보드 만들기**를 클릭하면 빈 화면이 나타난다.

이미 작성해놓은 검색어가 있으므로 **보고서에서 새로 만들기**를 선택하면 지금까지 작성한 보고서를 볼 수 있다.

새 대시보드 만들기 ✕

대시보드 제목	DNS
대시보드 ID ⑦	status_dns
	문자, 숫자, 대시 및 밑줄을 사용할 수 있습니다.
설명	선택 사항
권한	🔒 비공개 ▾

대시보드를 어떻게 작성하시겠습니까?   이 기능 소개

클래식 대시보드 기존 Splunk 대시보드 작성기	**Dashboard Studio** 신규 시각적으로 풍부한 사용자 지정 대시 보드를 만들 수 있는 새 작성기

취소   **만들기**

그림 9-10 새 대시보드 만들기

DNS 현황을 파악하는 보고서는 DNS_top10_domain, DNS_top10_domain_src, DNS_rcode_nxdomain이다. 그림 9-11과 그림 9-12와 같이 3개의 보고서를 각각 선택하고 대시보드에 추가를 한다.

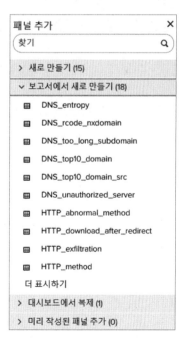

패널 추가 ✕

찾기 🔍

> 새로 만들기 (15)

∨ 보고서에서 새로 만들기 (18)

⊞ DNS_entropy

⊞ DNS_rcode_nxdomain

⊞ DNS_too_long_subdomain

⊞ DNS_top10_domain

⊞ DNS_top10_domain_src

⊞ DNS_unauthorized_server

⊞ HTTP_abnormal_method

⊞ HTTP_download_after_redirect

⊞ HTTP_exfiltration

⊞ HTTP_method

　더 표시하기

> 대시보드에서 복제 (1)

> 미리 작성된 패널 추가 (0)

그림 9-11 보고서 목록

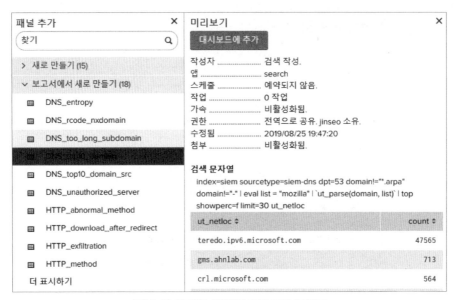

그림 9-12 보고서를 선택해서 대시보드에 추가하기

보고서 3개를 모두 선택하면 DNS 현황 대시보드가 완성된다.

그런데 목록이 많아서 한 화면에 보이지 않는다. 이때 그림 9-13처럼 각 패널의 가장 상단의 두 줄의 점선을 마우스 클릭 상태로 끌면 패널의 위치를 조정할 수 있다.

그림 9-13 패널 위치 이동시키기

패널의 위치는 사용자가 자유롭게 위치시킬 수 있다. 패널을 위치시키고 완료한 DNS 대시보드는 그림 9-14와 같다.

DNS 　　편집　내보내기 ▾　...

DNS_rcode_nxdomain

src ⇕	domain ⇕	count ⇕
172.16.138.48	teredo.ipv6.microsoft.com	12221
172.16.156.163	177.14.10.10.in-addr.arpa	31
172.16.158.36	255.131.238.10.in-addr.arpa	30
172.16.157.91	177.14.10.10.in-addr.arpa	28
172.16.138.48	48.138.238.10.in-addr.arpa	18
172.16.156.89	177.14.10.10.in-addr.arpa	10
172.16.158.36	140.225.254.169.in-addr.arpa	6
172.16.158.203	203.158.238.10.in-addr.arpa	6
172.16.158.203	169.129.238.10.in-addr.arpa	6
172.16.157.91	91.157.238.10.in-addr.arpa	6

DNS_top10_domain

ut_netloc ⇕	count ⇕
teredo.ipv6.microsoft.com	47565
gms.ahnlab.com	713
crl.microsoft.com	564
google.com	563
ctldl.windowsupdate.com	520
www.microsoft.com	194
s-iavs9x.avcdn.net	190
s-avi18.avcdn.net	172
tus1gwynwapex01.symantec.com	153
tags.baikalize.com	142

DNS_top10_domain_src

src ⇕	ut_netloc ⇕	count ⇕
172.16.146.107	teredo.ipv6.microsoft.com	35199
172.16.138.48	teredo.ipv6.microsoft.com	12366
172.16.138.48	-	900
172.16.138.48	gms.ahnlab.com	699
172.16.146.107	ctldl.windowsupdate.com	513
172.16.146.107	crl.microsoft.com	469
172.16.142.41	-	204
172.16.146.107	www.microsoft.com	194
172.16.146.107	tus1gwynwapex01.symantec.com	153
172.16.158.111	tags.baikalize.com	133

« 이전 [1] 2 3 다음 »

그림 9-14 DNS 대시보드

검색어를 보고서로 저장했기 때문에 대시보드를 만드는 것은 그리 어려운 방식은 아니다. 지금과 같은 방식으로 HTTP, SSL, 엔드포인트를 모두 만들어보자.

HTTP

DNS와 마찬가지로 SIEM 앱 메뉴에서 **대시보드 > 새 대시보드 만들기**를 선택한다.

이번에는 제목에 HTTP라고 입력하고 ID는 설계 내역대로 status_http로 입력한 후 권한은 **비공개**로 우선 설정한다. 이후 **대시보드 만들기**를 클릭하면 나타나는 빈 화면에 HTTP_top10_method, HTTP_top10_status_code, HTTP_top10_client_error, HTTP_top10_server_error, HTTP_top10_domain_country를 선택한다. 각 패널의 제목은 보고서의 제목과 동일하게 생성된다.

이제 5개의 패널을 가진 HTTP 대시보드를 만들었다. 완성한 HTTP 대시보드는 그림 9-15를 참고한다.

| HTTP | | | 편집 | 내보내기 ▼ | ... |

http_top10_method

method ⇕	count ⇕
GET	1545746
POST	17461
HEAD	6564
OPTIONS	187
PUT	102
PROPFIND	79
RCON	1
DELETE	1

http_top10_status_code

status_code ⇕	count ⇕
200	1353085
304	107243
204	58260
302	33048
301	3607
404	2366
408	2169
206	1135
403	922
502	381

http_top10_client_error

domain ⇕	status_code ⇕	count ⇕
iopen.kakaocdn.net	404	387
bambooroot.s3.amazonaws.com	404	325
print-screen.us	404	299
2.tlu.dl.delivery.mp.microsoft.com	403	280
thimg.nateon.nate.com	404	216
crl.starfieldtech.com	404	215
7.tlu.dl.delivery.mp.microsoft.com	403	209
11.tlu.dl.delivery.mp.microsoft.com	403	144
www.baidupcs.com	401	109
theme.whale.naver.net	404	80

http_top10_server_error

domain ⇕	status_code ⇕	count ⇕
images-cf.taboola.com	502	14
crl.globalsign.net	502	11
dmd.metaservices.microsoft.com	503	10
widgetprovider.daum.net	504	8
realdmp.realclick.co.kr	503	8
cafe.daum.net	500	6
sandoll.dl.cdn.cloudn.co.kr	503	5
dh.serving-sys.com	503	5
ocsp.msocsp.com	502	4
c.hotclick.netinsight.co.kr	503	4

그림 9-15 HTTP 대시보드

현재 만들고 있는 대시보드가 텍스트 목록만 보여 직관적이지 않을 수 있다.

우선 이런 방식으로 대시보드를 만들고 9장의 마지막에서 대시보드에 시각화를 입혀볼 것이다. SSL 대시보드는 독자가 직접 제작해보자.

9.3.5 이상징후

이상징후 대시보드 역시 네트워크 현황 대시보드와 같은 방법으로 제작한다.

DNS

메뉴에서 **대시보드 > 새 대시보드 만들기**를 선택한다. 이름은 **DNS 이상징후**로 입력하고 ID 는 설계에서 정의한 threat_dns를 입력해야 한다. 이후 패널 추가에서 관련 보고서를 선택한다. DNS 이상징후는 DNS_entropy, DNS_unauthorized_server, DNS_too_long_subdomain이다.

패널을 이동시켜서 모니터 화면에 모든 목록이 보이게 배치하는 것을 권고한다. 그림 9-16은 DNS 이상징후를 보여준다.

DNS 이상징후   편집   내보내기 ▾   ...

DNS_too_long_subdomain

ut_domain ⬍	ut_subdomain ⬍	sub_len ⬍	ut_netloc ⬍
live.com	nexusrules.officeapps	21	nexusrules.officeapps.live.com
avcdn.net	z1521519.iavs9x.avg.u	21	z1521519.iavs9x.avg.u.avcdn.net
avcdn.net	z1521519.iavs9x.avg.u	21	z1521519.iavs9x.avg.u.avcdn.net
avcdn.net	v7805094.iavs9x.avg.u	21	v7805094.iavs9x.avg.u.avcdn.net
avcdn.net	v7805094.iavs9x.avg.u	21	v7805094.iavs9x.avg.u.avcdn.net
avcdn.net	p7812538.iavs9x.avg.u	21	p7812538.iavs9x.avg.u.avcdn.net
avcdn.net	k4942585.iavs9x.avg.u	21	k4942585.iavs9x.avg.u.avcdn.net
avcdn.net	g3907889.iavs9x.avg.u	21	g3907889.iavs9x.avg.u.avcdn.net
avcdn.net	p7812538.iavs9x.avg.u	21	p7812538.iavs9x.avg.u.avcdn.net
avcdn.net	k4942585.iavs9x.avg.u	21	k4942585.iavs9x.avg.u.avcdn.net

« 이전 | 1 | 2 | 3 | 4 | 5 | 6 | 7 | 8 | 9 | 10 | 다음 »

dns_entropy

domain ⬍	shannon ⬍
hdredirect-lb6-54290b28133ca5af.elb.us-east-1.amazonaws.com	4.632
hdredirect-lb6-54290b28133ca5af.elb.us-east-1.amazonaws.com	4.632
hdredirect-lb6-54290b28133ca5af.elb.us-east-1.amazonaws.com	4.632
hdredirect-lb6-54290b28133ca5af.elb.us-east-1.amazonaws.com	4.632

dns_unauthorized_server

dst ⬍	count ⬍
8.8.8.8	26462
8.8.4.4	8900
168.126.63.1	534
164.124.101.2	340

그림 9-16 DNS 이상징후

HTTP

메뉴에서 **대시보드 > 새 대시보드 만들기**를 선택한다. 대시보드 이름은 **HTTP 이상징후**, ID 는 threat_http를 입력한 후 패널 추가에서 관련 보고서를 선택한다. **HTTP 이상징후**는 HTTP_abnormal_method, HTTP_download_after_redirect, HTTP_data_exfiltration, HTTP_mimetype_mismatch를 선택한다. 그림 9-17에서 **HTTP 이상징후**를 볼 수 있다.

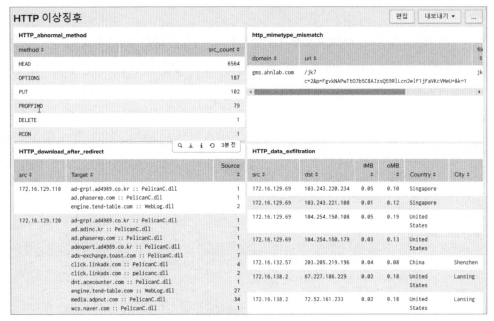

그림 9-17 HTTP 이상징후

지금까지 네트워크와 이상징후 대시보드를 제작하는 법을 알아봤다. 이제 SIEM 앱의 메뉴를 살펴보자. 대시보드를 만들기 전에는 기본 메뉴만 보였지만 이제 2개의 메뉴가 보이고 선택이 가능할 것이다. 새로 생성한 대시보드가 모두 정상적으로 동작한다면 그림 9-18과 그림 9-19와 같은 메뉴가 보여야 한다.

그림 9-18 네트워크 현황 메뉴

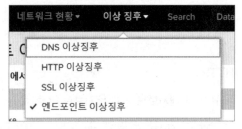

그림 9-19 이상징후 메뉴

9.3.6 정보 검색

이제 검색 대시보드를 생성해보자. 지금까지는 미리 생성한 보고서를 기반으로 결과만을 보여줬다면 사용자의 입력을 기반으로 검색 결과를 생성하는 대시보드를 만들 것이다. 4장의 내용을 다시 읽으면 이해하는 데 많은 도움이 될 것이다.

IP, 도메인 검색

대시보드의 생성은 기존과 동일하다. 대시보드 이름은 **IP/도메인 검색**, ID는 search_ip_domain으로 입력하고 대시보드를 생성한다.

검색에 사용할 항목은 IP 주소와 도메인을 입력받을 것이다. 그러므로 각각의 입력 창을 추가한다. 대시보드 편집의 입력 추가에서 텍스트를 두 번 선택하고 **제출**을 선택한다. 이제 화면에는 2개의 텍스트 상자와 1개의 **제출** 버튼을 볼 수 있다.

첫 번째 입력 상자부터 입력 설정을 하자. field1로 돼 있는 입력 컨트롤의 연필 모양 아이콘을 클릭한다. 그림 9-20처럼 항목을 입력한다.

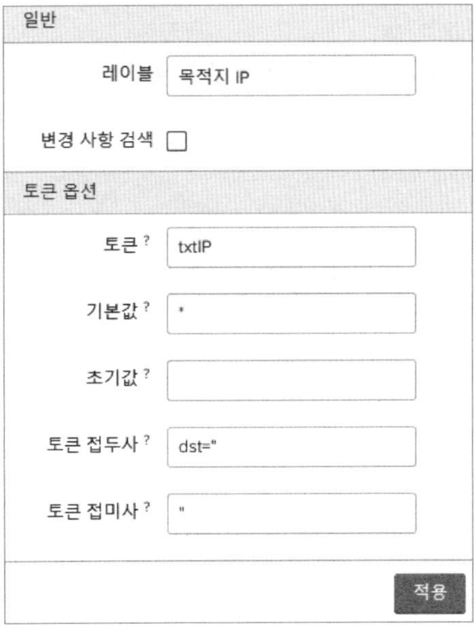

그림 9-20 IP 입력 컨트롤 설정

토큰은 사용자 입력을 저장하는 변수로 동작한다. 사용자가 이 컨트롤에 값을 입력하면 Splunk는 $txtIP$라는 변수에서 입력한 값을 사용한다. 토큰은 대소문자를 구분하니 주의해서 사용한다. 토큰 접두사는 dst="를, 접미사는 "로 설정했다. 기본 값은 *를 설정한다. 설정 이유는 다음과 같다.

접두사와 접미사는 토큰 앞과 뒤에 자동으로 붙는 문자열이다. 사용자가 입력한 값은 토큰 $txtIP$에 저장된다. 이 컨트롤은 목적지 IP를 검색하기 위한 것이다. 사용자가 127.0.0.1을 입력한 경우 Splunk 검색어에서는 목적지 필드인 dst에 사용자가 입력한 값이 저장된 토큰을 이용해서 검색한다. 다음과 같이 Splunk 검색어를 작성한다.

---

dst=$txtIP$

그러나 이 토큰 값은 항상 목적지 IP를 검색하는 것이다. 그래서 토큰 접두사와 접미사를 목적지 필드로 지정하면 된다. 검색어에서 **$txtIP$**만 사용해도 dst="127.0.0.1"로 Splunk가 인식한다. 검색어 작성을 조금이라도 편하게 하려면 접두사와 접미사를 적극적으로 활용하자.

두 번째 입력 컨트롤도 그림 9-21과 같이 설정해보자.

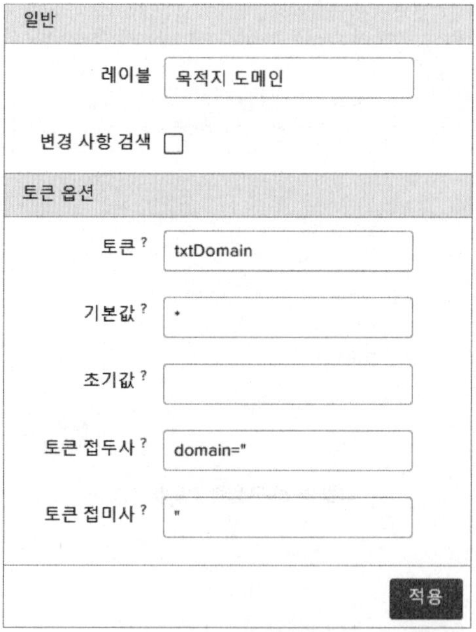

그림 9-21 도메인 입력 컨트롤 설정

이제 두 입력 컨트롤 설정을 완료했다.

세 번째 입력 컨트롤은 제출을 설정한다. 입력받은 내용의 검색 결과를 보여주는 검색 결과 패널을 추가하는 것이다. 이제까지 패널은 보고서를 기반으로 만들었기 때문에 별도의 검색어를 작성할 필요가 없었다. 하지만 여기에서는 사용자 입력마다 검색 결과가 달라지기 때문에 검색 결과를 보여주는 별도의 패널을 만들어야 한다.

패널 추가 > 새로 만들기 > 통계 테이블을 선택한다.

시간 범위에서는 **전체 시간**을 선택한다. 예제의 시간 범위는 모두 전체 시간으로 보여주고 있다. 제공하는 예제 로그가 독자들이 실습할 시간과 차이가 있기 때문이다. 보안 담당자가 Splunk 서버에서 실제 대시보드를 운영한다면 과거 4시간, 과거 1일 등으로 사용자가 시간을 설정해야 한다.

검색어를 작성했으면 대시보드에 **추가**를 클릭해서 대시보드를 완성한다.

```
index="siem" (sourcetype="siem-http" OR sourcetype="siem-ssl") $txtIP$ $txtDomain$
| dedup src
| table _time, src, dst, domain
```

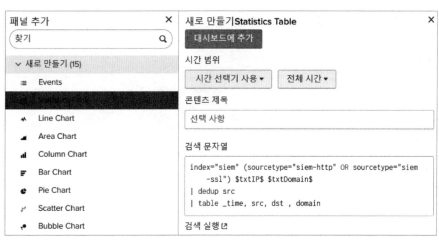

그림 9-22 IP/도메인 검색어 작성

대시보드에 **추가**를 클릭하면 그림 9-23을 볼 수 있다.

그림 9-23 IP/도메인 검색 패널

목적지 IP와 목적지 도메인 텍스트 입력 창에서 '*'을 볼 수 있다. 이것은 입력 컨트롤 설정에서 기본 값으로 이 값을 설정했기 때문이다. 기본 값을 설정한 이유는 사용자가 아무런 입력을 하지 않을 때 검색어의 오류를 방지하기 위한 것이다.

즉, 입력 값이 공란이어도 해당 필드를 '*'으로 채우면 모든 값을 검색하기 때문이다. 이 패널처럼 IP와 도메인에서 사용자가 어느 하나만을 입력할 수도 있다. 그렇더라도 검색은 정상적으로 동작해야 한다. 도메인만을 입력하고 검색해보자. 입력 값은 검색에서 원하는 필드 값을 넣고 '*'를 이용해서 일부 검색어를 이용해서 찾을 수도 있다. 목적지 도메인에 *.daum.net을 입력하자.

그림 9-24와 같은 검색 결과를 얻을 수 있다.

IP/도메인 검색   편집   내보내기 ▾   ...

목적지 IP   목적지 도메인
*   *.daum.net   제출   필터 숨기기

_time ⇕	src ⇕	dst ⇕	domain ⇕
2019/07/04 04:59:54.761	172.16.134.89	211.231.99.85	helium.daum.net
2019/07/04 04:59:54.289	172.16.139.123	211.231.99.12	display.ad.daum.net
2019/07/04 04:59:15.403	172.16.138.230	211.231.108.35	mail2.daum.net
2019/07/04 04:59:12.355	172.16.139.66	211.231.108.135	cmail.daum.net
2019/07/04 04:59:07.705	172.16.154.211	211.231.99.12	display.ad.daum.net
2019/07/04 04:58:55.685	172.16.136.185	113.29.190.20	apihub.daum.net
2019/07/04 04:58:54.885	172.16.139.19	211.231.99.85	helium.daum.net
2019/07/04 04:58:39.497	172.16.130.199	113.29.190.20	apihub.daum.net
2019/07/04 04:58:13.261	172.16.139.136	211.231.101.141	kyson.ad.daum.net
2019/07/04 04:58:06.129	172.16.130.147	211.231.108.135	cmail.daum.net

《이전 [1] 2 3 4 5 6 7 8 9 10 다음》

그림 9-24 IP/도메인 검색 결과

이 검색 패널은 침해사고 추적용으로 사용할 수 있다.

보안 대응 시나리오를 생각해보자. 외부 위협정보를 공유받아서 악성 도메인과 악성 IP를 공유받았을 때, 기업 내부에서 해당 정보에 접속한 사실을 탐지하기 위해 이 대시보드는 유용하게 사용할 수 있다. 검색 결과가 없다면 최선이다. 이제 악성 도메인과 IP를 기업망에서 차단하면 향후에도 위협은 발생하지 않을 것이다. 접속 결과가 있다면 어떻게 해야 하는가? 실제 위협 내용인지를 상세하게 분석하고 기업망에 악성코드가 유포 중인지 분석할 수 있는 단서를 제공한다. 앞에서도 설명했듯이 보안 담당자는 수시로 위협정보를 기반으로 보호 대상을 관리해야 한다. 과거에는 위협이 아니지만 새롭게 탐지된 정보를 과거 이력에서 검색하는 것이다. 이를 위해서는 위협정보를 수신하는 채널을 갖고 있어야 한다. 10장의 SIEM 기능 강화에서 이 내용을 더 자세히 살펴볼 것이다.

CVE 검색

CVE는 보안 취약점 코드Common Vulnerabilities and Exposures를 의미한다. 특정 취약점마다 유일한 코드를 부여함으로써 표준화된 취약점 소개, 대응 절차 등을 명시하고 있다. 만일 취약점 스캐너를 운영하고 있다면 취약점 결과에는 CVE ID를 명시하고 있는 것이 일반적이다.

CVE 검색은 관리 대상에 잠재하는 취약점을 찾으려고 할 때 사용할 수 있다. 물론 취약점 스캐너에서도 CVE 검색 기능을 제공할 것이다. 하지만 여러 보안 장비의 로그를 한 곳에서 수집해서 관리한다는 SIEM의 사상을 살펴보면 당연히 SIEM에서도 해당 로그의 현황과 검색을 제공하는 것이 바람직하다. 앞에서는 취약점 스캐너 결과를 갖고 현황을 살펴봤다면 여기서는 CVE 검색을 알아보자.

제작 방식은 IP/도메인 검색과 매우 유사하다. 검색은 사용자가 입력한 검색어를 갖고 해당 단어와 일치하는 정보를 되돌려주는 역할이다. 기본 원리는 같지만, 검색 결과를 어떻게 보여주느냐에 따라 검색어가 달라진다는 것만 차이가 있다.

대시보드 > 새 대시보드 만들기를 클릭해서 새 대시보드를 만든다. 이름은 **CVE 검색**을 입력하고 ID는 search_cve로 설정한다. 이후 만들어진 대시보드에서 **입력 추가**를 선택해서

텍스트 컨트롤을 추가한다. 텍스트 컨트롤의 연필 모양 아이콘을 클릭하고 그림 9-25
와 같이 설정한다.

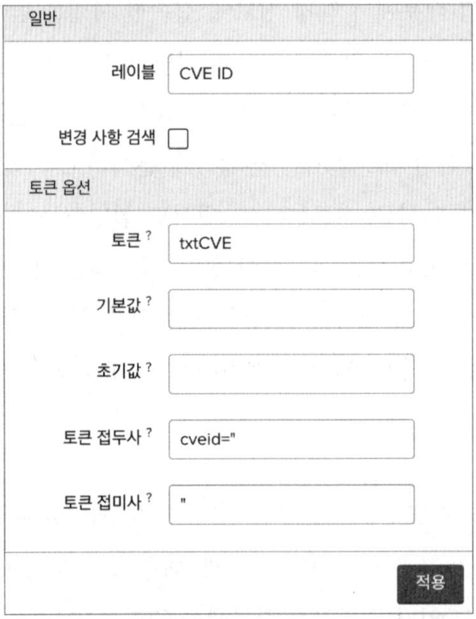

그림 9-25 텍스트 컨트롤 설정

입력 추가에서 제출 컨트롤을 추가한다. 이제 검색 결과를 보여줄 패널을 추가해야 한
다. 역시 이 패널은 새로 만들기를 이용해서 검색어를 작성하고 만들어보자. 여기에서는
총 3개의 패널을 만들어보자.

패널 추가 > 새로 만들기 > 단일 값을 선택한다. 이후 시간은 전체 시간을 선택하고 콘텐츠
제목에는 **취약한 호스트 수**, 검색 문자열에 다음의 내용을 추가한다.

```
index=siem sourcetype=siem-scanner $txtCVE$
| stats dc(ip)
```

dc() 함수는 필드를 인자로 받아서 중복을 제거한 유일한 항목의 수를 돌려준다. 그러므
로 이 결과는 CVE ID에 해당하는 IP 개수를 알려주므로 제목을 '취약한 호스트 수'라고
명명했다.

두 번째 검색어는 입력한 CVE ID에 맞는 운영체제를 보여주는 패널이다. 이 패널은 통계 테이블을 선택한다. 동일한 취약점이지만 여러 개의 운영체제가 있을 수도 있기 때문이다. 시간은 전체 시간, 제목에는 **운영체제**를 입력한다. 운영체제를 보여주는 검색어는 이전과는 조금 다르다.

```
index=siem sourcetype=siem-scanner $txtCVE$
| stats values(os) AS "운영체제"
```

values() 함수는 문자열 필드에 주로 사용하며 중복을 제거하고 유일한 값의 목록을 보여준다.

세 번째 패널은 보다 상세한 정보를 보여주려고 한다.

패널 추가 > 새로 만들기 > 통계 테이블을 선택한다.

전체 시간으로 시간 범위를 설정하고 콘텐츠 제목은 **취약 호스트 상세 정보**로 입력한다. 검색 문자열은 다음 검색어를 작성한다.

```
index=siem sourcetype=siem-scanner $txtCVE$
| table ip, cveid, os, title
| rename ip AS "IP", cveid AS "CVE ID", os AS "운영체제", title AS "취약점명"
```

대시보드에는 총 3개의 패널이 생성됐다. 두 번째 운영체제 패널을 마우스로 드래그해서 첫 번째 패널의 옆으로 이동하자. 패널 이동을 마쳤다면 **저장** 버튼을 클릭해서 대시보드 편집을 마친다. CVE ID에 **CVE-2019-10241**을 입력해보자.

모든 과정을 제대로 마쳤다면 그림 9-26의 대시보드를 볼 수 있다.

이것으로 CVE 검색 대시보드를 완성했다. 하지만 한 가지 더 고민해보자. 그림 9-25를 다시 살펴보면 텍스트 입력 창에는 다음 두 값이 설정돼 있다.

- **토큰 접두사**: cveid="
- **토큰 접미사**: "

그림 9-26 CVE 검색 대시보드

그림 9-26처럼 사용자가 CVE-2019-10241을 입력하면 토큰 값은 cveid="CVE-2019-10241"이 된다. cveid는 필드 값이므로 이 경우는 cveid가 CVE-2019-10241과 같이 정확히 맞을 때 검색이 성공한다. 필드 값에 CVE-2019-10241, CVE-2019-10247과 같이 2개의 값이 있거나 CVE-2019-10247, CVE-2019-10241과 같이 순서가 다른 경우에도 검색이 되지 않는다. 분명히 사용자가 원하는 값이 존재하지만 결과에는 나타나지 않는 문제가 발생한다.

그러므로 어떤 값을 입력하더라도 검색을 할 수 있는 마법의 문자인 '*'를 사용해야 한다. 이 값은 사용자가 검색어에 일일이 넣을 수 없으므로 입력 컨트롤에 설정하는 것이 좋다. 이제 입력 컨트롤을 다음과 같이 수정하자.

- **토큰 접두사**: cveid="*
- **토큰 접미사**: *"

이제 정확한 CVE ID를 몰라도 비슷한 값을 검색할 수 있다.

악성코드 정보 검색

악성코드는 PC를 공격하는 가장 효과적인 수단이다. 문제는 모든 악성코드를 사전에 알 수 없다는 점이다. 그래서 최근 보안 위협정보를 활용해서 다른 곳에서 발생한 위협을 활용해서 내부에 존재할 수도 있는 감염 PC를 찾는 것이다. 악성코드 정보는 파일명보다는 해시 값으로 제공된다. 파일명은 쉽게 변경할 수 있지만, 해시 값은 중복이 발생하지 않으므로 정확하게 개별 파일을 구분할 수 있기 때문이다.

대시보드 > 새 대시보드 만들기를 클릭해서 새 대시보드를 만든다. 이름은 **악성코드 정보 검색**을 입력하고 ID는 **search_endpoint**로 설정한다. 이후 만들어진 대시보드에서 입력 추가를 선택해서 텍스트 컨트롤을 추가한다. 텍스트 컨트롤의 연필 모양 아이콘을 클릭하고 그림 9-27과 같이 설정한다.

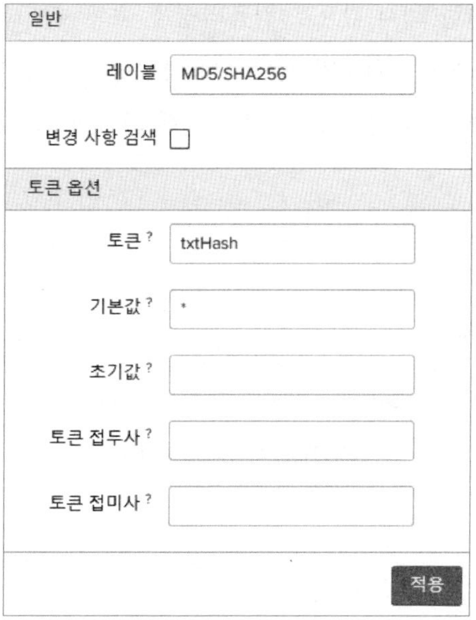

그림 9-27 해시 값 입력 상자 설정

이전까지는 토큰 접두사와 접미사의 검색에 사용할 필드명을 설정했다. 그러나 이 입력 컨트롤에는 적용하지 않는다. 8장의 엔드포인트 로그 분석에서 얻을 수 있는 해시 정보는 MD5와 SHA256이었다. 사용자가 어떤 값을 입력할지 모르기 때문에 두 값 중 아무거나 입력하더라도 검색 결과를 얻을 수 있게 만들어야 한다.

별도의 입력 창을 만드는 것보다 하나로 만드는 것이 사용자도 편리하게 사용할 수 있기 때문이다.

다음에는 입력 값을 이용해서 결과를 검색하는 패널을 만들어보자.

패널 추가 > 새로 만들기 > 통계 테이블을 선택한다. 검색 문자열에는 다음을 입력하고 **전체 시간**으로 설정한 다음에 대시보드에 추가한다.

```
index=sysmon source="WinEventLog:Microsoft-Windows-Sysmon/Operational" (MD5="$txtHash$*"
OR SHA256="$txtHash$*")
| table ComputerName, Image, MD5, SHA256
| dedup ComputerName
```

검색어는 사용자가 입력한 해시 값으로 컴퓨터명을 중복 제거해서 보여준다. 검색어는 해시 값의 시작을 일부라도 입력하면 찾아주게 작성했다. E0DB88을 검색 창에 입력하고 **제출** 버튼을 클릭하자. 해당 해시 값에 맞는 실행 파일과 컴퓨터를 그림 9-28과 같이 찾을 수 있다.

그림 9-28 해시 값 검색 결과

9.4 패널 시각화

지금까지 SIEM 대시보드를 작성해봤다. 프로토콜별, 계층별로 구분하고 Splunk 데이터에서 검색 결과를 추출했다. 예제에서는 특정 시간의 로그뿐이지만 로그를 실시간으로 수집하고 있다면 시간 설정을 이용해서 원하는 값을 추출할 수 있다. 이제 지금까지 만든 대시보드를 조금 더 다듬어보자. 지금까지 검색 결과는 숫자 형식의 테이블로 만들어져 있어서 가독성이 떨어진다. Splunk가 제공하는 시각화 기능을 이용해서 필요한 부분을 변경해보자.

시각화는 결과 데이터를 그래프로 표시해 데이터의 직관성을 높이는 효과를 준다. 잘 설계한 시각화 차트는 데이터에 큰 힘을 불어넣는다.

아쉽게도 지면 관계상 대시보드의 모든 패널을 일일이 시각화하지는 못한다. 어떤 사용자는 Splunk가 제공하는 시각화 기법이 그다지 화려하지 않아서 싫어하기도 한다. 하지만 시각화는 데이터의 직관성을 위해 필요한 기능이다. 단순히 보여주기 위해서 화려한 기법을 사용하는 것이 반드시 좋은 것만은 아니다. 대단히 멋지고 화려한 대시보드 화면이 필요한 곳도 있을 것이다. 화려하거나 고급 기능의 시각화 차트를 원한다면 Splunk 웹 프레임워크를 기반으로 하는 추가 개발이 필요하다. 이 책에서는 Splunk가 제공하는 기본 기능으로만 시각화를 개발한다.

처음 시각화를 적용할 대시보드는 SIEM Insights다. SIEM 앱에서 해당 대시보드를 클릭한 후 오른쪽의 **편집** 버튼을 클릭한다.

각 패널의 오른쪽 상단에 보면 그림 9-29와 같은 도구 모음이 존재한다.

그림 9-29 대시보드 패널 도구 모음

이 도구 모음은 왼쪽 아이콘부터 다음에서 설명하는 기능을 보유하고 있다.

- **검색 편집**: 검색어를 수정할 수 있다.
- **시각화 선택**: 시각화 방법을 설정할 수 있다.
- **형식 시각화**: 패널 자체의 환경설정을 변경할 수 있다.
- **추가 작업**: 드릴다운을 편집할 수 있다.

시각화 선택은 왼쪽에서 두 번째 아이콘을 클릭해서 수정한다. TCP 목적지 포트 Top 10 패널에서 시각화 편집 아이콘을 클릭하면 그림 9-30과 같이 많은 시각화 형식을 볼 수 있다. **권장됨**은 현재 데이터 결과를 갖고 시각화하는 데 적합한 형식을 Splunk가 제안하는 것이다.

그림 9-30 Splunk가 제공하는 시각화 기법

권장됨의 가장 오른쪽 파이^{pie} 차트를 선택하자. UDP 목적지 포트 Top 10과 서비스 프로토콜 현황 역시 파이 차트를 선택하자. 사용자 접속 현황을 보여주는 정보가 다양해서 파이 차트로 그리기에는 여의치 않다. 이 패널은 이벤트 형식을 그대로 유지하자. 다만 데이터 값에 따라서 배경 색깔을 달리함으로써 큰 값에 사용자의 시선을 유도해보자.

이번에는 시각화 편집이 아니라 붓 모양의 형식 시각화를 선택하자. 그림 9-31의 선택 사항을 살펴보자. **데이터 오버레이**를 선택하면 열지도와 높은 값과 낮은 값 선택이 있다. 열지도는 전체 데이터의 가장 큰 값과 작은 값 사이의 단계를 결정하고 단계별로 색상을 조절해서 표시해준다. 높은 값과 낮은 값은 최댓값과 최솟값을 테이블에 표시해준다. **열지도**를 선택하고 대화 창을 닫는다.

SIEM Insights 대시보드의 시각화를 완성했다. 완성하고 보니 파이 차트가 3개이고, 열지도 테이블이 1개다. 파이 차트를 한 줄로 배열하고 서비스 프로토콜 현황 패널을 UDP 목적지 포트 Top 10 옆으로 이동시킨다. 최종적으로 완성한 대시보드는 그림 9-32와 같다.

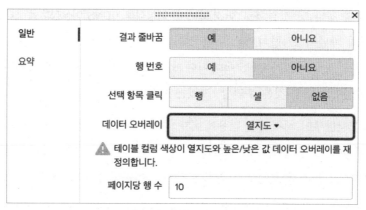

그림 9-31 형식 시각화 선택사항

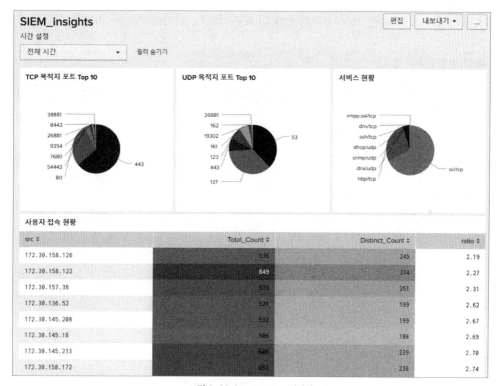

그림 9-32 SIEM Insights 시각화

시각화를 부여한 대시보드는 이전 테이블 형식보다 직관적인 정보를 제공한다.

다른 페이지를 하나 더 시각화로 변경해보자. **이상징후 > DNS 이상징후**를 선택하면 앞서 구축한 3개의 패널이 표 형식으로 보일 것이다. 비정상적인 서브 도메인 길이, 도메인 엔트로피 값 분포와 비허가 DNS 목록이다. 표를 선호하는 독자도 있겠지만 표보다 그래프가 가독성이 높다는 것은 부인할 수 없는 사실이다.

이제 상단의 패널부터 시각화를 적용해보자. 우선 **대시보드 편집**을 클릭하면 그림 9-29에서 봤듯이 패널 도구 왼쪽에서 시각화를 선택하는 버튼 두 번째 아이콘이 보인다. 현재는 표 형식으로 결과를 보여주는 격자 모양의 아이콘이 설정돼 있다.

시각화 버튼을 클릭해 막대 그래프를 사용해볼 것이다. 막대 그래프는 칼럼^{column} 차트와 바^{bar} 차트 두 종류가 있다. 칼럼 차트는 값을 세로로 표시하고 바 차트는 가로로 표시한다. 크기를 비교할 때는 세로보다 가로가 더 직관적이다. 여기에서는 바 차트를 선택한다.

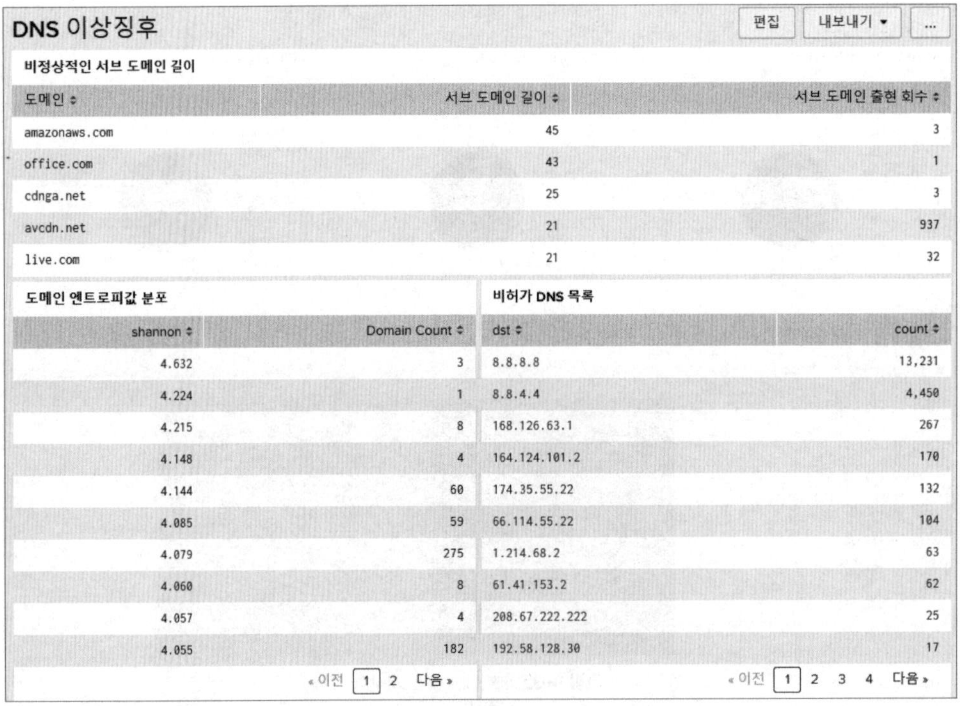

DNS 이상징후

편집 | 내보내기 ▼ | ...

비정상적인 서브 도메인 길이

도메인 ⇕	서브 도메인 길이 ⇕	서브 도메인 출현 회수 ⇕
amazonaws.com	45	3
office.com	43	1
cdnga.net	25	3
avcdn.net	21	937
live.com	21	32

도메인 엔트로피값 분포

shannon ⇕	Domain Count ⇕
4.632	3
4.224	1
4.215	8
4.148	4
4.144	60
4.085	59
4.079	275
4.060	8
4.057	4
4.055	182

« 이전 [1] 2 다음 »

비허가 DNS 목록

dst ⇕	count ⇕
8.8.8.8	13,231
8.8.4.4	4,450
168.126.63.1	267
164.124.101.2	170
174.35.55.22	132
66.114.55.22	104
1.214.68.2	63
61.41.153.2	62
208.67.222.222	25
192.58.128.30	17

« 이전 [1] 2 3 4 다음 »

그림 9-33 시각화 이전의 DNS 이상징후 대시보드

곧바로 바 차트가 보일 것이다. 그런데 오른쪽에 그래프 설명 내용이 보인다. 이것을 범례라고 하는데 오른쪽에 위치하면 그만큼 그래프의 영역을 차지한다. 차트의 위 또는 아래로 이동시켜서 차트의 영역을 확보하자.

패널 도구에서 붓 모양 아이콘을 클릭하고 왼쪽 메뉴에서 **범례**를 선택한 후 범례 위치를 **위**로 선택한다. X 버튼을 클릭해서 창을 닫으면 해당 차트가 바로 반영된다.

이제 도메인 엔트로피 값의 분포를 시각화하자. 같은 방법으로 표 모양의 아이콘을 선택하고 시각화로는 파이 차트를 선택한다. 파이 차트에는 특별히 형식을 지정하지 않아도 된다.

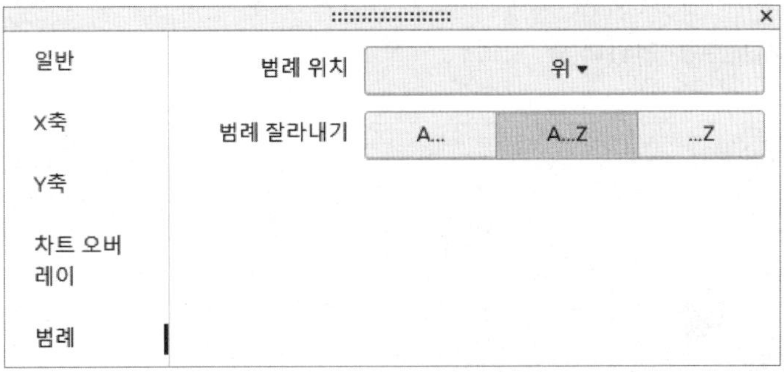

그림 9-34 시각화 차트에서 범례 위치 조정

마지막으로 비허가 DNS 목록을 시각화하자. 이번 시각화는 조금 다르게 진행해보자. 지도 위에 데이터를 그리려면 검색어를 수정해야 한다. 시각화 형식이 아니라 첫 번째 아이콘인 보고서를 선택한 후 나타나는 목록의 검색에서 **열기**를 선택한다. 이제 다른 창으로 보고서에 저장된 검색어가 나타날 때 검색창 위의 저장 메뉴가 비활성돼 있다.

다음 검색어로 대체하고 검색을 실행한다.

```
index=siem sourcetype=siem-dns eventtype=dst_internet
| iplocation prefix="geo_" dst
| geostats count by dst longfield=geo_lon latfield=geo_lat
```

검색을 완료하면 저장 메뉴가 활성화된다. **저장**을 클릭하면 저장할 것인지 묻는 대화 창이 나오고 **저장**을 선택하면 기존 보고서의 검색어를 방금 검색한 내용으로 덮어쓰기를한다. 만일 기존 검색을 그대로 두고 싶다면 **다른 이름으로 저장**을 선택해서 새로운 보고서를 생성해야 한다.

검색어를 대체했으면 새 검색어를 대시보드에 반영해야 한다. 반영은 대시보드가 열려있는 창을 새로 고침하면 된다. 시각화는 변경하지 않았으므로 화면에는 더 복잡한 표가 보일 것이다. 이제 시각화 도구를 클릭해서 클러스터 맵을 선택한다. 복잡했던 표에서 세계 지도 위에 파이 차트가 그려진 클러스터 맵 차트를 볼 수 있다.

3개 패널의 시각화가 완성됐다. 각 패널의 배치를 조정해서 그림 9-35의 DNS 이상징후 시각화 대시보드를 얻었다.

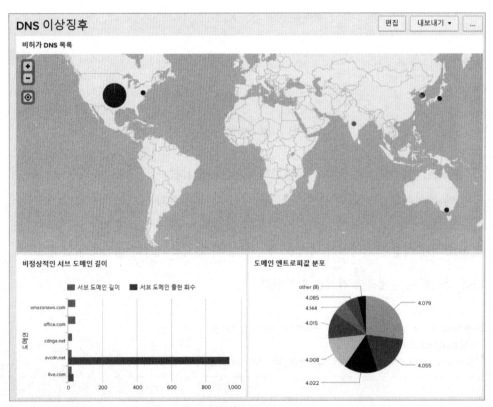

그림 9-35 DNS 이상징후 시각화

9.5 드릴다운을 활용한 대시보드 강화

9.5.1 해시 값 기반 검색

아무리 경험 많은 보안 전문가라고 하더라도 악성코드 해시 값을 모두 기억할 수는 없다. 기업망에서 실행 파일을 분석해서 악성 유무를 판별해주는 악성코드 분석 샌드박스 같은 프로그램을 운영하고 있다면 이런 수고를 줄일 수 있다. 하지만 그런 보안 장비가 없다면 악성코드 정보 전문 사이트에서 해시 값을 검색해서 악성 유무를 판별하는 것이 가장 바람직하다.

바이러스토탈^VirusTotal 웹 서비스가 이런 서비스를 제공하는 대표적인 사이트다. 대량 조회를 위해서는 API를 구매해야 하지만 적은 수의 조회는 API 없이도 할 수 있다. 악성코드를 조회하는 URL 형식은 다음과 같다.

https://www.virustotal.com/gui/search/[hash]

조회 대상 해시 값은 MD5, SHA160, SHA256 등 정규 해시 값이면 자동으로 검색된다. 이전에는 해시 값을 복사해서 사이트에 붙여 넣기로 검색했다면 대시보드 드릴다운을 이용해서 마우스 클릭만으로 자동으로 검색해보자.

SIEM > 이상징후 > 엔드포인트 이상징후를 선택한다. 대시보드의 편집을 클릭해서 편집모드로 진입한 후 패널 설정 툴의 추가 작업(가장 오른쪽 버튼)을 선택해서 드릴다운 편집을 선택한다.

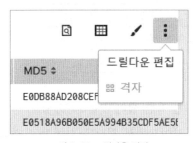

그림 9-36 드릴다운 편집

드릴다운 편집기 창에서 다음과 같이 입력한다.

- **클릭 시**: 사용자 지정 URL에 연결
- URL: https://www.virustotal.com/gui/search/$click.value2$

그림 9-37 사용자 지정 URL에 연결하기

적용 버튼을 클릭해서 드릴다운을 적용하자.

URL의 마지막에 들어가는 Splunk 변수는 `$click.value2$`이다. 값의 사용 방법은 표 9-3
에서 설명하고 있다.

표 9-3 드릴다운 전역 변수 값

항목	설명
$click.value$	Y축 데이터 값이다. 해당 필드 값을 반환
$click.value2$	X축 데이터 값이다. 해당 계산 값을 반환

`$click.value2$`는 마우스로 클릭한 셀의 값을 갖고 있는 전역변수다. 그러므로 이 값을
URL의 인자로 넘겨서 정보 사이트에서 검색을 실행하는 것이다. 드릴다운이 적용된 패
널에서 MD5 값을 클릭하면 바이러스토탈 사이트로 이동해서 그림 9-38의 검색 결과
를 보여준다.

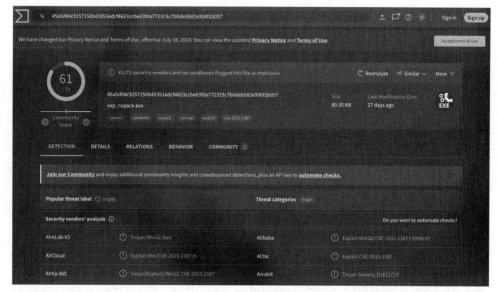

그림 9-38 바이러스토탈 검색 결과

그런데 이 드릴다운 설정에서 고민이 생긴다. $click.value2$ 토큰은 마우스를 클릭하는 모든 셀에 적용된다. 패널에서는 MD5/SHA256과 같이 해시 값을 보여주는 필드만 바이러스토탈 검색 페이지로 전달해야 한다. Image 필드를 클릭하면 $click.value2$에 'C:\RECYCLE\2.exe'가 할당되고 바이러스토탈 사이트에서 검색은 당연히 실패한다. 그러므로 드릴다운은 해시 값 필드에서만 동작하도록 지정해야 한다. 아쉽게도 특정 필드만 드릴다운을 적용하는 방법은 웹 화면에서는 존재하지 않는다.

대시보드의 **편집**을 선택하고 **원본** 버튼을 클릭해서 XML 코드 편집기로 들어간다.

웹 화면에서 지정한 드릴다운 내용은 〈drilldown〉 〈/drilldown〉 태그 사이에 존재한다.

```
<drilldown>
<link target="_blank"> https://www.virustotal.com/gui/search/$click.value2$ </link>
</drilldown>
```

드릴다운 태그에 〈condition〉 태그를 사용하면 원하는 기능을 완성시킬 수 있다.

```
<drilldown>
<condition field="MD5">
<link target="_blank"> https://www.virustotal.com/gui/search/$click.value2$ </link>
</condition>
<condition field="SHA256">
<link target="_blank"> https://www.virustotal.com/gui/search/$click.value2$ </link>
</condition>
<condition>
</condition>
</drilldown>
```

〈condition〉 태그에 드릴다운을 적용할 필드명을 지정한다. 여기에서는 MD5와
SHA256 필드 2개를 지정한다. 세 번째 〈condition〉 태그 사이에는 아무것도 넣지 않는
다. 이제 저장 버튼을 클릭하고 XML 편집기를 빠져 나온다.

패널에는 링크가 활성화된 것으로 보이지만 Image 필드를 클릭하면 아무런 반응도 하
지 않는다. MD5나 SHA256 필드를 클릭하면 우리가 원하는 검색 결과를 얻을 수 있다.

9.5.2 도메인 기반 검색

이번 드릴다운에서 도메인 정보를 알아본다. 드릴다운을 적용할 패널은 **네트워크 현황 >
dns_top10_domain**이다.

적용 방법은 해시 값 검색과 다르지 않다. 대시보드로 이동해서 **편집**을 클릭하고 dns_
top10_domain 패널의 추가 작업에서 **드릴다운 편집**을 선택한다.

사용자 지정 URL에 연결한 후에 다음 URL을 입력하고 **적용** 버튼을 클릭한다.

```
http://whois.domaintools.com/$click.value2$
```

패널의 count는 드릴다운 동작을 차단해야 하므로 이전과 동일하게 XML 편집기에서
〈condition〉〈/condition〉 태그를 사용해서 해당 필드를 제외한다. 수정한 드릴다운 관
련 XML 코드의 내용은 다음과 같다.

```
<drilldown>
<condition field="ut_netloc">
<link target="_blank"> http://whois.domaintools.com/$click.value2$</link>
</condition>
<condition> </condition>
</drilldown>
```

이제 도메인을 클릭하면 그림 9-39처럼 Whois 정보를 얻을 수 있다.

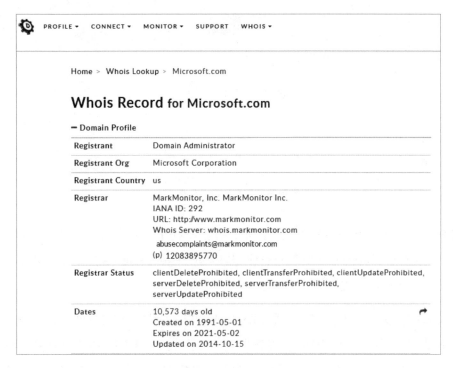

그림 9-39 도메인 정보 검색 결과

9.5.3 대시보드 내부 토큰 활용

이제까지 드릴다운은 Splunk가 아닌 외부 사이트로 접속해서 추가 정보를 확보하는 것이었다. 그런데 Splunk는 하나의 대시보드에 여러 개의 패널이 있는 경우 각 패널 간 데이터를 연계한 분석도 할 수 있다. 한 패널에서 드릴다운을 실행하는 경우 다른 패널에서 이를 반영한 데이터를 보여줄 수 있다. 이 기능은 SIEM 메뉴의 고급검색 대시보드를 사용해서 구축해보자.

SIEM > 고급검색 > CVE 검색 대시보드를 선택한다. 아직 아무런 입력 값이 없으므로 패널에는 그림 9-40과 같이 아무런 정보가 보이지 않는다.

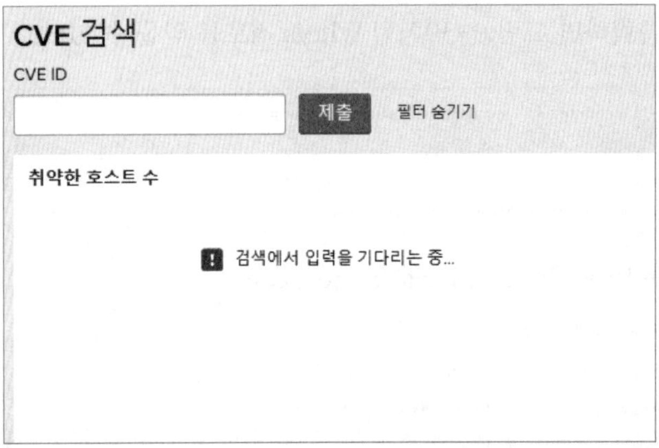

그림 9-40 검색 결과 없는 대시보드 패널

'검색에서 입력을 기다리는 중...'은 검색을 위한 조건이 없어서 아직 검색이 실행되지 않았다는 것을 의미한다. 이것은 당연한 결과지만 사용자는 대시보드에서 오류가 발생한 것으로 오해할 수 있다.

이런 오해를 없애고 더 역동적인 대시보드를 드릴다운 기능을 이용해서 만들어보자. 이 대시보드에는 총 3개의 패널이 존재한다. 첫 번째는 전체 호스트 수를 보여주는 패널, 두 번째는 운영체제의 목록을 보여주는 패널, 마지막에는 상세한 호스트 정보를 보여주는 패널이다. 다음 시나리오대로 대시보드를 꾸미려고 한다.

- 메뉴에서 **CVE 검색**을 선택하면 처음에는 패널이 보이지 않는다.
- CVE ID를 입력하고 **제출** 버튼을 클릭하면 입력 검색어에 일치하는 호스트 수와 운영체제 목록의 패널이 활성화된다.
- 운영체제 목록을 클릭하면 선택한 운영체제에 맞는 취약한 호스트 정보를 보여주는 패널이 활성화된다.

이 기능을 완성하려면 약간의 XML 편집이 필요하다. 우선 대시보드의 편집모드로 들어가서 원본을 선택한다. 패널을 구분하는 태그는 〈row〉다. 이 대시보드는 첫 번째 줄에 2개의 패널이, 두 번째 줄에 1개의 패널이 존재하는 그림 9-41처럼 배치돼 있다.

호스트 수(패널 1)	운영체제 목록(패널 2)
상세 호스트 정보(패널 3)	

그림 9-41 패널 배치도

패널 1과 패널 2를 감추고 있다가 보이게 하려면 〈row〉 태그에 depends라는 옵션을 이용한다. 다음과 같이 설정한다.

```
<row depends="$txtCVE$">
```

$txtCVE$는 CVE ID 입력 값이 저장되는 입력 컨트롤 변수다. 이 태그의 의미는 $txtCVE$ 값이 있는 경우에만 해당 〈row〉가 활성화된다는 의미다. 그렇다면 두 번째 〈row〉는 어떻게 설정해야 할까? 패널 2를 클릭할 때, 특정 변수가 활성화될 때 두 번째 〈row〉를 활성화시키면 된다. 두 번째 〈row〉 태그는 다음과 같이 설정한다.

```
<row depends="$os$">
```

XML 코드에 문제가 없음을 확인하고 **저장** 버튼을 클릭한다. 이제 대시보드에는 입력 컨트롤 외에는 아무것도 보이지 않는다. 다시 대시보드의 **편집** 버튼을 클릭하자. 이전 편집모드와 확연히 다른 화면이 보인다. 그림 9-42를 보면 보이지 않던 패널이 굵은 점선으로 둘러싸인 것을 볼 수 있다.

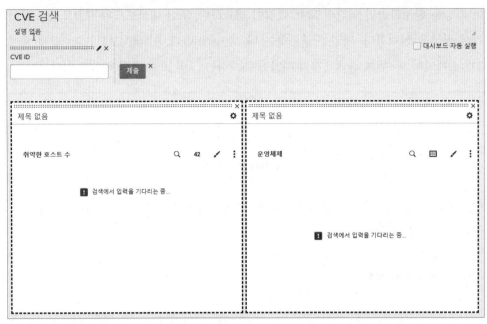

그림 9-42 변수에 종속(depends)인 패널

드릴다운은 운영체제 패널에서 적용한다. 이 패널을 클릭하면 상세 호스트 정보가 보여야 하기 때문이다. 운영체제 패널의 드릴다운 편집을 클릭한 후 드릴다운에서 제일 마지막 목록인 **이 대시보드에 있는 토큰 관리**를 선택한다. 설정은 변수를 새로 선언하는 것이다.

첫 번째 빈칸이 변수명이고 두 번째 빈칸은 그 변수에 할당될 값이다. 취약 호스트 패널에 〈row depends=os〉를 설정한 것을 기억하자. 운영체제 패널의 드릴다운에서 os 변수를 넘겨줘야 한다.

변수 값은 클릭한 값을 그대로 전달해야 하므로 $click.value2$를 선택한다.

그림 9-43은 이 방법을 상세히 보여주고 있다. 드릴다운을 설정하고 수정한 대시보드를 저장한다.

그림 9-43 대시보드 토큰 관리

이제 CVE ID를 입력해서 **제출** 버튼을 클릭해보자. 일부 값만으로 검색할 수 있으므로 CVE-2019를 입력하고 **제출** 버튼을 클릭하자. 대시보드에서 첫 번째 〈row〉 태그의 패널만 보인다. 이제 운영체제 패널에서 값을 선택하고 그림 9-44와 같이 전체 데이터를 확보할 수 있다.

그림 9-44 토큰을 이용한 대시보드 구성

9.6 요약

9장에서는 SIEM 앱을 제작했다. 앱 메뉴를 설계하고, 7장과 8장에서 작성한 검색 보고서를 대시보드로 만든 다음에 시각화를 추가해서 SIEM의 완성도를 높였다. 이제 독자들도 검색어를 시각화된 대시보드로 제작할 수 있을 것이다. 시각화는 대시보드를 보는 사용자에게 직관적인 정보를 전달한다. 시각화를 만드는 보안 담당자는 어떤 정보를 전달할 것인가를 항상 염두에 두고 대시보드를 제작해야 할 것이다.

10장에서는 SIEM 앱의 주요한 기능인 경고 설정을 살펴본 후 Splunk를 위협사냥 분야에 적용하는 방법을 살펴보기로 한다.

10

SIEM 운영 강화

10.1 장 소개

10장에서는 9장에서 작성한 SIEM 앱의 운영 강화를 위한 기능을 추가한다. 대시보드는 네트워크 현황, 이상징후 등을 직관적으로 보여주지만 보안 모니터링 담당자가 대시보드만 24시간 계속 보는 것은 어려운 일이다. 담당자는 보안 모니터링 외에도 사고 분석을 하거나, 업무 보고서를 작성하기도 하므로 항상 대시보드만 볼 수는 없다.

이때 사용할 수 있는 기능이 바로 경고[alert]다. 경고란 Splunk가 사용자 관심을 유도하는 일련의 행동이다. Splunk는 다양한 방식으로 경고를 발령할 수 있다. 가장 대표적인 방법은 지정된 주소로 메일을 보내는 것이다. 최근에는 API를 이용해서 기업이 사용하는 메신저로 경고 내용을 전송하는 채팅봇을 이용해서 보다 효율적으로 경고 수신을 할 수 있다.

10장에서는 다음의 항목을 설명한다.

- 외부 위협정보를 수집하고 이를 Splunk에서 활용하는 방법을 제시한다.
- Splunk 경고 기능을 활용해 사용자에게 이상징후 탐지를 알린다.
- Splunk를 이용해서 위협사냥을 적용한다.

10.2 오픈 소스 인텔리전스

10.2.1 위협정보 수집

공격자를 차단하려면 공격자를 알아야 한다. 대응 이전에 탐지가 선행돼야 한다는 뜻이다. 공격자가 어떤 공격 도구를 사용하는지, 공격자가 사용하는 IP 또는 도메인 등 다양한 정보가 공격을 판단하는 데 도움이 된다. 이런 공격 정보를 수집하는 것을 정보 수집 intelligence이라고 한다. 정보보안에서 사용하는 인텔리전스는 공격자 탐지, 분류에 도움을 주는 정보다. 이러한 정보는 많은 연구자나 보안 기관에서 공유해주고 있는데 이렇게 공개된 보안 정보를 오픈소스 인텔리전스OSINT, Open Source INTelligence라고 한다.

보안 담당자는 인터넷에서 많은 보안 정보를 수집할 수 있다. 하지만 공개된 위협정보를 사용하려면 주의해야 할 점이 있다. 애초에 위협정보를 SIEM에 적용하는 것 자체가 그리 어려운 것이 아니다. 다른 사람에게 정답을 받아와서 자기 답과 비교하는 것과 동일한 원리다.

그런데 만일 틀린 답을 받아서 맞춰보면 어떻게 될까? 당연히 내가 맞았더라도 틀렸다고 나온다. 그러므로 위협정보는 쉽게 구할 수 있는 편리성보다는 정보의 정확성을 더 중요하게 생각해야 한다. 정보의 신뢰성이 매우 중요하며 결국 정보를 제공하는 웹 사이트의 신뢰성, 더 나아가 웹 사이트를 운영하는 기관의 신뢰성과 연결된다.

한국인터넷진흥원에서 제공하는 사이버위협 정보공유 시스템[1]은 기관 신뢰도가 매우 높으므로 제공하는 정보 역시 신뢰성이 높다.

그렇다면 어떤 정보가 보안 담당자에게 도움을 줄 수 있는지 생각해보자. 보안 담당자가 원하는 정보는 탐지에 직접 활용할 수 있는 정보다. 이를 설명하는 가장 좋은 단어는 침해 지표IOC, Indicator Of Compromise다. 이 단어는 악성코드 감염 또는 악성 행위를 구분할 수 있는 태그 같은 것이다.

---

1   https://ctas.krcert.or.kr/index

예를 하나 들어보자. 분석 결과 악성코드가 특정 웹 사이트의 도메인 또는 IP 주소로 데이터를 전송한다는 것이 밝혀졌다.

이것은 다르게 말하면 다음 결과를 적용할 수 있다. 어떤 PC가 해당 도메인이나 IP 주소에 접속한 기록이 있다면 그 PC는 해당 도메인을 사용하는 악성코드에 감염된 것으로 판단할 수 있다. 백신이 PC의 감염을 진단하지 않았더라도 네트워크 접속 행위에서 감염 사실을 찾을 수 있는 것이다.

이런 침해 지표로 활용할 수 있는 정보는 대표적으로 다음 세 가지가 있다.

1. 악성 도메인
2. 악성 IP
3. 악성코드 Hash

Splunk에서 수집하는 로그와 이러한 위협정보를 비교하고 분석하면 내부에 활동 중인 공격 여부를 손쉽게 탐지할 수 있다.

위협정보는 끊임없이 변한다. 보안 담당자가 악성 도메인, 악성 IP 등을 탐지하고 차단하면 공격자는 다시 새로운 도메인과 IP로 공격을 시도한다. 그러므로 위협정보는 계속 업데이트해야 진정한 효과가 나타난다. 악성코드 패턴을 업데이트하지 않은 백신이 과연 효과가 있을까?

10.2.2 OSINT 정보 수집 활용하기

3장의 Splunk 지식에서 룩업 테이블의 활용 방안을 살펴보았다. 룩업 테이블은 최초 1회 등록 이후에는 테이블 원본인 csv 파일을 업데이트하면 된다. 물론 csv의 형식에서 필드가 추가되는 등의 형식변경은 일어나지 않아야 한다.

인터넷 사이트에서 위협정보를 다운로드해서 룩업 테이블로 등록해보자. 우선 위협정보를 제공하는 다음 사이트로 접속해보자.

```
https://urlhaus.abuse.ch/downloads/csv_recent/
```

이 사이트는 피싱 등 다양한 분야의 악성 도메인을 제공한다.

```
############################################################
# abuse.ch URLhaus Database Dump (CSV - recent URLs only)   #
# Last updated: 2024-07-13 02:43:10 (UTC)                   #
#                                                            #
# Terms Of Use: https://urlhaus.abuse.ch/api/               #
# For questions please contact urlhaus [at] abuse.ch        #
############################################################
#
# id,dateadded,url,url_status,last_online,threat,tags,urlhaus_link,reporter
"2952563","2024-07-13 02:43:10","http://119.114.28.250:59428/i","online","2024-07-13
02:43:10","malware_download","32-bit,elf,mips,Mozi","https://urlhaus.abuse.ch/
url/2952563/","geenensp"
"2952562","2024-07-13 02:42:08","http://59.89.11.22:36958/bin.sh","online","2024-07-13
02:42:08","malware_download","32-bit,elf,mips,Mozi","https://urlhaus.abuse.ch/
url/2952562/","geenensp"
"2952561","2024-07-13 02:42:07","http://27.202.201.4:52694/bin.sh","online","2024-07-13
02:42:07","malware_download","32-bit,elf,mips,Mozi","https://urlhaus.abuse.ch/
url/2952561/","geenensp"
"2952560","2024-07-13
```

보안 담당자가 정기적으로 이 파일을 다운로드하면 자동으로 최신 악성 도메인 목록을 얻을 수 있다. 업데이트 후에는 목록과 사용자의 접속 도메인을 lookup 명령어로 비교 분석한다. 하지만 원본 내용은 Splunk 룩업 테이블 형식과 맞지 않기 때문에 몇 가지 수정을 해야 한다.

Splunk에서 룩업 테이블로 사용할 원본 CSV 파일의 첫 번째 행은 반드시 필드명으로 시작해야 한다. 그리고 원본에 있는 #으로 시작하는 주석 행은 모두 제거해야 한다.

룩업 사용을 위해 최초 룩업 테이블을 등록하고, 이후에는 파이썬 스크립트 또는 bash 셸 스크립트를 이용해서 주기적으로 업데이트를 한다. 정보 목록에서 필요한 항목을 살펴보자. 목록의 첫 줄에 다음과 같이 필드 정보가 있다.

```
id,dateadded,url,url_status,last_online,threat,tags,urlhaus_link,reporter
```

필드 항목을 보면 세 번째에 url이 있고, 네 번째에 url_status가 있다. 여섯 번째는 위협의 종류이다. 우선 전체 목록을 다운로드한 다음 url과 url_status 필드를 사용해서 악성 도메인 목록을 만든다. 사이트에 접속해서 파일을 다운로드하고 원하는 내용만 추출하는 파이썬 코드를 sec_info.py 이름으로 작성한다.

```python
from urllib.request import urlopen
import ssl

if __name__ == "__main__":
    context = ssl._create_unverified_context()
    URL = "https://urlhaus.abuse.ch/downloads/csv_recent/"

    fRead = urlopen(URL, context=context)
    fWrite = open("malicious_domains.csv","w")

    try:
        fWrite.write("id,dateadded,url,url_status,last_online,threat,tags,urlhaus_link,reporter\n")
        for s in fRead:
            if s.decode()[0]!='#':
                infoline = s.decode()
                fWrite.write(infoline)
            else:
                pass
    except:
        print("Unexpected Error occurred!")

    fRead.close()
    fWrite.close()
```

코드의 기능을 살펴보자.

```python
if __name__ == "__main__":
# 정보를 얻을 사이트에 접속한다.
    context = ssl._create_unverified_context()
    URL = "https://urlhaus.abuse.ch/downloads/csv_recent/"

# 사이트에 접속해 파일을 다운로드받고 내용을 저장할 파일을 생성한다.
    fRead = urlopen(URL, context=context)
    fWrite = open("malicious_domains.csv","w")

    try:
```

```
        # 파일의 필드명을 추가한다.
        fWrite.write("id,dateadded,url,url_status,last_online,threat,tags,urlhaus_
link,reporter\n")
        # 다운로드받은 파일 내용을 새 파일에 기록한다.
        for s in fRead:
            if s.decode()[0]!='#':
                infoline = s.decode()
                fWrite.write(infoline)
            else:
                pass
    except:
        print("Unexpected Error occurred!")

    fRead.close()
    fWrite.close()
```

이 파일을 실행시키면 프로그램과 동일한 디렉터리에 malicious_domains.csv 파일을
생성한다. 그림 10-1은 malicious_domains.csv 파일이다.

그림 10-1 Splunk 룩업용 악성 도메인 목록 csv 파일

파이썬 스크립트를 이용해서 만든 malicious_domains.csv 파일을 룩업에 등록하자. SIEM 앱으로 이동한 후에 설정에서 **룩업**을 선택하고 **룩업 테이블 파일**에서 **+ 새로 추가**를 선택한다.

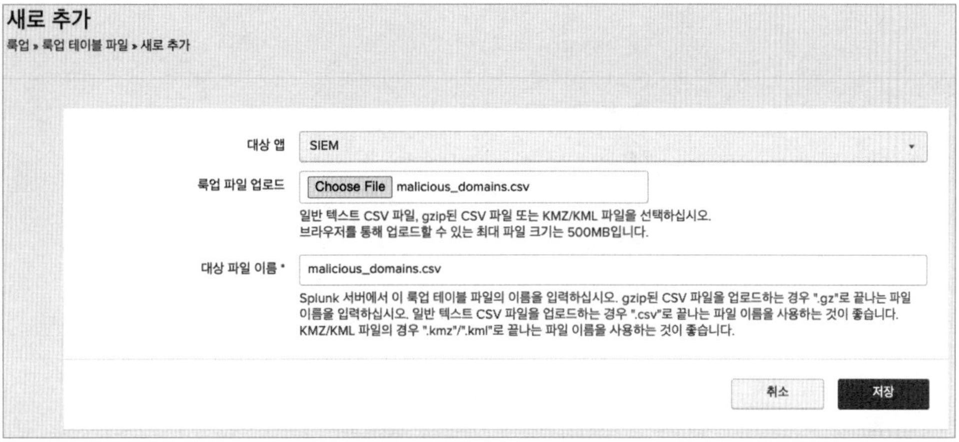

그림 10-2 룩업 테이블 파일 등록

- **대상 앱**: 이 룩업을 사용한 앱을 지정하는 것이다. SIEM을 선택한다.
- **룩업 파일 업로드**: 새로 생성한 malicious_domains.csv을 선택한다.
- **대상 파일명**: 파일명과 똑같이 malicious_domains.csv을 입력한다.

저장을 선택해서 룩업 테이블 파일을 저장한다.

방금 저장한 룩업 테이블 파일은 기본적으로 대상 앱인 SIEM에서만 사용할 수 있다. 만일 다른 앱에서도 이 파일을 사용하기 원한다면 권한을 수정하면 된다. 룩업 테이블 파일 목록에서 http_black_domain.csv을 선택하고 **권한**을 클릭한다.

그림 10-3 룩업 테이블 파일 찾기

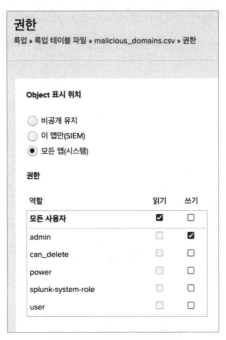

그림 10-4 룩업 테이블 권한 관리

이 룩업 테이블 파일을 다른 앱에서도 사용하려면 **모든 앱**을 선택하면 된다. 모든 사용자에게 읽기 권한을 주고, 수정 권한은 당연히 관리자만 갖고 있어야 할 것이다.

권한을 전체로 확대하기 전에는 룩업 테이블 파일의 경로가 다음과 같다.

$SPLUNK_HOME$/etc/users/admin/SIEM/lookups/malicious_domains.csv

---

하지만 권한을 변경하면 룩업 테이블 파일의 경로가 다음과 같이 앱의 경로로 바뀐다.

$SPLUNK_HOME$/etc/apps/SIEM/lookups/malicious_domains.csv

경로를 잘 기억하자. 룩업 파일을 계속 업데이트해야 하기 때문이다. 룩업 테이블 파일을 등록했으면 이제 룩업 정의를 설정한다. **설정 > 룩업 > 룩업 정의**로 이동해 **새로 추가**를 선택하고 그림 10-5와 같이 설정한다.

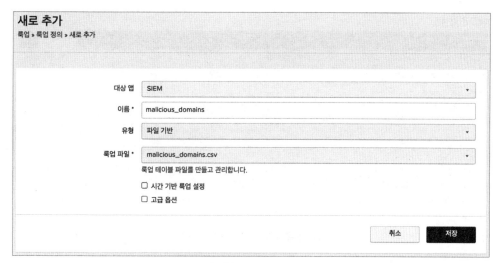

그림 10-5 룩업 정의

- **이름**: 룩업 정의 이름을 지정한다. 주로 파일에서 확장자를 제외한 이름을 사용한다.
- **유형**: 룩업 테이블 파일이 csv 형식이므로 파일 기반을 선택한다.
- **룩업 파일**: 목록에서 등록한 파일을 선택한다.

룩업 정의 저장 전에 **고급 옵션**을 선택하고 대소문자 일치를 반드시 해제한다. **저장** 버튼을 클릭해서 룩업 정의를 마무리한다.

이제 룩업 테이블이 제대로 동작하는지 확인해보자. Splunk의 앱을 SIEM으로 선택하고 검색어에 다음을 입력하고 실행시킨다.

```
| inputlookup malicious_domains.csv
```

그림 10-6에서 malicious_domains.csv의 내용을 확인할 수 있다. 룩업 테이블 파일을 등록하고 정의까지 마쳤다.

악성 도메인 목록을 확보하는 파이썬 코드를 윈도우에서 작성했다면 Splunk 서버로 업로드한다. 터미널로 접속해서 Splunk 서버에서 코드를 직접 작성할 수도 있다. 독자가 편리하고 익숙한 방법을 선택할 수 있다.

그림 10-6 룩업 테이블 파일 등록 확인

악성 도메인 목록을 다운로드하는 코드를 사용자 홈 디렉터리인 ~/script에 저장하고, 정상 동작 여부를 다음 명령어로 확인한다.

```
@ubuntu:~/script$ python3 sec_info.py
```

파이썬 코드가 정상적으로 동작하면, 프로그램에 실행 권한을 부여하고 주기적인 실행을 위해서 crontab에 등록한다.

```
@ubuntu:~/script$ chmod 755 sec_info.py
```

crontab에서 동작하는 스크립트를 작성할 때 주의할 점이 있다. 그것은 모든 경로 정보를 반드시 절대 경로로 작성해야 한다는 것이다. 상대 경로는 설치하는 위치에 따라 다른 결과가 나올 수 있기 때문이다. 이제 리눅스 터미널에서 다음 명령어를 입력한다.

```
crontab -e
```

이후 crontab 설정 파일에서 다음 명령을 등록한다.

```
0 22 * * * /home/jinseo/script/sec_info.py
```

그림 10-7은 이 과정을 보여준다. crontab에 등록하는 파이썬 코드는 사용자 Splunk 경로에 맞춰서 룩업 경로를 지정해줘야 하는 점을 잊지 말자.

```
jinseo@ubuntu: /data/splunk73/etc/apps/search/local                          —   □   ×
# Edit this file to introduce tasks to be run by cron.
#
# Each task to run has to be defined through a single line
# indicating with different fields when the task will be run
# and what command to run for the task
#
# To define the time you can provide concrete values for
# minute (m), hour (h), day of month (dom), month (mon),
# and day of week (dow) or use '*' in these fields (for 'any').#
# Notice that tasks will be started based on the cron's system
# daemon's notion of time and timezones.
#
# Output of the crontab jobs (including errors) is sent through
# email to the user the crontab file belongs to (unless redirected).
#
# For example, you can run a backup of all your user accounts
# at 5 a.m every week with:
# 0 5 * * 1 tar -zcf /var/backups/home.tgz /home/
#
# For more information see the manual pages of crontab(5) and cron(8)
#
# m h  dom mon dow   command

0 22 * * * /home/jinseo/script/sec_info.py



"/tmp/crontab.8heM8c/crontab" 24L, 932C
```

그림 10-7 crontab 실행 내역

crontab 시간 설정에서 사용하는 5개의 필드는 다음을 의미한다.

    *   *   *   *   *

  분(0-59)   시간(0-23)   일(1-31)   월(1-12)   요일(0-7)

그림 10-7에서 설정한 0 22 * * *은 매일 22시(밤 10시) 정각에 파이썬 스크립트를 실행하는 것을 의미한다. 스크립트의 위치는 반드시 절대 경로로 작성해야 한다. 그림 10-7의 파일 경로는 독자들이 작성한 코드가 저장된 경로와 같아야 한다.

10.2.3 룩업 테이블 활용

이제 Splunk가 수집한 로그와 OSINT 악성 도메인이 일치하는지 확인한다. SIEM 앱에서 도메인 정보가 있는 로그는 DNS, HTTP, SSL이 있다. 앞서 소스 타입에서 domain으로 필드명을 통일시켰다. HTTP에서 해당 도메인에 접속한 기록을 찾는 Splunk 검색어는 다음과 같다.

```
index=siem sourcetype=siem-http domain!="-"
| eval domain="http://".domain.uri
| lookup http_black_domain domain output domain
| stats values(src) count(src) by domain
```

검색어를 한 줄씩 살펴보자.

```
index=siem sourcetype=siem-http domain!="-"
```

domain 필드 값이 '-'이 아닌 레코드를 대상으로 검색한다.

```
| eval domain="http://".domain.uri
| lookup http_black_domain domain output domain
```

Splunk가 수집한 로그와 악성 도메인 정보가 다르다. 그래서 비교 대상과 동일하게 로그를 만들어야 한다. domain 필드 내용에 http://를 추가하고 domain과 uri를 .로 연결한다. 이렇게 만들어진 도메인을 룩업 정의에 있는 악성 도메인 목록과 비교한다.

```
| stats values(src) count(src) by domain
```

도메인별로 출발지 목록과 개수를 확인한다.

예제 로그에는 악성 도메인 접속 기록이 없으므로 결과가 나오지 않을 것이다. 예제 로그에서 몇몇 도메인을 선별해서 룩업 파일에 시험 삼아 추가하고 검색을 해보자. 다음 검색어를 전체 시간으로 실행한다.

```
index=siem sourcetype=siem-http "avcdn.net"
| eval domain="http://".domain.uri
| table domain
```

그림 10-8은 이 검색 결과를 보여주고 있다.

이벤트 패턴 **통계 (14)** 시각화

페이지당 20개 ▾ / 형식 미리보기 ▾

url ⇕
http://k4942585.iavs9x.avg.u.avcdn.net/avg/iavs9x/~o_o~/stable/prod-pgm.vpx
http://v7event.stats.avcdn.net/cgi-bin/iavsevents.cgi
http://b9974352.iavs9x.avg.u.avcdn.net/avg/iavs9x/~o_o~/stable/servers.def.vpx
http://f4593971.avi18.u.avcdn.net/avi18/prod-vps.vpx
http://b9974352.iavs9x.avg.u.avcdn.net/avg/iavs9x/~o_o~/stable/prod-pgm.vpx
http://s9989952.avi18.u.avcdn.net/avi18/vps_defs_common-2e4-2e3.vpx
http://s9989952.avi18.u.avcdn.net/avi18/vps_binaries_64-2e4-2e3.vpx

그림 10-8 예제 로그 검색 결과

그림 10-8 검색 결과에서 상위 두 줄을 복사해서 malicious_domains.csv 파일의 맨 마지막에 추가하자. 그리고 다음 룩업 검색어를 다시 실행시켜보자.

```
index=siem sourcetype=siem-http domain!="-"
| eval url = "http://".domain.uri
| lookup malicious_domains url output url, url_status, threat
| stats values(src) count(src) by url.
```

결과는 그림 10-9에서 볼 수 있다.

이벤트 패턴 **통계 (2)** 시각화

페이지당 20개 ▾ / 형식 미리보기 ▾

url ⇕	values(src) ⇕	count(src) ⇕
http://k4942585.iavs9x.avg.u.avcdn.net/avg/iavs9x/~o_o~/stable/prod-pgm.vpx	172.16.158.79	1
http://v7event.stats.avcdn.net/cgi-bin/iavsevents.cgi	172.16.158.79	1

그림 10-9 룩업 명령어로 악성 도메인 찾기

악성 도메인 정보를 아는 것과 모르는 것은 많은 차이가 난다. 믿을 수 있는 악성 도메인 정보를 적극 활용하면 보안 담당자 업무에 많은 도움이 된다.

10.3 경고 설정

Splunk에서 경고를 추가하려면 먼저 검색어를 작성해야 한다. 그 이유는 검색 결과에 근거해서 경고 조건을 설정하기 때문이다. 포트스캔을 탐지하려면 단기간에 많은 목적지 IP와 포트로 접속하는 트래픽을 찾아야 한다. 이렇게 되면 단기간이라는 시간 범위와 몇 개의 목적지 IP에 접속할 때 경고를 발령할지를 정해야 한다. 100개 이상이라고 정했다면 검색 결과에서 목적지 IP가 100개 이상이라는 조건으로 경고를 설정하는 것이다.

10.3.1 네트워크 계층 경고

네트워크 계층은 지금까지 만든 보고서가 아닌 새로운 검색어를 기반으로 경고를 만들어보자. 탐지할 내용은 내부망 PC가 실행하는 포트스캔을 탐지해보자.

포트스캔 유형은 표 10-1처럼 여러 방식이 존재한다.

표 10-1 포트스캔 유형

	소수 목적지 IP	다수 목적지 IP
소수 목적지 포트	타깃형 포트스캔	특정 취약점 스캔
다수 목적지 포트	취약점 스캐너 스캔	대량 접속 스캔

소수의 목적지 IP와 다수의 목적지 포트는 모든 포트를 접속해보는 스캔 방식이다. 취약점 스캐너가 이런 유형의 접속을 발생시키는 경우가 많다. 취약점 스캐너는 개방된 포트를 모두 검사해서 취약점을 찾아야 하기 때문이다.

반면 다수 목적지 IP에 소수 목적지 포트는 특정 포트를 공격하는 공격 도구일 확률이 높다. 공격자는 은밀하게 공격 대상을 찾아야 하므로 취약점 스캐너와 같이 무차별로 스캔하지는 않는다. 다음 검색어를 이용해서 결과를 구해보자.

```
index=siem sourcetype=siem-conn conn_state="S0" proto="tcp"
| stats dc(dst) as dc_ip, dc(dpt) as dc_dpt by src
| where dc_ip > 1000 OR dc_dpt > 100
```

```
index=siem sourcetype=siem-conn conn_state="S0" proto="tcp"
```

conn_state는 네트워크 접속 세션 정보를 보여준다. S0은 SYN 패킷만 전송한 것이며, 실제로는 연결되지 않았음을 의미한다.

```
| stats dc(dst) as dc_ip, dc(dpt) as dc_dpt by src
```

dc() 함수는 유일한 값의 개수를 돌려준다. 이 검색어는 출발지별로 유일한 목적지 IP, 목적지 포트 개수를 각각 dc_ip와 dc_dpt 필드에 저장한다.

```
| where dc_ip > 1000 OR dc_dpt > 100
```

유일한 목적지 IP 수가 1,000개 이상이거나 유일한 목적지 포트가 100개 이상인 경우를 찾는다. 두 조건 중 하나라도 일치하면 결과를 돌려준다.

전체 시간을 대상으로 검색을 실행하자. 검색 결과가 나오면 **다른 이름으로 저장 > 경고**를 선택한다. 새로운 창이 나타나면서 상세한 설정을 할 수 있다. 경고는 설정, 트리거 조건, 트리거 작업 총 세 부분으로 구성돼 있다. 각 부분을 모두 설정해야 경고가 오류 없이 동작한다.

설정

- **제목**: 경고를 메일로 발송하면 경고 제목이 메일에 사용된다. 쉽게 이해할 수 있게 직관적인 이름을 부여하는 것이 좋다.
- **권한**: 경고를 특정 앱에서만 쓸 것인지 지정한다. **앱에서 공유됨**으로 선택한다.
- **경고 유형**: **예약됨, 실시간** 두 가지 유형이 있다. 예약됨은 지정된 시간에 실행하는 것이다. **매시간, 매일, 매주, 매달, 크론 스케줄로 실행**을 선택할 수 있다. 매시간을 선택하면 분을 설정할 수 있고 매일은 시간을, 매주는 요일과 시간을 선택할 수 있다. 매달은 일과 시간을 선택할 수 있다. 크론은 유닉스 크론 문법을 그대로 사용한다.
- **만료**: 경고를 삭제하는 시간이다. **24시간**으로 설정하면 경고가 만들어진 시간을 기점으로 24시간 후에 Splunk는 해당 경고를 삭제한다.

그림 10-10의 크론 표현식은 4시간마다 경고를 검사하는 것을 설정한 것이다.

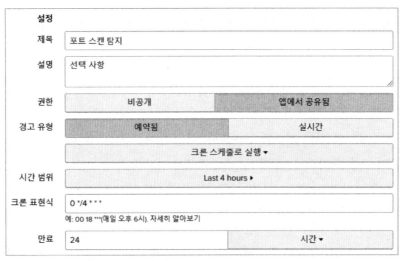

그림 10-10 경고 - 설정하기

트리거 조건

트리거 조건은 경고를 발령하는 조건을 설정한다.

- **경고 트리거 시기: 결과 수, 호스트의 수, 원본의 수, 사용자 지정**을 선택할 수 있다. 대부분 **결과 수**를 선택한다.

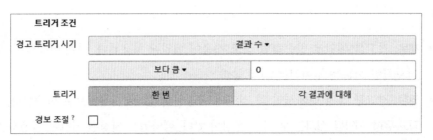

그림 10-11 트리거 조건 설정

보다 큼, 보다 작음, 같음 등의 조건은 결과 수, 호스트의 수를 이용해서 비교한다. **보다 큼**을 선택하고 0을 선택하면 결과 수 1개부터 경고가 발생한다는 의미다.

- **트리거: 한 번**을 선택하면 경고를 실행시킬 때 트리거 조건이 맞으면 결과에 상관 없이 경고를 1회만 생성한다. **각 결과에 대해**를 선택하면 결과 수만큼의 경고가 발생한다. 경고 결과 수가 10개인데 **각 결과에 대해**를 선택했다면 담당자는 10개의 경고를 전달받는다.
- **경보 조절:** 이 옵션을 선택하면 경고 발생 후 일정시간 경고를 발생시키지 않게 할 수 있다. **경보 조절** 체크 박스를 선택하면 트리거 억제라는 옵션이 보이고 시간을 지정할 수 있다.

트리거 작업

- **트리거 작업:** 트리거가 충족되면 이후 액션을 정할 수 있다.

현재 설정하는 것은 해당 검색을 실행했을 때 반환되는 결과가 0개 이상이면 경고를 발령하는 것으로 설정한다. **작업 추가** 버튼을 클릭하고 **트리거된 경고에 추가**와 **이메일 보내기**로 설정해보자.

트리거 작업은 쉽게 설정할 수 있다. 사용자는 심각도만 설정하면 된다. 여기서는 내부 PC가 포트스캔을 시도했으므로 심각도를 **높음**으로 설정한다.

이메일 보내기도 설정해보자. 아마 가장 많이 사용하는 기능이 될 것이다. 받는 사람에 수신자 메일 주소를 적고 여러 명을 수신자로 설정하려면 쉼표(,)로 구분해서 넣는다. 메일 수신인에 CC와 BCC를 지정할 수 있다.

- **제목:** $name$가 경고 제목을 나타내는 토큰 값이다. 제목과 메시지는 담당자가 수정할 수 있다.
- **포함:** 메일에 포함될 내역을 설정하는 것이다. PDF 첨부는 검색 결과를 PDF 파일로 만들어서 첨부한다. 원본을 직접 사용하려면 CSV 첨부를 사용하는 것을 권고한다. 그림 10-12에서 설정 안내를 볼 수 있다.

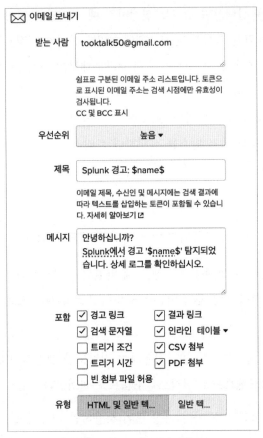

그림 10-12 트리거 작업 설정

설정이 끝나면 **저장** 버튼을 클릭하고 **경고**를 저장한다. 이제 경고 메뉴에서 방금 설정한 경고 항목을 확인할 수 있다. Splunk 경고를 메일로 전송하려면 Splunk 서버 설정에서 메일 환경설정이 먼저 완료돼 있어야 한다.

설정 > 서버 설정 > 이메일 설정으로 이동한다. 메일 서버에서 경고 발송 전용 계정을 추가할 것을 권고한다. 발송자가 늘 같은 주소로 경고 메일을 보내면 담당자도 메일 주소를 이용해서 쉽게 분류할 수 있다. 실습을 위해서 네이버 메일로 경고 메일을 발송해보자.

네이버의 메일 전송 서버 주소는 smtp.naver.com이고 SSL을 사용하며 사용 포트는 465/TCP다. 이 정보를 메일 호스트와 이메일 보안에 설정하며 사용자 이름은 네이버 계정이다. 그 이유는 네이버가 메일 전송 시 인증을 수행하기 때문이다. 암호 역시 네이버 계정 암호를 입력한다.

send email as 필드에는 발송에 사용하는 메일 계정을 그대로 사용한다.

여기서는 실습을 위해서 포털 메일 서버를 사용하지만 대부분 기업은 자체 메일 서버가 있으므로 기업 내의 메일 서버에서 경고 발송용 계정을 만들어서 사용하면 된다.

경고에서 설정한 대로 그림 10-13과 같은 메일이 전송된다.

그림 10-13 수신 경고 메일

10.3.2 엔드포인트 경고

엔드포인트 영역에서도 경고를 만들어보자. 우선 **SIEM 앱 > 보고서 > ep_netsh_execute**의 **검색에서 열기**를 선택한다.

검색 결과가 나타나면 **다른 이름으로 저장 > 경고**를 선택한다. 설정과 트리거 조건은 이전과 동일하게 설정하고 트리거 작업만 다르게 설정해보자. **작업 추가** 버튼을 클릭한 다음에 그림 10-14에서 보는 것처럼 **트리거된 경고에 추가**를 정하고 심각도를 **심각함**으로 설정하고 저장한다.

그림 10-14 트리거된 경고에 추가하기

3분마다 경고가 발생하도록 크론 표현식은 다음과 같이 설정하자.

---

*/3 * * * *

네트워크 계층 경고는 이메일로 전송했지만 엔드포인트 경고는 트리거된 경고로 설정했으므로 다른 방식으로 확인해야 한다. 상위 메뉴에서 **작업 > 트리거된 경고**를 선택한다. 그림 10-15의 메뉴를 선택하면 그림 10-16과 같이 트리거된 경고를 볼 수 있다.

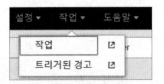

그림 10-15 메뉴에서 확인하기

	시간 ◆	발생된 경고 ◆	App	유형 ◆	심각도 ◆	모드 ◆	작업
☐	2020-03-18 00:21:01 KST	netsh.exe 실행	SIEM	예약됨	● 높음	Digest	↗ 결과 보기 | ↗ 검색 편집 | 삭제

그림 10-16 트리거된 경고 내역

10.3.3 악성 도메인 접속 경고

앞에서 악성 도메인 접속을 찾기 위한 룩업 파일을 등록했다. 사용자가 악성 도메인에 접속했다면 검색 결과에 나타날 것이다. 그러므로 이 검색 결과는 항상 0이 나와야 보안 측면에서 좋은 것이다. 악성 도메인 접속이 발생하면 현황을 파악하고 위협이 보호 대상 IT 인프라로 유포됐는지를 확인해야 한다. 접속 사실을 인지하고 추가 대응이 필요한 것이다. 경고는 이럴 때 사용해야 제 기능을 발휘한다. 해당 경고를 작성해보자.

앱 SIEM을 선택하고 검색 창에 다음 검색어를 추가한다. 검색어는 전체 시간으로 설정하고 검색을 실행한다.

```
index=siem sourcetype=siem-http domain!="-"
| eval url="http://".domain.uri
| lookup malicious_domains url OUTPUT url
| top limit=0 showperc=f url
```

앞에서 시험용 도메인을 추가했으므로 검색 결과가 보일 것이다. **다른 이름으로 저장 > 경고**를 선택하고 다음과 같이 경고를 설정한다.

- **제목**: 악성 도메인 접속 탐지
- **권한**: 앱에서 공유됨
- **경고 유형**: 매시간 실행
- **트리거 조건**: 결과 수, 0보다 큼
- **트리거 작업**: 이메일 전송, 트리된 경고에 추가

트리거 작업은 1개만 선택하는 경우 경고를 놓칠 수도 있으니 최소 2개 이상을 선택하는 것을 권고한다.

10.4 위협사냥 구현

위협사냥은 보호 대상 전산자원에 존재할 수 있는 위협을 탐지하는 것이다. 대부분 시그니처, 패턴보다는 접속 행위를 분석 대상으로 삼는다. 한 가지 유념할 점은 위협사냥 결과가 반드시 이상징후는 아니라는 점이다. 그러므로 보안 담당자는 Splunk가 제시한 탐지 내역을 상세 분석해야 한다. 탐지 내역을 기반으로 규칙을 계속 정밀하게 다듬으

면 점차 탐지한 경고가 진짜 공격이라고 확신할 수 있다.

10.4.1 C2 서버 탐지

C2 서버 탐지 검색어는 Splunk에서 제시하는 기법이다. 상세 내역은 다음 사이트(https://www.splunk.com/en_us/blog/security/hunting-your-dns-dragons.html)에서 찾아볼 수 있다.

C2 서버는 공격자가 공격 명령을 내릴 때 사용하는 인터넷에 위치하는 서버다. PC 또는 서버를 감염시킨 악성코드는 공격자로부터 명령을 받아서 악성행위를 수행한다. 때로는 공격자가 내부망으로 접속할 수 있도록 백도어를 개방하기도 한다. C2 서버와 통신하는 악성코드는 생각보다 자주 통신한다. 또한 통신 간격이 일정하다. 그 이유는 악성코드에서 지정한 간격마다 C2 서버로 접속하기 때문이다. 30초마다 1번, 1분마다 1번 이렇게 프로그램을 작성한다. 사람처럼 10초, 10분처럼 불규칙하게 접속이 발생하지 않는다. 이 탐지 기법은 이러한 프로그램의 네트워크 접속 특성을 이용한다.

이 탐지는 네트워크 접속 로그가 필요하다. 로그는 모든 접속을 기록하는 방화벽, 웹 프록시 등의 로그를 사용해야 한다. IDS/IPS 로그는 이벤트 기반으로 동작하므로 이 규칙을 적용할 수 없다. C2 서버로의 접속은 기업 내부망에서 인터넷으로 향하기 때문에 아웃바운드 통신을 감시한다.

◎ **탐지 방법**
- 목적지 IP를 기준으로 로그를 추출한다.
- 1차 로그를 출발지 기준으로 다시 정렬해 추출한다. 출발지별로 목적지를 구별한 여러 로그 집합을 확보한다.
- 각 집합마다 시간 정보를 추출하고 로그별 시간 차이를 뺀 집합을 구한다.
- 시간 차이 집합을 대상으로 기술 통계의 분산 값을 구한다.

왜 분산을 사용하는지 알아보자. 통계에서 분산이란 집합을 구성하는 개별 값이 전체 평균 값에서 얼마나 차이가 나는지를 계산한 값이다. 즉, 분산 값이 크다는 것은 개별 값이 평균에서 들쑥날쑥 차이가 난다는 것이며, 분산 값이 작다는 것은 개별 값이 평균에서 큰 차이가 나지 않는 것이며 시간차가 일정하다는 것이다. 즉, 목적지에 주기적으로 접속한다는 것을 보여준다. 보안 관점에서는 분산 값이 작은 목적지 결과에 주목해야 한다.

이제 이 위협을 탐지할 수 있는 검색어를 작성해보자.

```
index=siem sourcetype=siem-http
| streamstats current=f last(_time) as next_time by dst
| eval gap = next_time - _time
| stats count, var(gap) AS variance by dst
| eval variance = round(variance, 3)
| where variance > 0 AND variance < 50 AND count > 120
```

이 검색어의 핵심은 streamstats 명령어라고 할 수 있다. streamstats는 검색 결과에 누적 요약통계를 추가할 수 있다.

```
| streamstats current=f last(_time) as next_time by dst
```

current=f는 이전 로그를 기준으로 삼는다. f는 false의 약자다. t로 설정하면 현재 이벤트를 기준으로 삼기 때문에 이 검색어는 이전 로그를 기준으로 마지막 시간인 last(_time)을 목적지별로 구하는 것이다. 명령을 실행하면 각 로그에 next_time 필드가 생성되고 현 로그를 기준으로 그다음 로그의 시간이 저장된다.

```
| eval gap = next_time - _time
```

다음 로그 시간에서 현 로그의 시간을 뺀 다음에 gap 필드에 저장한다. 두 시간은 모두 유닉스 시간 형식이므로 사칙연산을 할 수 있다. 다만 이 시간을 사용자가 읽으려면 strftime() 함수나 convert 명령어를 이용해서 사람이 읽을 수 있는 형식으로 변경해야 한다.

```
| stats count, var(gap) AS variance by dst
```

목적지 주소별로 시간차 분산 값을 var() 함수로 구하고 목적지별 접속 개수도 구한다. 접속 개수를 구하는 이유는 너무 적은 수는 탐지에서 제외하기 위함이다.

```
| eval variance = round(variance, 3)
```

분산 값을 구하려면 나누기 연산이 필요하다. 소수점이 길어지면 숫자의 직관성이 떨어지므로 round() 함수를 이용해서 소수점 세 자릿수로 줄인다.

```
| where variance > 0 AND  variance < 50 AND count > 120
```

이제 분산 값이 50 미만과 전체 개수가 120개 이상인 목적지 주소를 판별한다. 이 예제는 결과를 보여주기 위해 나타낸 조건 값이므로 수집 로그의 현황에 따라 달라져야 할 것이다.

악성코드 감염 호스트가 C2 서버를 접속하는 비율은 일정하지 않다. 1분에 1번 접속하면 1시간에는 60번, 10초에 1번이면 시간당 360번의 접속이 발생한다. 경험상 1분에 2회로 기준을 잡고 1시간에 120 접속 이하이면 계산에서 제외하고 있다. 물론 이렇게 기준을 잡으면 C2 서버로 10분에 1번 접속하는 등의 행위는 탐지할 수 없다. 이럴 경우는 과거 24시간을 기준으로 횟수를 낮춰서 검사하는 방법도 추가하면 효과를 얻을 수 있다. 그림 10-17에서 몇몇 결과를 볼 수 있다.

dst ≑	count ≑	variance ≑
123.6.2.101	1737	1.474
13.125.78.189	578	0.077
211.233.5.226	276	0.026
220.73.161.50	244	0.586
23.48.32.153	272	0.184
52.78.109.78	254	6.357

그림 10-17 C2 서버 추정 접속 탐지

가장 많은 접속인 첫 번째 결과를 그림 10-18처럼 드릴다운해보자. 목적지 주소를 클릭하면 나타나는 팝업 창에서 이벤트 보기 오른쪽의 화살표를 클릭하면 해당 로그를 새로운 탭으로 보여준다.

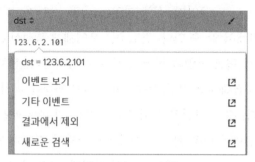

그림 10-18 로그 드릴다운

새 탭으로 나온 원본 로그 위의 시간표시줄을 살펴보자. 시간표시줄은 히스토그램 형식으로 시간별 로그 수를 막대 그래프로 보여준다. 칼럼당 1분을 보여주는 그림 10-19의 시간표시줄은 한눈에 보기에도 각 분의 개수가 비슷하게 보인다. 19:05분 그래프를 더블클릭하면 그림 10-20이 나온다.

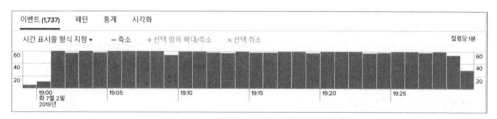

그림 10-19 로그 시간표시줄(칼럼당 1분)

그림 10-20의 시간표시줄은 1초에 1번씩의 접속을 명확하게 보여준다. 이 검색어는 이러한 네트워크 접속을 탐지하는 데 효과적이다.

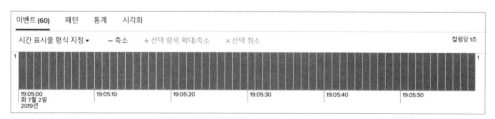

그림 10-20 로그 시간표시줄(칼럼당 1초)

10.4.2 비정상 파일명 탐지

윈도우 운영체제에서 파일명은 이름과 확장자로 구분한다. 확장자는 파일의 성격을 나타낸다. 문서 파일(.hwp, .docx)인지, 실행 파일(.exe, .com)인지, 동적링크 파일(.dll)인지 파일의 형식을 확장자에서 알 수 있다. 윈도우는 운영체제 특성상 exe 파일만으로 동작하지 않고 다수의 동적 링크 파일과 함께 설치된 후 동작한다. 설치 과정에서 레지스트리에 환경설정 값을 등록하지만 악성코드는 이런 설치 과정을 거치지 않고 대부분 실행파일 하나로 동작한다. 정상 파일처럼 위장하는 때도 있지만 파일명이 독특한 경우도 많다. 악성코드는 파일명이 매우 짧거나 숫자로만 이뤄진 경우가 많다. 물론 반드시 그런 것은 아니다. a.exe, 111.exe 등이 대표적인 예인데, 이런 파일은 일반적인 프로그램에서는 찾아보기 힘들다. 다음에 나오는 검색어로 이런 파일을 찾아낼 수 있다.

```
index=siem sourcetype=siem-http
| eval filename=if(like(uri,"%?%"), mvindex(split(mvindex(split(uri,"?"), 0), "/"), -1),
mvindex(split(uri,"/"),-1))
| where  match(filename,".exe$")
| eval fname=mvindex(split(filename,".ex"),0)
| where len(fname) < 5 OR isnum(fname)
| table src, domain, filename
```

```
| eval filename=if(like(uri,"%?%"), mvindex(split(mvindex(split(uri,"?"), 0), "/"), -1),
mvindex(split(uri,"/"),-1))
```

이 검색어는 Zeek의 http 로그에서 파일명을 추출한다.

```
| where match(filename,".exe$")
```

파일의 확장자가 .exe로 끝나는 파일을 찾는다.

```
| eval fname=mvindex(split(filename,".ex"),0)
```

filename을 .ex 값으로 분할해서 첫 번째 값을 fname 필드에 저장한다. '.'으로 구분하지 않고 .ex로 구분하는 이유는 파일명에 .이 확장자에만 나타나지 않을 수 있기 때문이다.

```
| where len(fname) < 5 OR isnum(fname)
```

fname에는 확장자를 제외한 순수한 파일명만 남는다. 이 파일명의 길이가 5 미만이거나 전부 숫자로만 이뤄진 경우를 찾는다.

```
| table src, domain, filename
```

필요 필드만을 나열해서 로그를 직관적으로 파악할 수 있게 한다.

그림 10-21에서 결과를 확인할 수 있다. 예제 로그는 실습을 위해서 임의로 만든 것이기 때문에 실제로 동작하는 페이지의 로그가 아니다.

그림 10-21 비정상 파일명 탐지

10.5 상황 대응 대시보드 운영

정보보안 업무는 항상 예측 불가능한 상황을 대응해야 하는 업무다. 새로운 취약점이 출현하면 해당 취약점에 노출된 위험 범위를 분석하고 대응한다. 새로운 악성코드가 등장하면 이 악성코드가 유입됐는지, 이미 기업 내부망에서 활동하는지 등을 파악해야 한다. 이를 위해, 위협정보 수집 채널에서 침해지표를 확보하면 지표와 일치하는 네트워크 접속, 접속 근원지 IP 주소 등을 파악해야 한다.

지금까지 구성해서 운영하는 SIEM은 내부에서 발생하는 범용적인 상황을 가정하고 검색어를 작성했다. 하지만 공격자는 새로운 기법으로 공격을 수행하므로 보안관리자 역시 그때마다 적합한 방어 능력을 확보해야 한다. 방어 능력보다 더 중요한 내용은 가시성을 확보하는 것이다.

로그가 있어야 위협이 발생했는지를 파악할 수 있기 때문이다. 꾸준히 보안 모니터링을 수행하면서도 신규 위협 상황이 발생하면 특화된 대응을 수행해야 한다. 여기에서는 공유받은 위협정보를 활용해서 Splunk에서 해당 위협 전용 대시보드를 구축하고 대응하는 방법을 알아보자.

10.5.1 상황 대응 전략 수립

위협 인텔리전스를 사용하는 기업이라면 보안 위협정보를 계속 수신할 것이다. 반드시 이런 서비스를 사용하지 않더라도 OSINT에서 봤듯이 많은 정보가 인터넷에 공개돼 있다. 다만 긴급한 취약점이나 공격 코드가 발표되면 이를 긴급히 대응해야 한다. 그렇다면 어떤 위협정보를 활용할 것인가? 보안 모니터링에 활용할 수 있는 정보는 다음과 같은 세 가지를 가장 많이 사용한다.

- IP 주소
- 도메인명
- 악성코드 파일 해시 값

IP 주소와 도메인명은 악성코드를 유포하는 곳 또는 C2 서버의 주소일 수 있다. 만일 C2 서버의 주소라면 악성코드에 감염된 호스트를 찾을 수 있는 명확한 지표로 활용할 수 있다. 이 정보는 방화벽, 웹 프록시, Zeek 같은 로그에서 조회할 수 있다.

악성코드 파일 해시 값은 그 자체가 정확한 탐지 지표다. 해시 값이 중복되는 경우는 거의 발생하지 않기 때문이다. 파일 해시 값을 탐지 지표로 사용하려면 운영하는 보안체계가 파일 해시 값을 계산해서 구할 수 있어야 한다. 대부분 EDR 제품은 파일 해시 값을 추출하는 기능이 있으므로 이 로그를 활용할 수 있다. 네트워크에서 악성 파일을 감시하는 보안 장비도 해시 값을 제공하므로 이 로그를 활용할 수 있다.

이제 공유받은 위협정보를 활용해서 보안 모니터링을 강화해보자.

10.5.2 상황 판단 대시보드 제작

상황을 가정해보자. 제로데이 취약점이 발표되고 이를 악용한 공격코드가 배포되고 있다. 악성코드 해시 값과 C2 서버 도메인 정보를 입수했다. 보안 담당자는 다음 조치를 취할 수 있다.

- C2 서버를 네트워크 차단
- 개별 호스트 백신 최신 상태로 유지
- 위협정보를 활용한 보안 모니터링 강화

악성코드에 감염된 호스트는 C2 서버로 접속을 시도할 것이다. 방화벽에서 이 접속을 차단했다면 직접적인 위협은 발생하지 않는다. 하지만 여전히 호스트는 감염된 상태이므로 감염 호스트를 찾아서 네트워크에서 제거해야 한다. 악성코드 두 종의 C2 서버가 다음과 같다는 정보를 입수했다. 물론 이 정보는 실습을 위해서 만든 예시 정보다.

[악성코드 1]
po.baddomain.net
sync.onerx.io

[악성코드 2]
0909.fakeio.io
pixel.romana.com

도메인 정보를 확인했으니 이 도메인에 접속하는 호스트를 감시하는 대시보드를 만들어보자. **앱:SIEM > 대시보드 > 새 대시보드 만들기**를 선택하고 그림 10-22와 같이 대시보드를 만든다.

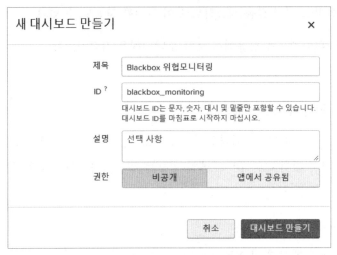

그림 10-22 상황 관리 대시보드 만들기

만들어진 대시보드에서 **패널 추가 > 새로 만들기 > Single Value**를 선택한다. 그림 10-23과 같이 검색어와 제목을 설정하고 **대시보드에 추가**를 클릭한다.

그림 10-23 1번 악성코드 전체 감염 현황

```
index=siem sourcetype=siem-http
| fields domain, src
| where match(domain,"(po.baddomain.net|sync.onerx.io)")
| stats dc(src)
```

두 번째 패널 역시 추가한다. **패널 추가 > 새로 만들기 > Statistics Table**을 선택한다. 검색 문자열에는 다음 검색어를 추가한다.

그림 10-24 1번 도메인 감염 현황 패널 추가

```
index=siem sourcetype=siem-http
| fields domain, src
| where match(domain,"(po.baddomain.net|sync.onerx.io)")
| stats count(src) AS "감염호스트 수" by domain
| rename domain AS "도메인"
```

두 번째 패널은 도메인별 감염 호스트를 보여준다. 이제 도메인별로 감염 호스트의 목록을 추가하자. **패널 추가 > 새로 만들기 > Statistics Table**을 선택한다. 세 번째 패널에 다음 검색어를 추가한다.

```
index=siem sourcetype=siem-http
| fields domain, src
| where match(domain,"(po.baddomain.net|sync.onerx.io)")
| rename domain AS "도메인"
| stats values(src) AS "감염 호스트" by "도메인"
```

1번 악성코드 관련해서 패널 3개를 추가한 대시보드는 그림 10-25와 같다.

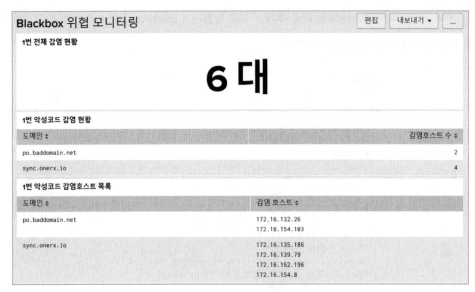

그림 10-25 악성코드 관련 패널 추가

아직 2번 악성코드 현황을 추가하지 못했다. 2번 악성코드 현황은 도메인이 다를 뿐 검색어는 같다. 2번 악성코드 관련 패널 3개를 추가하고 패널을 재배치해서 그림 10-26의 대시보드를 만들어보자.

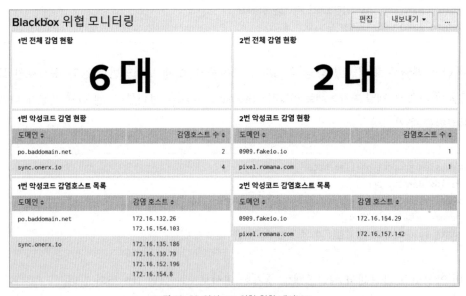

그림 10-26 악성코드 위협 현황 대시보드

첫 번째 패널 6대는 숫자 다음에 단위를 추가한 것이다. 대시보드 편집모드에서 패널 형식 시각화를 선택하고 숫자 형식을 그림 10-27처럼 지정한다. 다양한 숫자 형식을 지정할 수 있으므로 대시보드 가독성을 높이기 위해서 이 기능을 적극적으로 활용해야 한다.

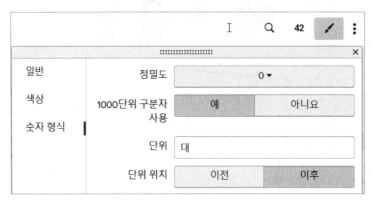

그림 10-27 숫자 형식 지정

예제에서는 로그가 고정돼 있어서 전체 숫자로만 표시했다. 하지만 직접 로그를 분석한다면 시간에 따라서 숫자가 변할 수 있다. 이 숫자가 감소하거나 증가할 수도 있다. Single Value 패널은 이 숫자를 표시할 수 있다. 이때 검색어는 stats가 아니라 timechart를 사용한다.

```
index=siem sourcetype=siem-http
| fields domain, src
| where match(domain,"(po.baddomain.net|sync.onerx.io)")
| timechart span=12h dc(src)
```

span은 계산에 사용하는 시간 범위를 나타낸다. 여기에서는 12시간을 의미한다. span에 사용하는 시간 지시자는 Splunk 시간 지시자를 그대로 사용한다. 이 명령어는 12시간을 하나의 묶음으로 출발지의 유일한 개수를 표시해준다. 이 명령어를 실행하면 Single Value 패널은 그림 10-28과 같이 변한다.

그림 10-28 timechart 명령 적용 결과

이 대시보드는 다음 정보를 갖고 있다.

- **4대**: 최신 결과 값이다.
- **화살표**: 이전 시간대보다 증가했다는 의미다.
- **2**: 증가한 값은 2다.
- **추세선**: 결과가 이전보다 증가했음을 보여준다.

이 패널은 최신 값은 4대이지만 12시간 이전 값은 2대였다는 것을 보여준다. 이전보다 증가했다는 것을 직관적으로 알 수 있다. span=1h로 모니터링을 하면 이전 1시간에 비해 증감을 알 수 있다. timechart로 얻은 결과는 주로 시계열 분석과 꺾은선 그래프에 적합한 데이터를 제공해준다. 시간별 변화량을 추적하는 데 아주 유용하게 사용할 수 있다.

10.6 요약

10장에서는 SIEM 앱의 기능을 더욱 풍부하게 할 수 있는 부가 기능을 추가했다. 또한 SIEM 앱을 사용함과 동시에 정보보안 업무에 활용할 수 있는 상황 대시보드 구축 방안을 제시했다. 그리고 신뢰성 높은 외부 사이트의 정보를 활용하는 방법 역시 알아봤다.

이렇게 Splunk를 활용해서 대시보드, 검색 패널을 만드는 것은 사용자의 업무를 경감시키는 효과를 가져온다. 그리고 검색어를 아는 사용자가 언제든지 대시보드를 생성할 수 있으므로 맞춤형 관제 프로그램을 사용하는 효과를 가져온다. 완성된 상용 SIEM 등을 사용한다면 사용자가 원하는 기능을 즉시 추가하는 것은 매우 어려울 것이다. Splunk는 이런 면에서 매우 큰 장점이 있는 프로그램이다.

10.7 이 책의 요약

지금까지 Splunk를 이용해서 보안 로그를 수집하고 현황 분석, 이상징후 분석을 수행하는 시큐리티 모니터링 방법을 살펴봤다. 그리고 이러한 지식을 기반으로 Splunk에서 동작하는 전용 SIEM 앱을 작성했다. 실무에서는 책에서 보여준 예제보다 훨씬 많은 장비를 운용하기 때문에 더 많은 로그를 수집할 수 있을 것이다. 다양한 로그를 기반으로 독자가 직접 상세하게 이상징후를 분석할 수 있을 것이다.

Splunk가 수집하는 로그는 운용 중인 장비 종류, 운영하는 기업마다 모두 다를 것이다. 그리고 로그에 접근하고 분석하는 관점 역시 업무 성격이나 관심도에 따라 다르게 나타난다.

하지만 기계가 생산하는 어떤 로그라도 Splunk는 손쉽게 수집하고 저장한다. 저장된 로그는 담당자가 원하는 내용을 기반으로 로그를 분석하고 대시보드를 제작해 상시 모니터링에 사용할 수 있다.

이 책은 그런 업무의 기본적인 개념을 제시하고 Splunk의 분석기법을 어떻게 사용할 수 있는지를 증명하는 수준이라고 할 수 있다. Splunk는 이 책에서 제시하는 기능보다 훨씬 많은 분석기법과 웹 페이지 제작 기능을 제공한다. 또한 최근 각광받는 머신러닝 분야에도 Splunk 앱을 설치해서 해당 분석기법을 적용할 수 있다.

Splunk는 업무 담당자가 직접 활용할 때 운영 효과를 더 많이 얻을 수 있다. 상용 프로그램이지만 활용 자유도가 높아서 기능에 제약을 받지 않고 사용할 수 있기 때문이다. 이 책에서 기본 활용법을 익힌 후, 사용자 스스로 검색어를 작성하고 업무 자동화를 구축한다면 Splunk라는 도구가 독자의 업무에 많은 도움이 될 것이다.

찾아보기

Splunk를 활용한 시큐리티 모니터링 2/e

보안 운영을 위한 SIEM 구축 및 활용

2판 발행 | 2024년 10월 31일

지은이 | 서 진 원

펴낸이 | 옥 경 석
편집장 | 황 영 주
편 집 | 김 진 아
          임 지 원
디자인 | 윤 서 빈

에이콘출판주식회사
서울특별시 양천구 국회대로 287 (목동)
전화 02-2653-7600, 팩스 02-2653-0433
www.acornpub.co.kr / editor@acornpub.co.kr

한국어판 ⓒ 에이콘출판주식회사, 2024, Printed in Korea.
ISBN 979-11-6175-925-8
http://www.acornpub.co.kr/book/splunk-security-siem

책값은 뒤표지에 있습니다.